职业教育公共基础课教材系列

职业发展与就业指导

李家华　张晓慧　雷玉梅　主　编
苏　健　桂连彬　副主编

科学出版社
北　京

内 容 简 介

　　本书系统介绍了高职生在校期间应如何为终身的职业发展做好准备，以及如何应对在求职中遇到的问题，主要内容包括：大学生在职业道德、职业能力和职业心理等方面应具备的基本素质；职业、职业观念、职业选择、职业规划、创业的有关知识；求职前的准备和求职活动的指导，以及有关就业的各项政策、法规、程序等。

　　本书结构新颖、内容丰富、指导性强，可作为职业院校职业发展指导课程教材或教学参考用书。

图书在版编目（CIP）数据

职业发展与就业指导 / 李家华，张晓慧，雷玉梅主编. —北京：科学出版社，2020.9

职业教育公共基础课教材系列

ISBN 978-7-03-065589-9

Ⅰ. ①职… Ⅱ. ①李… ②张… ③雷… Ⅲ. ①大学生 - 职业选择 - 高等职业教育 - 教材 Ⅳ. ① G647.38

中国版本图书馆 CIP 数据核字（2020）第109449号

责任编辑：沈力匀 / 责任校对：赵丽杰
责任印制：吕春珉 / 封面设计：耕者设计工作室

科 学 出 版 社 出版

北京东黄城根北街16号
邮政编码：100717
http://www.sciencep.com

新科印刷有限公司 印刷

科学出版社发行 各地新华书店经销

*

2020年9月第 一 版 开本：787×1092 1/16
2020年9月第一次印刷 印张：16 1/2
字数：400 000
定价：**49.00元**
（如有印装质量问题，我社负责调换〈新科〉）
销售部电话 010-62136230 编辑部电话 010-62135235（VP04）

前言

教育部《关于组织开展"十三五"职业教育国家规划教材建设工作的通知》提出了"加强和改进职业教育教材建设，充分发挥教材建设在提高人才培养质量中的基础性作用，努力培养德智体美劳全面发展的高素质劳动者和技术技能人才"的要求，我们要进一步把办好新时代职业教育细化为具体行动。面对高职教育的新机遇和新要求，为职业院校师生编写一本充分体现我国职业教育新发展要求，契合职业院校人才培养特色的"职业生涯规划与就业创业指导"优质教材已成为我们新时代教育工作者义不容辞的责任。

职业教育与普通教育是两种不同教育类型，具有同等重要的地位。职业教育是以培养适应社会生产、建设、服务和管理第一线需要的高素质技术技能型专门人才为目标的高等教育，面向产业融合，服务地方经济发展，突出就业导向，体现教育层次的高等性、教育类别的职业性、教育内容的技术技能性。在本书的编写中，我们坚持以习近平新时代中国特色社会主义思想为指导，推动习近平新时代中国特色社会主义思想进教材、进课堂、进头脑；全面贯彻党的教育方针，落实立德树人根本任务，积极培育和践行社会主义核心价值观；体现中华优秀传统文化、革命文化和社会主义先进文化；弘扬劳动光荣、技能宝贵、创造伟大的时代风尚；主动吸收和借鉴国内外职业生涯规划与就业创业指导方面的专业理论和工作经验，坚持突出职业教育的类型特点，推进教师、教材、教法的改革；以人为本、以就业为导向，以能力为中心、以服务学生职业发展需要和可持续发展为宗旨，紧密联系新时代高职生的实际，突出理论性与实践性的结合，突出高等职业教育的特色，既根据高职人才培养规格和素质能力要求，注重知识理论的系统性，又根据高职生的身心特点、认知水平来定位全书内容的深度与广度。全书以够用、管用、好用为准，融理论知识和素质能力教育为一体，注意处理好内容的"深"与"浅"的尺度，分别借助教育学、管理学、社会学、心理学等的相关理论阐明高职生职业发展和就业指导的规律和方法，着重在职业意识、职业素质、职业生涯规划和求职就业能力方面引导和帮助高职生树立正确的人生观、价值观和择业观，科学规划职业生涯，合理定向定位定岗，务实有效求职就业。

本书在结构和体例设计上，始终遵循高等职业教育的自身规律，深度关切新时代高职生的现实需求，依据高职生职业规划和职业发展科学体系，分设了职业生涯规划、就业创业指导、职场适应与发展三个部分，涵盖了专业与职业、自我认知与职业规划、就业形势与求职技巧、职场适应与发展等方面，能够给予学生职业生涯规划与职业适应的全方位指导。在内容体系上，还充分考虑了高职教育多学制、课时数有限、重视技能训练、培养模式多样化等影响因素，尽可能做到精选精编，理论与实践融合，讲授与自学呼应，充分体现高职生职业发展与就业指导课程的应用性和指导性。编写中，每个模块均选取典型的案例，适度展开理论分析，着重强化实践训练。同时，还辅之以切合学习主题内容的延伸阅读，尽量使内容生动丰富，使观点鲜明突出，使活动参与性强。我们希望本书能够成为一本贴近新时代高等职业教育发展特点和新时代高职生实际需求，以及高职课堂教学和实践训练的优质教材。

为满足各学校教学需求，全书各模块均配置了教学 PPT，读者可通过扫描二维码，进行使用。

本书由中国青年政治学院李家华、河南医学高等专科学校张晓慧、济源职业技术学院雷玉梅任主编，山西旅游职业技术学院苏健、四川工商职业技术学院桂连彬任副主编，参加编写的人员还有中国职工教育和职业培训协会苗银凤、广东食品药品职业学院赵奇志。

在本书编写的过程中，编者参考了部分高职生职业发展与职业指导方面的书籍和相关网上资源，在此向相关作者表示感谢。

由于编者水平有限，疏漏之处在所难免，敬请同行专家和广大读者提出宝贵的意见。

目录

第一部分　职业生涯规划

第二部分　就业创业指导

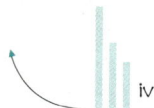

第一部分
职业生涯规划

模块一　　了解学业、生涯和职业

模 块 导 读

　　心理学家弗洛伊德说："人生就像弈棋，一步失误，全盘皆输，这是令人悲哀之事；而且人生还不如弈棋，不可能再来一局，也不可能悔棋。"这就是说，在人生的道路上，我们不仅要清楚自己现在所处的位置，更重要的是要选择下一步所要迈出的方向。

　　当你踏入高职院校校门，憧憬美好的高职院校生活时，你已开启了人生新的历程；当你满怀热情去探索未知世界时，是否觉得新鲜感在渐渐消失？面对竞争激烈的就业形势，是迷茫、困惑、无奈，还是认真设计三年的高职校园生活，规划好学业，找到新的努力方向，进行自我盘点，对自己做全面分析，通过自我分析，认识自己、了解自己。对自己的职业做出正确的选择，才能选定适合自己发展的生涯路线，才能对自己的生涯目标做出最佳抉择。有科学规划的人生才会更精彩。

　　"凡事预则立，不预则废。"通过本模块的学习，学生可以了解高等职业教育的特点和作用，了解什么是学业，什么是学业规划，什么是职业，以及职业与专业的关系。通过学习，学生应该能充分理解学业规划和职业生涯规划对人生发展的重要意义。

单元一　学业规划

> ☞ **能力目标**
>
> （1）认识高等职业教育的特点和作用。
> （2）了解高职学业规划的制定步骤。
> （3）能根据自身特点合理进行学业规划。

学业规划

📍 导入案例

我要成功

小刘是某高职院校国际贸易专业的学生。入学之初，他还是一个默默无闻的大学一年级新生，但是和他接触过的同学和教师都发现他是一个目标感极强的人。不管是组织班级活动，还是处理系里安排的工作，他都能做得井井有条。他团结同学，像是一团火，温暖着需要帮助的人；在教师眼里他踏实肯干，像领头羊，带领着大家向前进。因为他心里始终有一个声音在呐喊："我要成功！"

到了大学二年级，他当选为系学生会主席，他并没有因此而骄傲，而是更加坚定地为班级集体的荣誉而努力工作。与此同时，他也没有落下自己的学业，踏踏实实地过好大学的每一天，完成好高职学习期间的每一门课程和每一次活动，提升自己各方面的素质，为将来就业打下坚实的基础，让大学的每一分钟都能够为将来做准备，因为他的心中有目标，脚下有力量，耳边有回响："我要成功！"

大学三年级的时候，他积极报名参加了专升本考试，除了自己早出晚归地努力备考外，还积极参与班里同学们的毕业求职活动。最终，他经过努力顺利考上了某本科学校，成为一名本科生，同时也为自己三年的高职学习生涯画上了完美的句号。

升入本科后，他仍然没有放松对自己的高要求，除了日常的学习和实践之外，还积极参加英语六级水平考试。入学之初，他参加了学校的职业生涯规划大赛，获得了一等奖。比赛后小刘对自己的未来有了更明确的目标，同时也对自己在本科的学习生活做了认真、详细的规划。此外，为了能更好地适应未来的工作，课余时间和周末，他还带领班上同学一起去做兼职，锻炼自己。

【分析】面对激烈的就业竞争，高职生应该全面发展自己，认清就业形势，从自身出发，做好生涯规划。只有做好了生涯规划，才能树立明确的目标，从而合理地安排自己的学习和生活，最终获得成功。

小刘从踏进高职院校校门后就对自己的未来生活做了明确的规划，并且按照规划的目标一步一步去实现，最终取得了成功。人生在世，谁都想成就一番事业，实现人生的价值。然而，成功的背后是实力与机遇的共同作用，而机遇往往只青睐有准备的人。想要有一个美好的明天，我们需要一个科学的规划来指导，职业生涯规划就是为你提供走向成功的技术与方法。

一、高等职业教育认知

1. 高等职业教育的内涵

高等职业教育（简称"高职教育"）是高等教育中的一个子类型，也是职业教育的高级阶段，肩负着培养面向生产、建设、服务和管理第一线需要的高素质的技术应用型和职业技能型高等专业人才的使命。高等职业教育坚持"以服务为宗旨，以就业为导向，走产学结合发展道路"，强调对职业的针对性和职业技能培养。截至 2018 年，我国共有高职院校 1 418 所，在校生 1 133.7 万人，在校生占高等学校在校生的 40.05%。2019 年高职院校扩招 100 万人。高职院校在数量上占据高等学校的一半。

近年来，高职教育不仅为广大中职毕业生构建了进入高等学校接受高等教育的"立交桥"，更在发展中逐步形成了"专科—本科（含高职本科和应用本科）—研究生"的职业高等人才培养接续体系。通过和中等职业教育的衔接，职业教育已经成为与普通教育同等重要的教育类型，具有同等重要的地位。改革开放以来，职业教育为我国经济社会发展提供了有力的人力资源支撑。

原来的高等职业教育最高层次仅为专科，不能很好地支撑技术技能人才的进一步成长，被认为是"断头教育"。随着改革的不断深入，为了改变我国高级技能人才紧缺的国情，结合国际职业教育发展的总趋势，高等职业本科（简称"高职本科"）教育已经在我国开始举办。高职本科是全日制本科学历教育的一种，学位为专业学士。高职本科的培养目标就是培养基础理论扎实的高素质的技术应用型和职业技能型高级专门人才，给予学生从事某种职业或生产劳动所需高素质、高技能的教育。高职本科注重理论和实践训练并举，强调以就业为导向，使毕业生有直接上岗工作能力，在就业市场更具竞争力。

2. 高等职业教育的特征

高等职业教育贯彻产教融合、校企"双元"育人的理念，培养目标的职业定向性强、紧贴行业需要、服务社会需求，实行产教融合的办学体制，践行"校企合作"的办学模式，采用"工学结合"的运行机制，及时将新技术、新工艺、新规范纳入教学标准和教学内容，强化学生实习、实训。学校根据自身特点和人才培养的需要，主动与具备条件的企业在人才培养、技术创新、就业创业、社会服务、文化传承等方面开展合作。我国的办学实践表明，高等职业教育能使学生获得就业谋生所必需的岗位技术能力与职业素质；具备一生职业发展与迁移所必需的相对完整的某一专业技术领域的知识、能力与素质结构；能在人文素质、思维方法及终身学习能力等方面，为学生成就其人生的事业打好一定的基础。

面对"互联网＋职业教育"新时期的社会发展需求，高职院校运用现代信息技术改进教学方式方法，推进虚拟工厂等网络学习空间建设和普及应用。

现阶段，高职教育以"社会化"和"市场化"的评价体系为标准，面向社会办学、面向就业市场培养人才，教育效果的优劣主要由社会和用人单位来评价和判断。其中最重要的评价指标为：毕业生的就业率、毕业生从事岗位工作的社会认可度等。

二、学业与学业规划

大学是人生最富有青春活力的阶段，但大学也是人生最容易留下遗憾的阶段。高职生在经过十几年的艰苦基础教育学习后进入大学，生活、学习转变为自主性很强的状态，许多刚踏入高职院校校门的新生往往没有真正了解高等职业教育的地位和作用，缺乏独立生活和自我管理的能力，更谈不上进行职业生涯规划，以至在毕业之时回首高职院校的学习生活，都发出了"等到明白大学应该怎样度过时，大学已向我们挥手而去"的感叹。大学是青年人成才的新起点，也是人生发展历程的一个转折点。因此，如何尽快适应，这对刚进入高职院校的新生来说尤为重要。因此有必要了解"学业"的内涵并做好相应的学业规划。

案例 1.1

糊涂的大学生活

2015 年，小刘怀揣着儿时的梦想，步入了心中的大学殿堂。小刘上大学最大的感觉就是自由了，告别了中学时代的压力，远离了父母家人的"管辖"，除上课外，还有很多的闲暇时间可以自由支配。

小刘不懂得大学生活应该有意识地去管理经营，而是把更多的注意力、大量的时间耗费在娱乐和烟雾弥漫的网吧中。他甚至逃课，并安慰自己说"落一次课没什么大不了的，等课后我自己补上就好了"。结果每一次逃课他都这样安慰自己，课没有上，书也没有看。总在下决心，却又总在后悔……就这样，大学三年很快就过去了。他不仅专业没学好，还耗费了父母的血汗钱。

面临实习就业，小刘连续面试了几家公司，都因专业能力、英语水平等知识或技能的欠缺，而以失败告终。

小刘很是郁闷，后悔莫及，到这时他才发现，曾经总觉得很遥远的就业问题已经迫在眉睫。如果当初合理地规划自己的大学生活，并有针对性地弥补自己欠缺的素养，大概就不会落到今天这样的境地了。

【分析】三年的时间很快过去了，曾经总觉得很遥远的就业问题已经迫在眉睫。如果当初小刘能合理地规划自己的大学生活，并有针对性地弥补自己欠缺的素养，大概就不会落到今天这样的境地了。

1. 学业的内涵

在《现代汉语词典》（第 7 版）中，"学业"一词被解释为学习的功课和作业。对于高职生来讲，学业是指在高等职业教育阶段进行的以学习为主的相关活动，它既包括专业知识的学习，又包括政治思想、职业道德、综合素质、职业能力、创新精神的全面培养。要实现高职教育的学业目标，高职生必须树立正确的学业观。学业观是学生对所学专业、课业的态度和认识，它在很大程度上影响着学生的学习、生活乃至未来的发展。

2. 学业规划的概念和意义

学业规划是指学生依据自身的特点、兴趣及学业前景确定自己的学业目标，按照一定的原则、方法、步骤制定在校学习阶段的目标和实施方法的过程。学业规划是顺应学生学业发展的需求而产生的，高职生进行学业规划具有很强的实践意义。

第一，有利于正确认识自我，明确奋斗目标，增强生活与学习的主动性。有效的学业规划，能够引导学生认识自身的个性特质、现有的及潜在的优势，评估个人目标与现状之间的距离，树立明确的学业发展目标与未来职业理想，学会运用科学、有效的方法，采取切实可行的措施，由"要我学"变为"我要学"，不断增强自己的学业竞争力，以便最终实现学业目标与职业理想。

第二，有利于更好地完成学业，提升自己的能力和综合素质，提高就业竞争力，顺利地实现就业。高职生大多都有较高的就业期望值，独立意识强，但一些学生自律能力较弱，学习主动性和自觉性欠佳。因此，科学制定学业规划，能有效约束和激励自己，清楚将来要达到什么样的目标及现在应该做什么，以便顺利地完成自己的学业。

第三，有利于顺利度过适应期。进入高职院校后，学校的管理模式发生改变，教学方式灵活自由，高职生自主学习的时间增多，因此，需要通过一段时间来适应新的生活与学习模式。此时制定学业规划，有助于高职生缩短适应时间，避免进入松懈状态，开始有目标、有计划的高职生活。

3. 学业规划的特点

对于高职生来讲，学业规划有如下特点。

（1）独特性。每个人的生涯发展都是独一无二的，学业规划也是如此。学业生涯是学生依据自己的人生理想，为了自我实现而逐渐展开的一种独特的学习历程。不同的学生有着不同的学业生涯，这是因为他们的学业规划往往是不同的。

（2）发展性。高职生在校学习的不同阶段会有不同的要求，这些要求会不断地发展与变化，学业规划也应随之发展与变化。

（3）综合性。学业规划应以学生角色的发展为主轴，也包括其他与学习有关的角色，如公民、子女等涵盖人生整体发展的各个层面的各种角色。

4. 学业规划的制定原则

对于高职生来讲，制定学业规划时应遵循如下原则。

（1）可行性原则。学业规划应针对学生个体的实际情况制定，应切实可行，具有现实性、可能性和可操作性，每个阶段的目标及达到目标的方法应力求科学、合理，是经过努力能够实现的。

（2）可调节原则。学业规划具有发展性的特点，不是孤立的、静止的，应该能够根据社会需求的发展变化与学生个体主观条件的变化随时修正，如在阶段性目标上，可以根据实际进展，酌情提高或降低目标。

（3）最优化原则。学业规划应力求做到身心和谐，使个人的性格、兴趣、知识和技能等与目标和谐统一，实现优化组合。

（4）共性与个性相结合原则。学业规划既要反映学生发展的共性问题，又要满足学生的各种需求，有效地培养和发展学生的兴趣、爱好、特长，使学生的禀赋和个性潜能得到充分发展。

三、高职生学业规划

1. 高职生学业规划应处理的几个关系

大学是人生发展的重要阶段，高职生应根据自身情况，分析现有条件和制约因素，通过解决学什么、怎么学、什么时候学等问题，以确保自己顺利完成学业，为成功实现就业打好基础。对刚入校的新生来说，只有及早制定自己的学业规划，明确努力方向，全面提高素质，才能在将来激烈的竞争中把握住机会、获得成功。因此，高职生在规划学业时，应正确处理以下四种关系。

第一，正确处理学业与专业的关系。重视自己的学业，努力培养自己的专业兴趣，把自己的爱好和国家的需要及社会发展的要求有机地统一起来，掌握专业知识、专业技能和相关能力，培养自己的专业素质。

第二，正确处理学业与职业的关系。在学习期间就应注重学以致用，自觉地学好职业知识，培养职业素质，锻炼职业能力，收集职业信息，以期在将来的职业竞争中立于不败之地。

第三，正确处理学业与事业的关系。将自己现在的学业与将来从事的事业联系起来，在学习的过程中，充分认识所学专业在国家建设和社会发展中的意义、作用和发展前景，立志献身其中，在工作中充分实现自己的人生价值。

第四，正确处理学业与就业的关系。就业与学业存在着密切的关系，就业是学业的导向，学业对就业有重要影响。以就业为学业的导向，有利于高职生的专业选择、学业目标的调整、学习方式的改变、学习外延的拓展及综合素质的提高。想要成功就业，就必须具备强烈的事业心、广博精深的专业知识、较强的沟通协调能力、良好的心理素质和强健的体魄及创新精神，这些都应当在完成学业的过程中加以培养。

2. 高职生学业规划的三个阶段

1）适应新环境，正确评估自己（大学一年级）

学校在这个阶段一般开展高职生活认知教育、入学素养教育、心理健康教育、发展目标教育、专业思想教育、国防教育等。学生在教师和辅导员的指导和帮助下全面分析自己，确定学习目标。学生应在这个阶段尽快熟悉环境，结交朋友，认识教师，建立新的人际关系，积极参加各种社团活动，提高人际沟通能力，提高文明素养。同时要尽快完成学习观念和学习方法的转变，摆脱中学阶段形成的对家长、教师的依赖心理，培养自主学习能力，养成以创造性学习为主导、接受型学习与创造型学习相结合的学习习惯。

2）认真学习专业知识，培养实践能力和创新能力（大学二年级）

学校在这个阶段会开设主要的专业技能课，学生应结合社会需求，注重专业知识的学习，培养自己的专业技能；根据高职教育的特点，加强实践能力的培养，通过校内外各种实践活动全面锻炼自己，提高综合素质。参加实践活动有利于我们融入社会，发现自己的优势与劣势，分析成功的原因，保持优势；或者找出失败的原因，不断改进。注重培养自己的创新能力、组织管理与社会活动能力、沟通能力及团队协作精神，尽可能全方位地展示自己的才能。

3）积极完成顶岗实习，培养就业能力和创业能力（大学三年级）

在这个阶段，学校要组织高职生到企业生产岗位进行体验性的实习和顶岗锻炼。实习期间，高职生应认真接受学校指导教师的辅导和实习单位经验丰富的技术人员与工人师傅的现场指导，从而完成实习计划，为毕业后迅速适应工作打下基础。学生在实习过程中要不断学习、总结、体会、探索，完善自己的知识结构；同时，拓宽求职信息渠道，积极搜集工作信息，掌握个人简历、求职信的写法及其写作技巧，掌握面试要点和面试技巧，积极参加招聘活动，提高求职技能。

3. 高职生学业规划的制定步骤

（1）确定自身优势。了解自己的兴趣、特长、性格、职业价值观，评估市场需求、行业动态、就业前景，确定自身的优势与劣势，这是做好学业规划的基础。

（2）确立职业目标。根据自己的优势和客观条件，确定职业定位和发展目标，做到"人职"匹配，这是制定学业规划的关键。

（3）制定学习方案。学习方案包括课程学习目标、掌握哪些专业技能、参加哪些社会实践活动；也包括如何提高学习效率、分配时间、开发潜能，以及克服在实现学业规划道路上的各种困难和障碍等方面的措施。

（4）调整修正目标。现实社会中存在许多不确定因素，这就需要学业规划具有一定的弹性，以便于能及时反思和修正学业目标，变更实施措施与计划。切实可行的学业规划，犹如大学阶段的一盏明灯，高职生只有规划好大学学业，才能够赢在起跑线上，找到通往成功的最佳途径。

学业规划可遵循以下思路进行分解：三年学习的总目标——一年的学习目标——一个学期的学习目标——一个月的学习目标——一周的学习目标——一天的学习目标。

案例 1.2

小刘的学业规划

1. 自我分析

1）基本情况

兴趣爱好：喜欢阅读军事、人文历史类图书，参加户外活动，看新闻类电视节目等；性格：偏外向。

2）主要优点

（1）遵纪守法、尊敬师长、热爱学习；团结同学、乐于助人；严于律己、坚持原则；做事认真、态度端正、有责任感；热爱生活、乐观向上。

（2）有善于学习借鉴、自我优化的能力；对他人有真诚的友爱之心，豁达开朗；喜欢动手实践，兴趣广泛，敢于探索。

3）主要缺点

（1）口才一般，交际能力有限，无演讲经验。

（2）英语、计算机应用水平一般。

2.大学三年的规划

1）大学一年级阶段

（1）尽快适应大学生活，培养自主学习的能力，学会利用图书馆和网络资源进行学习。

（2）初步了解自己所学的专业及社会对本专业高职人才的需求情况。

（3）继续培养广泛的兴趣爱好，扩大知识面。

（4）竞选班干部和学生会干部，积极参加学生会和各种社团活动及学校组织的集体活动，增强人际交往能力。

2）大学二年级阶段

（1）考取英语、计算机等级证书，努力学好专业必修课和选修课。

（2）根据职业岗位要求，学习相关拓展知识。

（3）积极参加社会实践活动，不轻易放弃任何一个锻炼自己的机会。

3）大学三年级阶段

（1）搜集各种相关职业信息，积极寻找与发现机会，为就业或创业做好准备。

（2）认真参加企业顶岗实习，锻炼自己的实际工作能力。

（3）深入思考，理论联系实际，完成毕业设计。

（4）学会制作个人简历与撰写求职信，进行面试训练，锻炼求职与应聘能力。

【分析】高职生学业规划的制定要紧密结合高职专业的人才培养目标与规格，在全面分析自身情况和学习能力的基础上，有针对性地提出具体的阶段性目标，并力求通过努力达到目标。使用 SWOT 分析法进行自我分析是有效的方法之一。

经典分享

一个女生的学业规划

小管，2005 年 7 月毕业于某职业学院电子商务专业，现就职于深圳某股份有限公司人力资源部。

在校期间，小管学习刻苦努力，成绩优秀，多次获得一等、二等奖学金；思想上要求上进，行动上积极进步，热爱社会主义，拥护中国共产党，关心国家大事。她坚定的信仰和乐于助人的精神，体现在生活的点点滴滴中，感染并感动着周围的人。

高职学习期间，她学习上认真努力，学习态度认真，一丝不苟，专业成绩优秀，在教室里、宿舍里、实验室里，常常能见到她那孜孜不倦、勤学苦练的身影。

毕业后她凭着自己知识的积累应聘到了深圳某股份有限公司人力资源部。刚到工作岗位上的她对一切都充满了好奇心。之后她凭借着自己的好奇心和好胜心不断探索，不断创新、发展，现在已经是人力资源部的主管了，她正朝着更高的职业目标迈进。

【分析】进入高职校园后，学生就应该及时分析自己的实际情况，结合专业确定学业目标，制定学业规划，解决学什么、怎么学、什么时候学等问题。只有这样，我们才会更加珍惜校园生活，指导我们的学习，满足自身发展的内在需要。小管之所以在职场取得了初步的成功，就是因为她制定了符合实际的学业规划，并脚踏实地地不断进取。

课堂活动

高职生活应该如何度过

1. 活动目标

树立学业规划的意识。

2. 规则与程序

（1）学生分成小组（6~8人/组）。

（2）每组准备时间为10分钟，并以组内一名学生的实际情况为基础，帮助他（她）制定一个学业规划，并做成PPT（可使用教师推荐的参考格式）。

（3）每组指定一名学生作为代表，向全班做汇报。

（4）各组互评、教师点评和总结。

活动时间共30分钟。

3. 讨论

（1）高职三年的生活应该如何度过？

（2）如何制定和实现自己的学业规划？

单元二　生涯认知

👉 **能力目标**

（1）了解生涯规划的含义和作用。

（2）了解自己期待的职业生涯愿景，并不断去努力实现。

（3）具有职业生涯规划的意识，并进行科学合理的生涯规划。

生涯认知

📍 导入案例

爬楼的故事

有兄弟二人，他们住在一幢公寓的80楼。一天，他们一起去郊外爬山。傍晚时分，等他们回到公寓的时候发现公寓停电啦！这真是一件令人沮丧的事情。虽然两兄弟都背着大大的登山包，但看来也别无选择。于是，哥哥对弟弟说："我们走楼梯上去吧。"于是，他们就背着登山包开始上楼。到了20楼的时候，他们觉得累了。弟弟提议说："哥哥,登山包太重啦,不如把它放在 20 楼,我们先上去,等大厦电力恢复,再坐电梯下来拿吧。"哥哥一听,觉得这主意不错。于是,他们就把登山包放在20 楼,继续上楼。

卸下了沉重的包袱之后,两个人觉得轻松多了。但好景不长,到了 40 楼的时候,两人又觉得累了。想到只走了一半,还有 40 层楼要上。两人就开始互相埋怨,指责对方不注意停电公告,才会落到如此下场。他们边吵边走,就这样走到了 60 楼。

到了 60 楼,两人都筋疲力尽,累得连吵架的力气也没有了。他们一路无言,默默地继续往上走。终于,80 楼到了。到了家门口,哥哥长吁一口气:"弟弟,拿钥匙来!"弟弟说:"有没有搞错?钥匙不是在你那里吗?"原来,钥匙还留在 20 楼的登山包里。

【分析】想一想,是不是要等到 40 年、60 年之后你才会追悔?再想一想,我们最在意的是什么?希望将来的自己和现在的自己有什么不同?是不是可以做些什么来避免那个遗憾发生呢?那么,我们要做什么呢?对,要做职业规划,或者叫职业生涯设计,而职业生涯设计具体该怎么做呢?又从哪儿开始呢?

一、生涯规划

(一)生涯的含义与特点

1. 生涯的含义

在汉语中,"生"为活着,"涯"为边际,"生涯"最早见于 2 000 多年前庄子所说的"吾生也有涯,而知也无涯"。生涯是人的生命意义时间的全部历程,即一生的意思。在英文里"生涯"为 career,翻译成中文既可作"生涯",也可作"职业生涯"。所以生涯有狭义和广义之说,狭义的理解仅为与个人终身所从事的工作或职业相关的过程;广义的理解则包含非职业的活动,除了终身事业,还包含了生活中的其他方面。美国生涯理论研究者舒伯认为,生涯是指一个人终其一生所经历的所有职位的整体历程。之后他又进一步指出,生涯是生活中各种事件的演进方向和历程的综合,它统合了人一生中的各种职业和生活角色。生涯主要由三个层面构成:一是时间,即每个人的年龄或生命的过程;二是广度,即每个人一生所扮演的各种不同角色;三是深度,即每个人所扮演的各种角色投入的程度。

2. 生涯的特点

(1)独特性。每个人都有独特的生涯发展形态,都有自己独特的个性和独立的价值观,以及自己特有的行为方式。

(2)终身性。生涯发展是人一生当中连续不断的过程,包含了一个终身发展的概念,人生不同阶段的蜕变与发展就是我们整个的生命历程。

(3)综合性。生涯是人生扮演的各种角色的整合。职业不能占据我们整个生命的长度,即使在我们的"职业人"阶段,职业也不能占据我们生活的全部。我们除了从事职业,还要扮演家庭和社会的角色,如子女、父母、朋友、学生、公民等。

（二）生涯规划的概念及作用

生涯规划就是对影响人们生涯发展的经济、社会、心理、教育、生理等各种因素的选择和创造。它通常建立在个体对自我全面、深刻认识的基础之上，并需要结合职业发展的一般性特点。生涯规划的主要作用有以下几个方面。

（1）以既有的成就为基础，确立人生的方向，提供奋斗的策略。

（2）突破生活的束缚，塑造清新、充实的自我。

（3）准确评价个人的特点和强项，评估个人目标和现状的差距。

（4）准确定位职业的方向，发现新的职业机遇，扬长避短，增强职业竞争力。

（5）重新认识自身的价值并使其增值。

（6）将个人、事业与家庭联系起来。

（7）尽快适应工作，提高工作满意度，实现事业的成功。

二、职业生涯

（一）职业生涯的含义

著名生涯学家沙特尔认为，职业生涯是指一个人在工作生活中所经历的职业或职位的总称。美国心理学家萨帕指出，职业生涯是生活中各种事件的演进方向和历程，综合了人一生中的各种职业和生活角色，由此表现出的个人独特的自我发展形态。美国心理学博士格林豪斯认为，职业生涯是贯穿于个人整个生命周期的、与工作相关的经历的组合。总而言之，各种定义都把职业生涯作为个人经历来界定，即职业生涯是个体职业发展的历程。综合以上的观点，职业生涯有以下几层基本含义。

（1）职业生涯是个体的概念，是个体的行为经历，而非群体或组织的行为经历。

（2）职业生涯是职业的概念，实质上是指一个人一生中的职业活动或经历。

（3）职业生涯是时间的概念，职业生涯期起始于最初工作之前的专门的职业学习和训练，终止于完全结束或退出职业工作。实际的职业生涯期在不同的个体之间差异很大，有长有短。

（4）职业生涯是发展和动态的概念，是指个人职业内容和职位的发展变化。职业生涯不仅表示职业工作时间的长短，而且包含职业变更与发展的经历和过程，以及从事何种职业、职业发展的阶段的内容。

应当指出，职业生涯并不包含对职业生活的评价。一个人的职业生涯，是其一生中从事职业工作的经历，这个经历可能是连续的，也可能是断断续续的；可能是从一而终的职业生活方式，也可能是变换很多的职业生活方式；可能是功成名就的辉煌历程，也可能是艰难坎坷的痛苦经历。总之，只要有工作经历、有职业生活内容，无论从事何种职业、具有何种素质和业绩水平，都拥有属于自己的职业生涯记录。

（二）职业生涯的特征

（1）独特性。每个人都有自己的职业发展条件、职业动力、个人需求、职业选择、不同的职业发展路径。

（2）动态性。每个人的职业生涯都是一种发展的、演进的动态过程，一方面，自己的知识、技能不断增强，薪酬水平也会相应地增加，职务还可能不断地改变；另一方面，个人和组织之间也会从最初的磨合到相互接纳和共同发展。

（3）阶段性。每个人的职业生涯发展过程有着不同的发展阶段，组织应该根据每个个体职业生涯各个阶段的状况，进行有针对性的开发与管理，调动每个人的工作积极性。

（4）互动性。职业生涯是个人与他人、环境、组织和社会之间互动的结果。个人职业生涯的发展无法脱离客观环境的影响和制约，其间存在非常强的交互作用。

（5）整合性。整合性是指由于个人所从事的工作或职业往往会决定其生活形态，并与其家庭和生活的各个阶段紧密相连。职业生涯的整合性，涵盖人生整体发展的各个层面，而非仅局限于工作或职位。

（三）职业生涯教育的阶段

职业生涯教育可分为四个阶段。

1. 生涯认知阶段

这一阶段的任务是培养日常生活中必需的基础能力素养和对工作世界的认知。生涯认知主要是在小学阶段完成的。

2. 职业探索阶段

这一阶段的任务是培养一个有素养的人所必需的能力，通过更加具体实际的经验，探索符合自己个性、兴趣、性格、价值观、能力、身体特征的职业。职业探索主要是在中学阶段完成的。

3. 生涯规划及准备阶段

这一阶段的任务是从所探索的职业中，选出最适合自己的职业，开发从事该职业的能力，规划并准备与就业相关的事务。生涯规划及准备主要是在高中、大学、各种职业培训机构中完成的，包括职业规划阶段和职业准备阶段。

4. 生涯维持与改善阶段

这一阶段的任务是在工作岗位上提高业务能力，有的人会做好换工作和离职的准备，以及为了充实老年的业余生活而接受相关教育。也就是说，这一阶段不仅包含职场生活、家庭生活、社会生活，还包含终身学习的成人期及老年期教育。

人们通常是按照上述职业生涯的发展阶段开发自身能力的。与职业生涯发展的不同阶段有关的职业生涯教育的目标体系见表1-1。

表 1-1　职业生涯教育的目标体系

相应时期	小学	初中	高中	大学	工作后
职业生涯教育阶段	生涯认知	职业探索	生涯规划	生涯准备	生涯维持与改善

续表

相应时期		小学	初中	高中	大学	工作后
阶段性生涯教育目标		认识工作，初步确定职业态度	探索自我，收集职业信息	决定个性化生涯，树立职业目标	决定职业生涯，并开始职业准备	维持职业生涯或改善、转换职业
自我理解	通过自我理解，形成自我概念	认识自身，珍惜现在	努力了解自我，形成正向自我概念	客观理解自己，形成正面自我概念	深化自我了解，积极接受他人	不断反省自己，培养包容心态
	与他人沟通，正向互动	认知人际关系，参与团队活队	习得建立人际关系的能力	提高处理人际关系的能力	区分情况，有选择性地积极沟通	巩固人际关系，发展社会关系
探索并理解职业世界	了解工作，探索职业	努力形成职业态度	重视工作，理解社会环境与自身的关系	理解环境的变化对工作和职业产生的影响	关注环境，提升能力，适应变化	应对环境的急剧变化，进行深入探索职业
	形成职业价值观	形成积极的人生态度	应对职业生涯的积极态度	培养职业所要求的积极态度与习惯	培养组织文化，初步形成良好的职业态度	具有职业人应有的社会责任感，能驾驭职业生活
	探索、解读、评估、应用职业信息	认识并探索身边的职业	探索多层面的职业信息	解读职业评估信息并应用于职业世界的多个层面	深入探索、评估、应用职业准备所需的信息	生成职业生涯所需的职业信息并进行管理
职业生涯规划和管理	认识终身学习的重要性并参与其中	认识学习的重要性，养成良好的习惯	重视学习，养成自主学习的习惯	认识学习的重要性，提高学习能力	理解终身学习的重要性	积极参与终身学习
	生涯决定	认知生涯决定的重要性，拥有梦想	探索生涯方案	以合理的生涯决定为基础，初步制定生涯方案	生涯目标具体化，并确定实施策略	树立生涯维持或转换的目标，制订计划及应对策略
	生涯规划及设计	为达成梦想，初步认识生涯规划	进一步认识生涯规划	初步确定生涯规划目标	制定生涯规划的详细内容	持续检查生涯规划实践过程，增加职业活力
	进行有效的求职、生涯维持或转换	初步了解工作的含义	了解职业、行业的相关知识，端正态度	培养就业意识，知识与技能并重	为准备求职、生涯转换而强化职业基础能力	深化并发展职业选择、维持或转换所要求的能力

（四）职业生涯规划的含义

建造高楼大厦需要设计图纸，职业生涯也需要规划。这里所说的职业生涯规划，是指根据职业生涯发展的阶段性而设定的目的和目标，并为实现这一目标而制定系统的实施计划的过程。职业生涯规划的系统化、合理化程度和可行性等因素决定着职业生涯的成功与否。根据职业生涯的阶段性特点来制定合理的职业生涯规划并逐步推进是非常重要的。

在设计个人的职业生涯规划时，要注意三点。第一，要尊重个体潜质及个性。第二，注重内在价值。第三，要在社会需求的范围内进行设计。换言之，职业生涯规划是指个人根据对自身的主观因素和客观环境的分析、总结和测定，确立自身生涯发展的目标，选择实现这一目标的职业，制订相应的工作、培训和教育计划，并按照一定的时间安排，采取必要的行动来实现生涯目标的过程。

在职业生涯规划中，自我剖析与环境分析是基础。自我剖析侧重于内因分析：明晰自己的世界观、人生观和价值观；分析自己的专业知识和技能及职业素养水平；审视自己的性格、兴趣与人格特征。环境分析侧重于外因分析，包括宏观环境、微观环境分析及竞争者的挑战和威胁。

职业目标包括短期目标、中期目标和长期目标，或者低层目标、中层目标和高层目标。对于高职生来讲，应根据职业目标选择职业。在学习中，应围绕目标，以学习业绩和技能准备为抓手，为实现预期的职业目标而努力奋斗。

三、职业生活

职业生活是职业生涯的组成部分。职业生活既属于人类公共生活的范畴，也是个人生活的一部分，是人们从事职业活动的总和。

1. 职业生活与家庭生活

职业生活制约着家庭生活。例如，在时间支配上，工作时间是优先考虑的时间段，"先工作、后生活"是时间管理的一般原则。职业工作时间的长短，与家庭生活密切相关。人们评价生活方便不方便，主要是看职业生活是否与家庭生活和社会公共生活在同一活动空间。反过来说，职业生活也受家庭生活的影响。一般来说，家庭生活和睦幸福的人，工作效率高、质量好，比较容易创造出业绩；相反，如果家庭生活不顺心，就很难保证工作效率和质量。

总之，职业生活与家庭生活是连在一起的，把职业生活和家庭生活绝对地分开几乎是不可能的，无论是"不把工作带回家"还是"不把家事带进职场"，都是一厢情愿的。至于那些因家庭生活不幸反而迸发出工作热情并取得辉煌成就的人，在现实生活中是少之又少的。

2. 职业生活与社会公共生活

社会公共生活对个人职业生活有着很大影响。社会政治变革、经济结构调整、社区文化繁荣等现象，都可能对个人的职业生活产生重大的影响。原来稳定的职业生活状态变得捉摸不定了，而五花八门的新职业又让职场中的人们眼花缭乱，憧憬新的发展机会。这些社会现象表明，现代社会虽然个人的职业生活更加自由了，但从本质上说，个人的职业生活永远都无法摆脱社会公共生活的影响，而这种影响有的是正面的，有的是负面的。

经典分享

王强充实的大学生活

王强是某大学信息科学与技术应用专业学生。他报考大学时，因为物理成绩不错，兴趣又偏向理科，便毫不犹豫地选择了这个专业。

大学一年级的暑假，王强参加了贝塔斯曼公司的一个宣传活动，没想到却成为他大学时代的一个重要转折点。他在那次活动中认识了很多高年级的学生。他们在一起谈论的话题与大学一年级的学生完全不同，他们经常讨论工作，讨论世界顶尖级的外资企业，他们对自己的人生有明确的规划，这些为他打开了一扇通往世界的窗口。于是，王强产生了"想去那些公司闯闯"的强烈念头。在朋友们的指导下，他开始留意学校就业网上的招聘信息。

有了方向之后，王强的大学生活变得非常充实，他为自己制订了一个详尽的计划，上面有每一个阶段的目标，每完成一项，就用彩笔划去一项。大学四年间，他曾给爱尔兰的媒体记者做过两年的翻译；在联想公司参加过软件开发测试；在微软公司做过技术支持，同时，还在空余时间考取了高级口译证书。

为了实习、学习两不误，王强每天非常辛苦，他在那些大公司实习的时候，加班到晚上十一二点是家常便饭，有时候回到寝室，累得都不想动弹一下，可是想到第二天上午还要继续上课，自己只能挣扎着爬起来，在教室认真地做笔记。大学四年一晃而过。王强凭着他的实践经历和所获得的各项证书，轻松地留在了某外资企业，可是他并不满足，他又计划着想找一个合适的机会去国外学习，丰富自己的人生阅历。

【分析】我们身边很多大学新生总是将大学一年级作为高考冲刺后的休养阶段，学习和生活没有规律，丧失了学习的动力，没有学习的目标，迷失了人生的方向，随波逐流，虚度光阴，以至在大学毕业时才后悔自己错过了奋斗的时光。进入大学是人生的一大转折点，也是高职生进入社会之前的最后一个加油站。在大学中，学习和生活方式发生了很大的变化，我们要重新确立自己的目标，培养学习的主动性和自觉性，努力提高自己的能力，充分利用大学时光为自己的职业生涯规划奠定坚实的基础。

课堂活动

1. 活动目标

你学习了生涯规划之后，在哪些方面可以进行自我提升？

2. 规则与程序

（1）你为什么上大学？

（2）你希望在大学里实现哪些目标？思考后将相关目标填入表1-2。

表1-2　目标列表

序号	目标	实施时间	与目标的差距	实施计划
1				
2				
3				
4				
5				
6				

活动时间 30 分钟。

3．讨论

（1）为了实现目标，你应该从哪些方面努力？

（2）你是否想过自己未来从事什么类型的职业？

单元三　职业和专业认知

☞ 能力目标

（1）了解职业的概念、特点及发展趋势。

（2）了解职业资格和职业技能等级。

（3）掌握职业的分类，正确对待职业和专业。

职业和专业认知

📍 导入案例

葛艳的职业准备

葛艳是某高职院校护理专业的学生。大学一年级开学伊始，她就了解了有关护理专业的就业情况，并了解到学校与当地有名的三甲级某医院是合作单位，但是这家医院对护理专业的学生招聘条件比较高，职位要求是：必须掌握护理专业系统的理论知识，持有护理资格证书，综合素质高，学习成绩优秀，有爱心，团队意识强，专业技能精湛。

葛艳原本就是一个积极向上的人，了解到这些信息后，很想毕业以后能进入这家医院工作。于是她找到了辅导员说明了自己的想法。在教师的帮助下她又联系了学校的职业咨询师，在职业咨询师的指导下，规划了自己的大学三年计划，有目标地开始了她的大学生活。有了规划就有了动力，葛艳在她三年大学期间，努力探索护理专业知识，培养相关职业素质。她刻苦学习，积极参加学校组织的活动，大学一年级时参加学校组织的护理技能大赛，并获得了优异成绩。她还志愿到社区参加公益活动，积极参加学校社团组织的各项活动，培养自己的组织能力和沟通能力等。

到了毕业季，她顺利通过学校的推荐到那家三甲医院去实习。实习期间，她听从安排，主动工作，不计报酬，对待病人就像对待家人一样，她所在部门领导多次收到患者家属对她的表扬信。同时她还考取了护士资格证，为她就业奠定了基础。实习期满，因她实习期间表现突出，受到医院领导的肯定。在之后医院组织的招聘活动中，她顺利通过了笔试、面试等环节，如愿地进入医院从事她所期望的护士工作，实现了"人职匹配"。

【分析】我国传统的职业教育观念是：学校就是"两耳不闻窗外事"的知识殿堂，学生要专心于学习，学有所成再谈论职业，大多数中国学生对社会上各行各业所知甚少，职业对于他们来说，还是一个非常遥远的目标。

随着当前科技的高速发展，工作变得专精化。高职生如果对工作世界没有明确的认知，将无法了解职业的内涵，对未来工作也会无从选择。职业认知是生涯发展的首要任务，高职生应认识与尝试各种职业工作，培养从事各种职业工作的基本能力；根据个人兴趣与能力，完善职业所需的知识与技术，使个人素质适应于工作世界。

一、职业及其发展变迁

（一）职业的概念

职业是指人们从事的相对稳定的、有收入的、专门类别的工作。职业是某种精细的、专门的社会分工，能反映一个人的社会身份、社会地位、知识、能力、素质水平等。换言之，所谓职业，就是以生计维持、社会角色分担、个性发挥和自我实现为目的，持续进行的劳动或工作。因此，职业应包含以下要素：维持生计、分担社会角色、自我实现、持续性的活动。

（二）职业的变迁

职业随着时代的发展在不断变化，职业的变迁与人类社会的发展紧密相连，从一个侧面折射出时代的进步，反映出人类社会的发展与进步。影响职业变化发展的因素包括社会及管理的变革、技术变革、经济发展、产业及行业的演变等。我国职业发展的态势主要有以下六种表现：一是由单一、基础型向跨专业、复合型转化；二是由封闭型向信息化、开放型转化；三是由传统工艺型向智能型转化；四是由继承型向创新创造型转化；五是服务型职业由普通低端化向个性化、知识型转化；六是职业活动趋向绿色、可持续、低碳方式。

互联网等新经济行业的快速发展，既对就业市场中传统职业造成一定冲击，同时也为新兴职业的产生提供了良好的市场环境，创造了新的生机和活力。未来职业发展的新趋势，主要表现在以下几个方面。

1. 高新技术行业优势领先，知识型劳动者比例直线攀升

信息科技时代，未来企业将朝着通信技术、人工智能、新材料领域等高技术产品的产业群发展，这些行业具有知识技术密集、资源能耗较少及产值贡献率高等特点，是推动经济繁荣和增长的重要引擎。高技术产业的发展，需要较高的研发投入和庞大的研究人员团队，其将凭借智能性、创新性、战略性和环保性等优势，吸引海内外知识型人才不断涌入，这将对社会和经济的发展具有重要的意义。

2. 传统职业逐渐更替，新兴职业技术含量不断提高

技术的不断进步，给传统职业带来了巨大的冲击，同时也延伸出了许多新的工艺、服务和产品，这些新技术的开发及应用，必然导致部分职业的新旧更替。例如，互联网通信技术的发展，导致传统的电话接线员、打字员等职业逐渐取消，但电子商务、网络设计、在线教育培训等新职业纷纷涌现，提高了对从业人员的技能要求，即未来脑力劳

动职业将越来越多，体力劳动职业将越来越少，新兴职业技术含量在不断提高。

3. 职业更新速度逐步加快，职业发展边界逐渐趋于模糊

随着网络设施不断完善、海量数据快速产生及信息处理技术不断提高，带来了社会经济结构质的飞跃，加速了新旧职业的替代和更新。同时，社会对未来人才知识的综合性结构提出了更高的要求，职业发展的边界在逐渐模糊，劳动者不仅要成为本专业领域的技能人才，而且应能够顺应环境变化转换职业角色，成为掌握多种知识和技能的高素质复合型人才。

（三）新职业

我国的新职业正以惊人的速度产生着，主要集中在第一、第二产业的高新技术领域和蓬勃发展的第三产业。从分布情况来看，新职业主要分布于基因和转基因工程、遗传工程、生态农业、生化试验等高新技术领域；加工中心、环境监测、计算机辅助设计、计算机辅助制造、纳米材料生产等领域也出现大批的新职业；新职业分布最广的是社会服务领域。

早在 2004 年 8 月，我国已经建立新职业发布信息制度，陆续颁布了 12 批 122 个新职业，取得了较好的社会效果，引起了社会各界的广泛关注。后来，《职业分类大典》修订工作启动，新职业发布暂停。随着新一轮科技革命和产业变革不断加速演进，新产业、新业态、新模式层出不穷，在我国经济社会发展和劳动者就业创业实践中，逐渐出现一些从业人员数量较多、社会影响较大的新职业。《国务院关于推行终身职业技能培训制度的意见》提出"紧跟新技术、新职业发展变化，建立职业分类动态调整机制，加快职业标准开发工作"。

2019 年 4 月，人力资源和社会保障部、国家市场监督管理总局、国家统计局正式向社会发布了 13 个新职业信息，这些新职业包括：数字化管理师、人工智能工程技术人员、物联网工程技术人员、大数据工程技术人员、云计算工程技术人员、建筑信息模型技术员、电子竞技运营师、电子竞技员、无人机驾驶员、农业经理人、物联网安装调试员、工业机器人系统操作员、工业机器人系统运维员等。

2020 年 3 月，人力资源和社会保障部、国家市场监督管理总局、国家统计局再次联合向社会发布了智能制造工程技术人员、工业互联网工程技术人员、虚拟现实工程技术人员、连锁经营管理师、供应链管理师、网约配送员、人工智能训练师、电气电子产品环保检测员、全媒体运营师、健康照护师、呼吸治疗师、出生缺陷防控咨询师、康复辅助技术咨询师、无人机装调检修工、铁路综合维修工和装配式建筑施工员共 16 个新职业。

这些职业都吸引了大量的就业人群，是广大青年学生实现自身职业理想的新战场。

案例 1.3

人工智能与新时代我国社会职业发展预测

随着信息时代到来，劳动力市场也产生了新的变化：一方面，以互联网技术、云计算及终端设备为代表的全球化网络数字技术，推动着中国制造业升级，新产品、新

模式、新业态不断涌现。无论是共享经济、互联网金融，还是电子商务、个性化定制，都带动着新职业的出现：快递员、数据分析师群体不断扩大，网约车司机、酒店试睡员方兴未艾。另一方面，信息时代也给职业结构变迁埋下伏笔。工业时代的生产模式是大规模、标准化、低成本的，而信息时代则是全覆盖、个性化、高价值的生产模式。这意味着，高技能、高技术、高创造的职业将取代传统体力劳动，成为发展新动力。

2016年，人工智能Alpha Go战胜韩国围棋选手李世石；在北京举办的2018世界机器人大会上，人工智能最新产品纷纷亮相，机器人不仅可以调配咖啡、写毛笔字，还能看病、辅助做手术、演奏乐曲。专家认为，"世界到了新生产力革命的前夜，人工智能将是下一个生产力的核心"。过去，劳动划分为简单劳动、复杂劳动、脑力劳动和体力劳动。但在人工智能的背景下，劳动将进一步分为四种类型：一是规则性体力劳动，重复单一动作，不需智能；二是规则性脑力劳动，如计算报表等；三是非规则性智能劳动，包括专业性思考、复杂性对话、综合性平衡、原创性创新；四是非规则性体力劳动，既包括篮球、足球等复杂运动，也包括便利店值守等简单劳动。将来，人类最有前途的劳动领域是非规则性智能劳动和非规则性体力劳动。

"机器换人"成为一些人对职业与生存的隐忧。未来我国的就业形势肯定会有变化，但主要是结构性的变化，而不是绝对就业量的减少。换言之，人工智能的到来，或将是倒逼就业结构深度调整的机遇，使低价值劳动密集型生产向价值更高的岗位转移，重复性劳动向创造性劳动转移。

未来职场，如果你所从事的工作包含以下三类技能要求，那么，你被机器人取代的可能性非常小：

（1）社交能力、协商能力及人情练达的艺术。

（2）同情心及对他人真心实意的扶助和关切。

（3）创意和审美。

【分析】面对已经出现或者即将出现的新业态、新职业，劳动者需要进行人力资源的自我开发、更新知识。劳动者要不断提高自己的核心能力，不管时代如何变迁，劳动者的核心竞争力始终是勤奋、好学、创新，使自己不断适应经济社会发展与职业变化。

二、职业、产业、行业及其分类

（一）职业分类

职业分类主要是以工作性质的同一性为基本原则，对社会职业进行系统划分与归类，对社会从业者所从事的工作进行全面系统的划分。职业分类广泛应用于社会统计、信息服务等方面，也对就业选择和职业培训有着重要的影响。

我国第一部《中华人民共和国职业分类大典》颁布于1999年。2015年，人力资源和社会保障部出版了《中华人民共和国职业分类大典（2015年版）》（图1-1）。该书中职业分类结构为8个大类、75个中类、434个小类、1 481个职业。在8个大类

图1-1　《中华人民共和国职业分类大典（2015年版）》

中，第一大类是党的机关、国家机关、群众团体和社会组织、企事业单位负责人；第二大类是专业技术人员。第三、第四、第五、第六大类职业可由职业教育培养，技术技能人才主要集中在这些大类中。第七大类是军人。第八大类是不便分类的其他从业人员。表 1-3 是《中华人民共和国职业分类大典（2015 年版）》类目表。

表 1-3 《中华人民共和国职业分类大典（2015 年版）》类目表

大类	名称	中类/类	小类/类	细类（职业）/类
第一大类	党的机关、国家机关、群众团体和社会组织、企事业单位负责人	6	15	23
第二大类	专业技术人员	11	120	451
第三大类	办事人员和有关人员	3	9	25
第四大类	社会生产服务和生活服务人员	15	93	278
第五大类	农、林、牧、渔业生产及辅助人员	6	24	52
第六大类	生产制造及有关人员	32	171	650
第七大类	军人	1	1	1
第八大类	不便分类的其他从业人员	1	1	1

（二）产业和行业分类

1. 产业

经济学传统的定义，产业是国民经济中基于共同标准划分的部分的总和，又是具有相同性质企业或组织群体的集合。《辞海》中对于"产业"的定义是指由利益相互联系的、具有不同分工的、由各个相关行业所组成的业态总称，尽管它们的经营方式、经营形态、企业模式和流通环节有所不同，但是，它们的经营对象和经营范围是围绕着共同产品而展开的，并且可以在组成的业态里的各个行业内部完成各自的循环。目前在国际普遍流行的是三次产业划分思路，即按照人类生产发展的历史顺序划分产业。

第一产业是指靠人类自身的体力劳动直接从自然界取得初级产品的生产部门，如农业、畜牧业和林业等，其产品用于满足人们的基本生活需要。

第二产业是指把第一产业获得的原料加工成各种物品的活动，即对工农业产品进行再加工的生产部门，如制造业、建筑业等，产品通过加工，其形态发生了显著的变化，一般不再保留原来的自然物质形态。

第三产业是指人们为生产、生活和社会发展提供产品交换和服务的部门。第三产业包含的门类较多，如商业、邮电通信业、交通运输业、房地产业、文教卫生事业等。

2. 行业

行业是指按生产同类产品，或具有相同工艺过程，或提供同类劳动服务而划分的企业，或组织群体的集合，如饮食行业、服装行业、机械行业等。行业分类主要是以经济活动的同质性为原则，对从事国民经济生产和经营的单位或者个体的组织结构体系的详细划分，如林业、汽车业、银行业等。

国民经济行业分类是划分全社会经济活动的基础性分类，它规定了全社会经济活动的分类与代码，适用于在统计、计划、财政、税收、工商等国家宏观管理中，对经济活动的分类，并用于信息处理和信息交换。

我国的《国民经济行业分类》于 1984 年首次发布，分别于 1994 年和 2002 年进行了修订，2011 年进行了第三次修订，2017 年第四次修订后于 2017 年 10 月 1 日实施。当前我国新行业分类共有 20 个门类、97 个大类、473 个中类、1 380 个小类，如表 1-4 所示。

表 1-4　产业行业对照简表

三大产业分类	《国民经济行业分类》（GB/T 4754—2017）	
第一产业	A	农、林、牧、渔业
第二产业	B	采矿业
	C	制造业
	D	电力、热力、燃气及水生产和供应业
	E	建筑业
第三产业（服务业）	F	批发和零售业
	G	交通运输、仓储和邮政业
	H	住宿和餐饮业
	I	信息传输、软件和信息技术服务业
	J	金融业
	K	房地产业
	L	租赁和商务服务业
	M	科学研究和技术服务业
	N	水利、环境和公共设施管理业
	O	居民服务、修理和其他服务业
	P	教育
	Q	卫生和社会工作
	R	文化、体育和娱乐业
	S	公共管理、社会保障和社会组织
	T	国际组织

（三）产业、行业、职业的关系

产业、行业、职业三者之间既有相同点，联系密切，又有区别。产业、行业、职业都是社会分工的产物，是社会生产力不断发展的必然结果。这是它们在本质上的共同点。在社会发展中，随着新技术的出现，产生了新产品及相应职业的从业人员。随着新产品的生产及相应从业人员数量的不断扩张，新的行业逐渐形成。当新行业发展到一定规模时，就会与其他相关行业进行整合，并入或形成新的产业。

产业的着眼点是生产力布局的宏观领域，体现的是以产业为单位的生产力布局上的社会分工，产业由行业组成。行业的着眼点是企业或组织生产产品的微观领域，体现的是以行业为单位的产品生产上的社会分工，行业由企业或组织组成。职业的着眼点是组织内工作人员的具体工种，体现的是以人为单位的劳动技能上的社会分工。产业（行业）的分类依据是经济活动的同质性，而职业分类的依据是工作性质的同一性，前者属于生产活动领域，后者属于人力资源开发领域。

三、职业与专业

随着人类知识的不断积累，谁也不可能涉猎全部的科学领域，于是分专业学习成为必然。然而专业学完之后从事什么职业是我们必须解决的问题。高等职业院校目前实行的是由教育部 2015 年组织制定的《普通高等学校高等职业教育（专科）专业目录（2015年）》（简称《目录》），它是国家对高职高专教育进行宏观指导的一项基本文件，是指导高等学校设置和调整专业，教育行政部门进行教育统计和人才预测等工作的重要依据，也可作为社会用人单位选择和接收毕业生的重要参考。

（一）专业的概念

专业是指在人类社会科学技术进步、生活生产实践中，用来描述职业生涯某一阶段、某一人群，赖以谋生，长时期从事的具体业务作业规范，也指高等学校或中等专业学校根据社会专业分工的需要设立的学业类别。中国高等学校和中等专业学校，根据国家建设需要和学校性质设置各种专业。各专业都有独立的教学计划，以实现专业的培养目标和要求。

《目录》中的专业大类维持原来的 19 个不变，排序和划分有所调整；专业类由原来的 78 个调整增加到 99 个；专业由原来的 1 170 个调减到 747 个；列举专业方向 749 个、主要对应职业类别 291 个、衔接中职专业 306 个、接续本科专业 344 个。这些调整旨在通过推动专业设置与产业需求对接，课程内容与职业标准对接，教学过程与生产过程对接，促进高等职业教育更好地服务经济社会发展和人的全面发展。近年来，根据《普通高等学校高等职业教育（专科）专业设置管理办法》，在相关学校和行业提交增补专业建议的基础上，经教育部研究确定，2016 年增补专业 13 个，2017 年增补专业 6 个，2018年增补专业 3 个，2019 年增补专业 9 个。

（二）专业和职业区别

专业是学业门类，职业是社会分工，两者是不同范畴的概念，它们之间的联系在于职业能力（或专业能力）。了解专业与职业的关系、解决专业与职业的矛盾，有助于更好地发展职业、实现职业目标效益最大化。

1. 一对一

这种情况最为简单。它是一个专业方向对应一个职业目标，这类专业一般都存在于高职学院，培养目标单一明确，属于学业规划中比较主动的一种态势。

2. 一对多

这类专业一般存在于普通高校中，人们常说的"宽口径，厚基础"，就是指这类专业。它们所对应的职业目标有多个，从职业的人格特征来看，两种甚至六种人格类型的职业它都有涉及。

3. 多对一

这是多种专业都可以发展到某一种职业的情形。这类职业一般属于管理型人格的职业，如新闻记者、公务员、营销主管、企业管理人员等。

（三）专业探索

专业探索就是对一类专业毕业生毕业后一般能从事什么职业进行探索与分析，从而有效地规划大学生活。专业探索分为对个人所学专业的探索，和个人对所喜欢或愿意从事的专业的探索，其目的都是有效充分地利用大学时间来有针对性地为就业做好准备。

🌐 经 典 分 享

计算机科学与技术专业探索

1. 就业前景

现在国家大力发展互联网行业，计算机、微电子等电子信息专业人才社会需求巨大。特别是在计算机及其配套产品、移动通信、电子消费品生产方面，以及一些新的研究领域，如网络通信、网络保密研究、可视电话、图像传输、军事通信等领域，人才的需求量很大。

2. 从业建议

该专业学生毕业后可在软件企业、国家机关及大、中型企、事业单位的信息技术部门、教育部门等单位从事软件工程领域的技术开发、教学、科研及管理等工作。要求学生掌握计算机科学与技术方面的基本理论和基本知识，接受从事研究与应用计算机的基本训练，具有研究和开发的能力。云计算、大数据、人工智能等人才稀缺，就业前景非常好，毕业生供不应求，10年内将持续走俏，薪资也高。

信息时代的今天，需要越来越多的掌握计算机的人才来补充，建议该专业的学生在校期间除了学习相关专业知识外，要不断学习有关计算机行业的知识，加强实践动手能力，探索计算机硬件、软件与应用的基本理论、基本知识和基本技能与方法，成为通才。

机械设计制造及自动化专业探索

1. 就业前景

随着制造业从加工制造业向装备制造业的升级，我国机械（装备）制造业将迎来快速发展，各类专门人才需求将大幅度上升，企业对此类专业的人才需求不断增加。中国已超过德国成为世界第一机电设备制造大国。机电类专业已经成为企业安全、经济稳定运行不可缺少的重要环节。为增强竞争力，各企业已开始广泛使用各种先进的机电设备进行生产，每个企业都需要大量掌握"机、电、液"和控制技术的高技能人才对设备进行维护和管理。

2. 从业建议

目前我国现有的设备维修和管理人才中具有高职及其以上学历水平的仅占 9.1%，

各企业设备维修管理人才、设备技术改造人才普遍存在数量不足、学历较低、年龄偏大、综合技能不强等问题，掌握现代自动化设备维修技能的专门人才更是奇缺。每个企业（制造业、轻工业、化工业、汽车工业）都需要设备维修和管理人员对设备进行安装（组装）、调试、维护、修理、管理，以维持设备的正常运转；对每一台机电设备在运行前都需要安装、调试，以保证产品质量。

因此，该专业毕业生可在任何行业（如汽车制造业、钢铁生产行业、建筑施工业、公共事业单位等各种行业）从事设备维修、设备管理、设备安装调试、机电设备营销及售后技术服务等工作。

【分析】通过专业探索可以明确本专业的就业前景，并对可能的就职去向、就职岗位有所了解，同时明晰自身要加强学习的方向。

课 堂 活 动

专业探索记录

了解自己所学专业，认识专业的价值，思考未来的专业出路。将自己所学专业的探索结果记录在表 1-5 中。

表 1-5　专业探索记录

专业名称	
培养目标	
专业价值	
核心课程	
教学方法	
知识和技能	
相关专业	
近年就业状况	
近年升学状况	
对口行业状况	
可能适合职业	
学习资源渠道	

模块二　工作环境

模块导读

《孙子兵法》中说："知彼知己，百战不殆。"职业生涯的规划也要做到"知彼知己"，只有这样才能有效地规划自己的职业生涯，顺利地走好自己的人生之路。了解自己是职业生涯规划的基础，认识社会环境则是实施职业生涯规划的保障。社会环境中充满了职业机会，这些机会对自己的发展和成长将起到重要作用。为了更好地进行职业选择与职业生涯规划，必须对社会环境进行分析并通过分析弄清环境对职业发展的要求、影响及作用，对各种影响因素加以衡量、评估，并做出反应。

在制定个人职业生涯规划时，需要分析环境的特点、环境的发展变化、环境对自己提出的要求或挑战及环境对自己的有利条件与不利条件等。只有充分了解这些环境因素，才能做出与环境相适应的职业生涯规划，才能做到在复杂的环境中趋利避害，使自己的职业生涯得以发展。

本模块把职业生涯探索的视角转向对工作环境的分析，帮助学生不仅认清形势，而且认清工作环境是实现职业生涯目标的外部平台，学会从多角度、多途径，多种方法与策略获取工作世界的信息并有效地管理好这些信息。促使学生用外界的职业需求与职业要求指导自己的学习生活，提升自身的职业品质。社会环境分析是进行成功职业生涯决策的关键一步。

单元一 宏观环境认知

☞ **能力目标**

（1）了解社会环境中影响职业生涯发展的因素。
（2）初步养成分析社会宏观环境的思维模式。
（3）学会在社会环境中找到定位，积极应对社会环境的变化。

宏观环境认知

导入案例

大公司招聘的尴尬

世界500强企业麦德龙公司欲招聘一批管理专业的应届毕业生。麦德龙公司承诺：毕业生被聘用并通过了实习考核后，当年就可能在新开张的三家商店中担任主管，条件是毕业生要先从"客户开发人员"做起。然而，对于这一颇具诱惑力的承诺，相当一部分学子并不买账。

遇到类似尴尬局面的企业其实并非麦德龙公司一家。

有较好的单位就业，缘何毕业生不买账？究其原因有以下三个方面：一是学生缺乏自信，不愿接受挑战，对能否被录用有所担心。在2个月的实习期中，万一用人方不签约，就会耽误找其他工作的机会，到最后很可能错过了其他求职机会。二是部分学生就业想留在大城市，担心被派到"外地"后，就和大城市无缘了。三是部分学生不屑于从事具体工作。管理专业的学生甚至表示：跑业务与我们学的知识有关系吗？跑业务非要本科生吗？这样能体现出自己的价值吗？

企业的想法不能和毕业生求职要求对接，一位多年分管大学生调配工作的教师分析说，其实对每个大学生来说，在学校时他们都会给自己描绘一幅壮丽的蓝图，但当这幅蓝图碰到现实的就业环境时，往往会因现实的压力而改变。对正在找工作的这些毕业生来说，他们的问题不在于能不能找到一个可以供自己生活的工作，而是在于能不能在职业理想与现实环境之间放弃理想而选择现实。

【分析】 案例中的情况皆源于高职生对职业环境缺少理性的分析，对职业过于理想化，缺少对职业选择和职业发展的正确认知，因此，客观全面地了解职业环境，树立正确的职业观是毕业生理性择业和成功就业的重要思想保障。所以，高职生在就业时，应综合考虑社会环境、个人成长环境和组织环境等因素。

社会环境分析从宏观角度来说，主要是分析社会政治法律环境、经济环境、科技环境、人口资源环境、教育文化环境等，以全面了解国家或地区的政治、经济、法律、科技、文化建设的现状与发展趋势，了解社会环境为我们提供的职业与职业保障，从而科学分析社会职业岗位的数量和结构，科学把握社会职业岗位的随机性和波动性。

社会环境对我们职业生涯乃至人生发展都有重大的影响。高职生应通过对社会环境的分析,来了解和认清国际、国内和自己所在地区的政治、经济、科技、文化、法制建设、政策要求及发展方向,以更好地寻求各种发展机会。在社会环境分析过程中,我们需要通过阅读各级政府出台的相关政策、规划等,了解国家及地区的发展战略;我们需要了解信息时代国际社会的发展状况,拓宽自我的分析视野,确保分析全面、细致。另外,我们尤其要注意分析自己理想就业地区的社会环境,特别是该地区的经济、法律、技术发展现状和趋势。

总体来说,我们现在面临一个非常好的宏观环境,社会安定,政治稳定,经济发展迅速,并与全球一体化接轨,法治建设不断完善,文化繁荣自由,尖端技术、高新技术突飞猛进。

一、政治和法律环境

(一)政治环境

政治环境包括一个国家的社会制度、政府的方针、政策、法律法规等。政治因素主要涉及国家的方针、政策。影响职业的政治因素包含教育制度、政治体制、经济管理体制、人才流动的政策等。政治和经济是相互影响的,政治不仅影响到一国的经济体制,而且影响着企业的组织体制,从而直接影响到个人的职业发展。政治制度和氛围还会潜移默化地影响个人的追求,从而对个人职业发展产生影响。

(二)法律环境

法律环境是指中央和地方的有关法规和有关规定,包括一个国家的社会政治制度、政府的方针政策、法律法规体系等。政治法律环境中的政治体制框架、经济管理体制、人才流动的政策导向等内容,对于职业选择和职业发展有着重要的影响。高职生应充分掌握国家政治法律环境的动态,如户籍制度、住房制度、人事制度和社会保障制度,这些因素都会对职业的选择和发展产生重要的影响。

俗话说:"没有规矩,不成方圆。"政策法律在就业过程中起到宏观调控和规范指引的作用。相关文件虽然会随着时间的推移而不断调整变化,但在相当长一段时间内还是具有高度的稳定性的。现行的高职毕业生就业模式实行的是在国家就业方针及政策指导下,毕业生和用人单位双向选择的制度。高职生掌握了就业政策法律,在求职过程中能够减少盲目性和随意性,防止不必要的纠纷和违约现象。

二、经济环境

经济环境是指一个国家或地区在一定时期内的经济发展状况,它会直接影响到劳动力的就业状况。高职生选择职业,不可避免地要受到当时的社会经济状况的影响。从整个国家范围来说,经济的发展和科技的进步,劳动生产率的提高,职业演化速度的加快,就业岗位的增加,都是极为相关的因素。高职生在做职业生涯规划前要注意研究和分析现实的社会经济生活状况，结合自身专业特点和个人发展愿景，适应产业结构升级和劳动力素质的要求，努力在科技含量高、技术密集的产业类型中增强就业竞争优势，从中选择适合自己发展的职业。

另外，地区间经济发展水平的差异也会给高职生的就业选择带来一定的影响，很多学生"宁要大城市一张床，不要小城市一套房"，在就业时，他们之所以选择经济发达的城市是因为：大城市经济水平较高，物质和精神生活更为丰富，现代社会功能齐全、生活便利，优秀企业相对集中，工作机会多，发展上升空间大。但是机遇和挑战并存，我们也要辩证地看待高职生就业时进行的区域选择问题。经济发达的城市，竞争激烈、生活节奏快、消费水平高，对于刚步入社会的高职生来说，生存压力会较大，所以，高职生在毕业时应对外部的经济环境进行充分的了解，结合自身的实际情况去选择适合自己的区域环境。

（一）经济形势

经济形势的变化对职业的影响是最为明显又最为复杂的。当经济处于萧条时期，企业的效益降低，对人力资源的需求减少，因而职业选择和职业发展的机会就会减少，当经济处于高速发展时期，企业处于扩张阶段，对人力资源需求量增加，职业选择和职业发展的机会就会增多。

我国经济发展的形势对高职生就业的影响很大。国家经济状况的好坏直接影响就业市场的景气程度。高职生可以通过解读公开的经济数据，研判宏观经济的现状特点与发展趋势，预测就业市场盛衰和涨落的走势。

（二）劳动力市场供求状况

劳动力市场的供求状况对职业选择和职业发展产生着重要的影响，如果某类职业的人才供不应求，则职业选择和职业发展的机会就会增多，相反，某类人才供过于求，职业选择和职业发展的机会就会减少。

（三）收入水平

社会对人力资源的需求是一种派生的需求，当人们的收入水平提高时，对商品消费的需求就会增加，企业扩大生产，从而增加对人力资源的需求，职业选择和职业发展的机会就会增多，而在相反的情况下，职业选择和职业发展的机会也会减少。

（四）经济发展周期

经济发展具有周期性，有繁荣期，也有衰退期。一般来说，在经济繁荣期，个人职业选择的机会就比较多，因而有利于个人职业的发展；相反，在经济萧条期，个人职业选择的机会就比较少，个人职业生涯也会受到限制。经济环境的变化还可以使不同的行业此消彼长，产生不平衡的发展，这些都会对高职生职业方向的选择产生重大的影响。当前，我国经济发展已经步入新常态。经济新常态有三个特点：一是从高速增长转为中高速增长；二是经济结构不断优化升级；三是从要素驱动、投资驱动转向创新驱动。经济新常态对就业状况产生广泛而深刻的影响，目前，我国就业问题主要不在于人数总量的多少，而在于就业结构的平衡。

（五）地域经济发展水平

一般来说，经济发达地区的企业数量多，人才需求量大，个体选择职业的机会比较多，有利于个人职业的发展；反之，在经济发展水平较低的地区，企业的数量尤其是优秀企业的数量都比较少，对人才的需求和吸引力都比较弱。因此，在我国东部沿海地区，工业经济基础良好，对人才的吸引力更大，相比较而言，中、西部及内陆地区，经济发展水平较低，对人才的吸引力较弱。大部分高职生的第一择业选择都是经济较发达的地区，但是一线、二线城市就业岗位早已饱和，不可能在短期内提供更多数量的就业职位，对于那些真正急需大量高素质人才的欠发达地区，有着广阔的就业空间，但前去就业的高职毕业生却较少。

案例 2.1

2019 届应届生就业市场景气报告

2019 届全国普通高校毕业生 834 万人，比 2018 年增加 14 万人。根据国家统计局的公开数据，我国 2018 年国内生产总值（GDP）同比增长 6.6%，属于较高速度。外部挑战变数明显增多，国内结构调整阵痛继续显现，经济运行稳中有变、稳中有缓，下行压力加大。作为就业市场的主力军和特殊人群，大学生就业一直受到各方关注和帮扶，智联招聘发布的《2019 届应届生就业市场景气报告》，基于智联招聘大数据，通过对应届生的招聘、求职及调研数据的整合，发现供需双方的数据都呈现出上升趋势，其中需求人数同比上升 81%，求职人数同比上升 21%。需求增长幅度高于供给增长幅度，从而导致 2019 届应届生的就业景气指数高于 2018 年，从 1.78 升至 2.68。报告要点如下。

分行业看，2019 届应届生就业景气度排名第一的依然是中介服务业。此外，教育培训、外包服务、互联网/电商和酒店餐饮行业景气度均较高。另外，航空/航天研究与制造、银行、能源/矿产/采掘/冶炼等行业的就业景气度较差。

分职位来看，2019 届应届生就业景气度最好的 10 个职位中，排名第一的是销售业务相关职位，CIER 指数[①]为 1.35。此外，地产中介、教育培训等职位的景气度排名也比较靠前。高级管理、IT 管理等职业的就业景气度较差，很大程度上由于这类职位对工作经验和职场积累的要求比较高，很少对应届生开放。

分企业性质看，民营企业、合资企业和股份制企业的 2019 届应届生就业景气度最高，分别为 3.85、2.01 和 1.77。国企、上市公司和外商独资公司的应届生就业景气指数较差，分别为 0.22、0.55 和 0.62，均低于 1。

---

① CIER（中国就业市场景气）指数由中国人民大学中国就业研究所与智联招聘联合发布，反映就业市场的整体走势。该指标采用智联招聘全站数据分析而得，通过不同行业、城市职位供需指标的动态变化，来反映劳动力市场上职位空缺与求职人数的比例的变化，从而起到监测劳动力市场景气程度以及就业形势的作用。该指数于 2011 年 1 月 15 日在"2011 年中国劳动力市场分析与展望研讨会"上首次向社会公开发布。

　　从企业规模看，2019届应届生在中小微企业的就业景气度均高于1，其中，20～99人及100～499人的中小企业CIER指数分别达到7.47和5，小微企业对应届生的需求量很大。相反，500人及以上规模的大型企业就业景气度较低，均在1以下。这也意味着，初创型企业针对应届生释放了更多的就业机会，成熟型大企业对应届生热情不高。大学生对于平均月薪的期望也在降低。智联招聘平台大数据显示，2019届应届生平均期望月薪为5 331元，低于2017年的5 409元，同比下降1.4%。

　　基于面向2019届毕业生群体的问卷调研情况，从大学生毕业后的职业规划来看，选择快就业的学生占据81%，慢就业占8.5%，绝大多数毕业生都希望尽快步入职场。选择通过考试取得研究生入学的资格（简称"考研"）和出国学习的大学生比例，分别为3.4%和1.2%，选择考取公务员的2019届应届生比例为1.7%，还有4.1%的学生选择创业。

　　【分析】这是专业机构出具的毕业生就业分析报告，对当年的经济发展总态势做了分析。同时，对毕业生就业的数量、结构需求做了分项目的详细分析，对毕业生了解当年的就业具体形势很有帮助。

三、科学技术环境

　　科学技术环境主要包括国家对科技开发的投资方向和支持重点、科技发展动态、科技转移速度和科技产业化程度等。科技的发展会带来职业发展的理论更新、观念转变、思维变革和技能的提升，这些影响深远的要素值得高职生给予特别关注。

　　科技的发展不仅会带来理论的更新、观念的转变、思维的变革、技能的补充，也会深刻影响人们的职业观念。工业自动化的普及与提高，在全方位提高劳动生产率的同时，也给就业市场带来了一定的冲击。机器取代人工制造产品，自然淘汰旧的工作岗位，影响到传统的用人计划和雇佣观念。产业结构的调整从劳动密集型转化到资本密集型再转化到知识密集型，这给高职生职业生涯的发展提出新的挑战，也提供了新的机遇。这要求高职生应根据环境的变化不断地更新自己的知识结构，适应产业结构的升级改造和社会的科技进步。

四、人口资源环境

　　人口资源环境包括人口规模、人口增长、人口结构、人口的地理环境分布密度等。一切职业活动、职业关系、职业现象和职业问题都同人口发展过程相关。我国人口多、底子薄、资源相对不足、环境容量有限、区域发展不平衡、适龄劳动人群规模庞大，解决就业问题仍将是长期而艰巨的任务。

五、教育文化环境

　　教育文化环境包括教育条件和水平社会文化设施等。在良好的教育文化环境中，个人能受到良好的教育和熏陶，从而为职业发展打下更好的基础。教育文化是影响人们行为、欲望的基本因素。教育文化反映着个人的基本信念、价值观和规范的变动。

🌐 经 典 分 享

人工智能对未来职业的影响

2017 年 10 月的《纽约客》杂志的一张最新封面毫无征兆地在朋友圈里刷了屏。封面上，人类坐地行乞，机器人则扮演了施与者的角色，意指明显——在未来社会，人类的工作机会被不断进化的机器人剥夺，从而沦为了流落街头的弱者。其实，"人类是否会被机器人取代？"这是一个老生常谈的话题，自从机器人的概念在科幻小说里首次出现（甚至更早）、自从工业革命爆发，机器大生产最开始为商家创造利润的那一天开始，人类便开始了无休无止的焦虑。未来的职场，做什么工作最有可能被机器人所淘汰？干什么最不容易被淘汰？

英国广播公司（简称"BBC"）基于剑桥大学研究者 Michael Osborne 和 Carl Frey 的数据体系分析了 365 个职业在未来的"被取代概率"。

在 BBC 所统计的 30 多个职业里，"电话推销员"被机器人取代的概率为最大，为 99.0%，接近百分之百；第一产业和第二产业，如工人及瓦匠、园丁、清洁工、司机、木匠、水管工等被取代概率为 80%～60%；程序员、记者、编辑的职业被人工智能取代的概率仅为 8.4%；在保姆这类真正需要情感投入的职业中，机器人尽管能完成大部分工作要求，但终究很难代替，被取代率只有 8%；艺术家、音乐家、科学家，被取代概率分别为 3.8%、4.5%、6.2%。律师、法官的被取代概率为 3.5%；牙医、理疗师的被取代概率为 2.1%；建筑师的被取代概率为 1.8%；心理医生的被取代概率为 0.7%。

日本野村综合研究所和牛津大学于 2015 年合作研究日本、美国、英国未来 20 年内可能被机器人取代的工作。研究人员在日本调查了 600 多种职业，涉及从业人员超过 4 000 万人，调查结果显示有将近一半的职业未来可能会被机器人所取代。在美国和英国的调查结果同样不容乐观。

人工智能和机器人未来虽然会被广泛应用并取代某些岗位的工作，但是我们大可不必太过悲观。从目前来看，机器人取代的工作大多是机械性、重复性的，大量需要创造力、想象力的工作机器人是无法胜任的。

【分析】未来社会中，虽然一些逻辑化、重复性操作技能的职业会被机器人取代，但是大量"个性化""人性化""人际互动情感化""未知探索实验性""创新创造性"的工作岗位会被创造出来。例如，有专家指出，生产制造人员减少，因为生产智能化了，但随着生产能力的大幅度提升，生产性服务人员会大幅增加，这些岗位的能力呈现出高度复合化的特色。因此，可以肯定地说，人工智能的应用不会导致大量的失业现象。

🌸 课 堂 活 动

感知宏观环境变化

1. 活动目标

归纳整理信息，寻找各行业的特点、需求和发展趋势。

2. 规则与程序

（1）准备黑笔、A4 纸、大卡纸。

（2）确定自己三个理想的行业（最好与专业相关）。

（3）明确所要了解的行业信息。

（4）进行有针对性的信息搜集和整理，并制定自己的职业发展规划。

活动时间 30 分钟。

3. 讨论

（1）通过研究调查，感知环境变化，提升洞察力。

（2）通过信息整理，积累相关资料，了解科技进步。

（3）了解社会发展的需求，对某一行业的各类信息进行分享。

单元二　微观环境认知

能力目标

（1）了解企业环境对职业的影响。

（2）了解学校环境、家庭环境等对职业的影响。

（3）了解工作环境探索的途径。

微观环境认知

导入案例

王丽的职业规划

王丽是一名研究生一年级会计学专业学生。她出生于知识分子家庭，从小就是班上的佼佼者，成绩一直非常优异，如愿考上北京大学（简称"北大"）光华学院会计学专业，本科毕业后又被保送继续攻读本专业的研究生。可是她越来越发现自己并不喜欢会计专业，将来也不想从事会计工作。她对职业咨询师说："我妈妈是一家大公司的会计，她认为会计这个职业很稳定，收入也比较高，而且年纪大了也不会被淘汰，属于'越老越吃香'的职业。当时，我对专业不是很了解，所以就听了妈妈的建议。上大学之后，我才发现自己并不喜欢这个专业，但是周围的同学都很优秀，我觉得自己也不能落下，所以我就很努力地学习。"随着对专业方向学习和研究的深入，以及对日后就业方向和职业发展道路的了解，王丽越来越发现，从事会计工作不是自己的理想职业。而读研意味着自己在会计专业方向上又前进了一步，自己未来的职业道路似乎更要局限于财务、审计、会计师等工作了。想到这儿，她开始焦虑起来，一种强烈的转行愿望开始在她头脑中萌发。职业咨询师对王丽进行了测评，结果显示，她是一个比较外向的女孩，她的职业兴趣偏向社会型和企业型，喜欢与人打交道，喜欢变化和创新，喜欢在快速成长、变化的环境中从事创造性和开拓性的工作，对重复性和细节性的工作则缺乏兴趣和耐心。很明显，会计学和财务工作多偏向与数据、图表、公式打交道，属于事务型，与王丽的兴趣类型正好相反。职业咨询师告诉王丽：职业规划并不是绝对的，它可以根据社会环境的发展变化及对自我和职业了解程度的变化而进行调整，继而发展。

【分析】任何职业和个人都不可能百分之百地匹配。我们做职业规划，不是把自己限制在一个很小的职业范围之内，而是要开阔视野，充分了解自我和职业，还要在积极的行动中根据现实情况不断调整和修正自己的职业方向，最终达到选择理想职业道路的目标。对于职业院校学生的职业生涯规划而言，毕业时开始择业才算是真正迈上了职业生涯之路；而对就业环境的分析，直接关系到职业生涯规划能否顺利。那么，我们如何分析就业环境？有哪些因素会影响就业呢？

除了宏观环境外，社会环境还包括微观环境。微观环境是指个人所在的企业、组织、学校、社区、家族关系、交际圈子等较小的环境。这些微小的社会环境对个人的职业生涯有着直接或间接的影响，作用于个人具体的社会活动范围、内容及条件，影响着个人职业岗位的选择和人生的发展轨迹，从而决定了个人职业生涯的具体际遇。微观环境分析一般包括企业环境分析、学校环境分析、院系环境分析、家庭环境分析和业缘环境分析、工作环境分析等六大类。

一、企业环境

企业是从业者赖以生存和发展的土壤。一方面，每个企业都有自己的发展目标、运作模式，了解企业的基本情况是成为企业一员的基础，便于自己以后迅速适应新环境。另一方面，为了生存和发展，企业本身也随时关注、适应社会大环境的变化，并采取相应的变革措施，这必将影响其成员的个人生涯。企业环境分析包括企业在本行业中的地位、现状和发展前景、所面对的市场状况、产品在市场上的发展前景、能够提供对岗位等。

企业环境对个人的职业生涯有直接的影响，所有的职场人士都处于企业的小环境之中，个体的成长与企业的发展息息相关。企业环境对高职毕业生职业发展的正面影响主要体现在职业激励上。如果企业文化与社会价值取向保持一致，企业的成员彼此间有良好的人际关系，领导善于沟通且富有宽容气度，那么个人就会充满集体的归属感并获得极大的发展空间。高职生通过对企业环境进行分析，可以及时了解企业的实际发展状况及前景，把个体的成长与企业的发展联系在一起，并融入企业组织之中，实现自己的职业生涯目标。

（一）企业的性质

企业是行业的末级组织。简略来说，中国国内企业按所有制可以分为国有企业（简称"国企"）、外商投资企业（简称"外企"）和民营企业（简称"民企"）。不同所有制的企业无论在人才需求和薪酬待遇上都有不同。一般来说，国企收入稳定、管理规范，适合谋求稳定工作的毕业生；外企善于高薪揽才，管理科学，注重绩效，鼓励创新，注重员工培训，能够在外企进行系统和专业化的学习与锻炼，对于青年学生来说不失为良好的进阶平台；民营企业以机制灵活，紧跟市场应变而被大家所知，讲究实效，注重员工的业务能力，对学历、学校、专业等"硬件"看得较淡，关注员工忠诚度。

（二）企业的实力

企业实力体现企业在社会中的地位和声望。企业目前的产品、服务和活动范畴是什么？企业的发展领域在哪些方面？发展前景如何？战略目标是什么？技术力量和设施是否先进？企业在本行业中是否具备很强的竞争力，是发展、扩张，还是处于一个很快就会被吞并的地位？这些都是探索的方向。现在很多企业都试图"做大"，动辄成立企业集团，高职生要学会细心观察，分析企业在"做大"的同时是否也在"做强"，还是空有其壳？企业有没有长久的生命力？

（三）企业的发展阶段

对于初创和成长期的企业来说，企业规模小，人员少，工作职责界限比较模糊，更需要具备跨专业技能和综合素质的复合型人才，更看重人才的开拓精神、工作热情和学习能力，相比较而言会降低对专业教育背景的要求。当企业发展到稳定期，企业的规范化管理会越来越重要，职位的专业化也会加强，这时候企业会需要更多的专业人才和管理人才，对专业人才的专业教育背景的要求也大为增加。

（四）企业的文化

企业文化是全体员工在长期的生产经营活动中形成并共同遵循的最高目标、价值标准、基本信念和行为规范。企业文化是影响企业经营效益的重要因素，往往左右一个员工的职业生涯。如果一个人的价值观与企业文化有冲突，就难以适应企业文化，最终在组织中无法立足。先进的企业文化能促进员工的发展，如鼓励员工参与管理的企业文化会比独裁专制的企业文化能为员工提供更多的发展机会；落后的企业文化则会限制个人的进步，如渴望发展、追求挑战的员工难以在论资排辈的企业文化中受到重用。所以，企业文化是个人在制定职业生涯规划时要考虑的重要因素。

（五）企业的领导人

企业的文化和管理风格与其领导的素质及价值观有直接的关系，企业经营哲学往往就是企业家的价值观。企业主要领导的抱负及能力是企业发展的关键因素。优秀的管理者善于倾听员工的心声，贯彻以人为本的思想，恰当地引导和激励员工，从而促进企业的良性循环。

很多成功的大企业都有一位出色的企业家掌舵。企业主要领导人的抱负及能力是企业发展的决定性因素。企业主要领导人是真心想干一番事业吗？他的能力足以带领员工开创新天地吗？企业领导有没有战略的眼光和措施？企业领导尊重员工吗？……这些因素高职毕业生在进入企业之前都需要了解。

案例 2.2

"精"和"简"——苹果公司企业文化的精华

史蒂夫·乔布斯创立的苹果公司（简称"苹果"）是美国的一家高新科技公司，以科技创新闻名于世，其核心业务为电子科技消费产品。2011 年，苹果公司成为全球市值最大的公司，是世界最大的高新科技企业之一。追求"精"和"简"的极致是苹果公司企业文化的精华。

苹果公司在产品的设计上注重"精"和"简"。苹果推出的知名产品和软件有 Apple Ⅱ、Macbook 笔记本电脑、iPod 音乐播放器、iMac 一体机、iPhone 手机和 iPad 平板电脑等。几乎每一款产品都注重细节，追求完美，以人为本，带给客户新的体验，引领着时代的潮流。

苹果公司在人才的使用上强调"精"和"简"。乔布斯相信由顶尖人才所组成的一个小团队能够运转巨大的"转盘"。乔布斯把他的许多时间和精力放在了寻找优秀的人才和激发人才的创造力上，最大限度地调动员工的积极性和创造性。

【分析】苹果公司能有今天的成就，与很多因素有关，其中极其重要的一个因素就是崇尚"精"和"简"的企业文化。正是这样的企业文化，使员工自觉或不自觉地接受共同的信念和价值观，激发出自己的最大潜能。

（六）企业的制度

企业员工的职业发展，归根到底要靠企业的管理制度来保障，其中包含合理的培训制度、晋升制度、绩效考核制度、奖惩制度、薪酬制度等。企业价值观、企业经营哲学也只有渗透到制度中，才能使制度得到切实贯彻和执行。在没有制度或者制度不合理、不到位的企业中，员工的职业发展就难以实现。

总之，通过企业环境分析，应理出一条清晰的线索，确定自己的职业生涯在这个企业中有没有足够的发展空间，衡量自己的目标能够在该企业得以实现的可能性。企业环境因素的探讨可以分为静态因素（管理型特征因素）和动态因素（发展型动态因素）。

二、学校环境

学校环境是指学生个体所在学校的教学特色与专业优势、课程设置、社会影响力等。其中办学理念是学校的灵魂，它包括学校的办学宗旨、办学目标、办学策略，具体表现在校训、校风、校规、校歌、建校原则、办学宗旨、育人取向、培养目标、育人途径、学风建设、教师形象、校园文化、工作重心等方面。先进的办学理念对内是凝聚力、向心力，对外就是核心竞争力和品牌效应。高职院校面对严峻的就业形势和高等教育的扩招压力，应当内外兼修，突出办学特色。

（一）校园文化

校园文化环境对学生的影响是直接的、持续的、潜移默化的，并且是非常重要、非常深远的。有没有上过正规的大学、度过正规的大学生活对于一个人特别是对一个青年有着十分重要的影响，这里不仅是有没有坐在大学课堂里系统地听过几年课的问题，而是有没有受过校园文化环境熏陶的问题。

校园文化是以学生为主体、以校园为主要空间，涵盖院校领导、教职员工，以育人为主要导向，以精神文化、环境文化、行为文化和制度文化等建设为主要内容，以校园精神、文明观念为主要特征的一种群体文化。校园文化的本质是一种人文环境和文化氛围。健康的校园文化，可以陶冶学生的情操，启迪学生的心智，促进学生的全面发展。高职院校学生依托学校环境，以学生社团为抓手，创建具有校园特色的人际关系和生活方式，广泛开展群体活动，从而使得校园富有冉冉生机和青春活力。

（二）专业学习

大学学业与基础教育相比，最大的不同就是整个阶段都是围绕着专业学习进行的，专业特色贯穿了全部学习过程，甚至成为高职生形象识别的标志。学习专业知识、提高专业技能、培养职业素质是高职生的根本任务。高职生要根据社会需要、时代发展和个人兴趣、特长爱好及所学专业等确立自己在大学期间专业学习的目标，并依据制定的规划及早付诸行动。

（三）社团活动

参加社团活动是高职生学习的有益补充，有助于学生拓宽知识面，培养社交能力，提高综合素质，同时培养自己的组织能力和语言表达能力。但参加社团活动并不是越多越好，而应该精益求精，每个人都可以根据自身兴趣爱好或自我提高计划的具体内容，有针对性地选择相关活动项目，量身打造专属于自己的社会活动，特别是投身公益活动，更能体现一个人关心他人、扶助弱小、奉献社会的精神面貌。

（四）实习兼职

高职生通过毕业之前的课外兼职和实习活动能够积累丰富的职业经验和社会体验。同时可以实际验证自己的职业生涯规划，判断规划是否适合自己，决定规划是否需要及如何进行调整。高职生在兼职和实习期间要做个有心人，多结交相关专业的业内人士，积累自己的人脉资源，扩大自己的交际圈子，为今后的初次就业和职业发展做好准备。

三、院系环境

高职院校一般采用院系二级管理模式，专业建设、教学活动、学生管理、就业指导、社会实践等具体项目主要通过院系开展实施。院系的培养目标是为社会提供具备职业素质、拥有专业技能、掌握操作能力的高职人才。院系建设必须紧跟时代发展，根据市场需求调整专业和课程设置，充分发挥高职教育的职业特色，提高人才培养的教育质量，加强对毕业生的就业指导。就业困境的解决之道是以培养学生的就业本领和创业能力为重点，真正做到"以能力为本位，以服务为宗旨，以就业为导向"，加快院系教育教学改革步伐，努力开创高职院校学生就业的新天地。

四、家庭环境

家庭是人的生活的重要场所，一个人的家庭是造就其素质甚至影响其生涯的主要因素之一。人的社会化，实际从出生的一瞬间就已开始。一个人在幼年时期，就开始受到家庭的深刻影响，这会使人形成一定的价值观和行为模式，许多人还会受到家庭中父母、兄弟的教诲和各种影响，自觉或不自觉地习得某些职业知识和技能，受到某种职业价值观的影响。所以英国教育家约翰·洛克就说"家庭教育决定孩子一生的命运"，家庭的教育方式、父母对子女升学、就业的期望、家庭的社会经济地位等都会对孩子将来的就业、择业带来影响。

有人曾对某市几所高校毕业生的职业选择进行调查，分析家庭因素对高校毕业生择业、就业的影响。研究发现，家庭经济状况不同的毕业生对待职业风险的态度不同，父母收入偏低的毕业生倾向于收入一般、风险较小的职业选择，如党政机关、学校、科研部门等。父母月收入较高的毕业生在择业中更倾向于外企、高新技术企业等收入较高、风险较大的职业。这种递减的绝对风险规避的心态更接近毕业生的择业实际，即证明高职生择业时随着家庭财富的增多，可能选择更具风险性的职业。绝大部分来自农村和县镇的毕业生都不希望回到家庭居住地工作，他们往往选择离家较近的大城市，而大多数在城市居住的毕业生则希望回到居住地所在城市工作。

（一）家庭期望

不同家庭对高职生的期望高低不同。期望值较高的家庭中，高职生选择的职业方向往往是社会上的"热门"，社会地位和收入等都较高。期望值较低的家庭中，高职生则容易选择那些与自己爱好、能力等相匹配的职业方向。

（二）家庭需要

任何家庭都有正常的需要，对高职生选择职业方向也会有影响。父母的职业背景及从业经历必然对学生的职业生涯规划产生影响。如果父母是自己创业的，子女在长期熏陶中也会积累创业的意识和技能，尽管所从事的行业有可能与父母不一样。家庭经济状况及其变化不仅影响学生的就业和创业的基础，也影响他们对机遇的把握和职业理想的实现。

（三）家庭支持

家庭环境是影响高职生职业定位的重要因素：一方面，每个人性格的养成都离不开家庭的影响；另一方面，作为家庭的一员，高职生在做出自己职业选择的时候，不得不考虑家庭的意见及实际情况。家庭是社会的基础细胞。父母是子女的启蒙教师，家庭的教育方式，家长的价值观都影响着高职生的心理发展，因此，高职生在就业时，其就业心理很容易受到家庭因素的影响。例如，教育模式为民主型的家庭，毕业生就业时就自信乐观，敢于面对挑战；溺爱型家庭成长起来的高职生在严峻的就业局势面前就会感觉无助、失落，将希望寄予家长。

家庭对高职生选择职业的支持态度是毋庸置疑的，但支持的力度有很大差别。这主要是由于家庭成员的社会地位、经济条件、社会关系等不同造成的。如果没有家庭支持或家庭支持的力度太小，高职生在选择职业方向时就较少考虑自己的兴趣、爱好等，而转向较容易进入的行业和较易获得的职位，反之则会寻求更高、更好的职业方向。

案例2.3

郑铎现象

郑铎是某一所技工学校高级技工班的学生，这所职业院校的数控专业比较强。由于家庭的变故，学习优异的他面对家庭的贫困状况选择了收费比较低的技工学校学习数控专业。郑铎选择技工学校的时候曾经对父母说："三百六十行，行行出状元，我会成为这一行里的状元的。"三年在校学习期间，他全心投入到自己的专业学习，兑现了自己的承诺。他参加了全国数控机床技能大赛，在参赛的700多名选手中，郑铎获得学生组比赛的第一名。郑铎在大赛上的表现，吸引了越来越多的企业联络郑铎，邀请他去工作，有的甚至给予主任工程师的待遇。为了能招揽来一个具有熟练操作能力的好苗子，很多企业竞相给出优厚的条件吸引郑铎到他们那里去工作。幸福来得有点突然，然而郑铎之所以能有现在的机遇完全是自己努力的结果。

【分析】郑铎的成功并非偶然，面对家庭经济水平较低的现实，他选择了一个专业特色突出的职业院校开始自己的学业生涯，最终通过自己的努力成功跨出了职业生涯的第一步。

五、业缘环境

业缘关系是人们由于从事共同的或有关联的社会工作而结成的社会关系，它是一种以职业为其联系纽带的人际关系。业缘关系具有人际交往的非私人性、管理与控制手段的正式性的特点。一是非私人性，即交往或互动的双方都是以其职业群体中的角色身份所规定的角色规范行事，具有公事公办的特征；二是管理与控制手段的正式性，即社会规范（法律、法规、制度、惯例等）和角色规范（职业纪律、职业规章、职业道德等）是调节业缘关系的强制性杠杆，它们具有正式控制的特点。

对业缘关系的分析和评价，可以从纵向和横向两个方面来分析。纵向关系的考察，要注重非正式关系、非权力性影响力；横向关系可以从同事关系、主客关系两方面加以考察。

1. 纵向关系

纵向关系主要反映的是处于不同职业分层层级节制体系中劳动者之间的相互关系。在中国，用最通俗的词来反映纵向关系，即为上下级关系。在生产劳动过程中，具有指挥、协调、监督和调节职能的劳动者即为所谓的领导者、上级，而需要听从指挥、服从管理的普通劳动者，就是被领导者，是下级，如企业中的管理人员与职工之间的关系，就是一种上下级的关系。

上级与下级之间的关系也可以表现出正式关系与非正式关系的特点。正式关系表现为由职业群体或劳动组织中的角色身份所规定的那种制度化、契约化了的关系，典型的理想型的上下级关系就如韦伯对于科层制的分析那样，是一种由位置决定的权力关系，在管理与控制上主要是根据法律、法规、职业纪律、职业规章等正式性的规则。非正式关系表现为上下级之间不是按照正式的规章与要求建立的关系，而是由非制度化的非契约性的因素影响而结成的关系。

领导的实际影响力取决于权力性影响力和非权力性影响力。它是由领导个人的一些特性决定的，领导者的道德、品行、人格与工作作风、领导者的工作能力、领导者的各种知识和业务水平以及领导者与职工群众的感情好坏等，都可以成为决定一个领导者非权力性影响力的高低的因素。在上下级关系中，非权力性影响力可以使人产生敬爱、敬佩、信赖和亲近的行为。

2. 横向关系

横向关系反映的是处在同一职业层级节制体系的劳动者之间的社会关系或不同职业的人在职业交往中形成的关系。横向关系既可以发生在成员与单位外的个体之间，也可以发生在单位内的不同部门的成员之间，以及同一部门不同成员之间，如同事关系、主客关系等，它往往是工具性、制度性和情感性关系的统一。

（1）同事关系。同事关系是指在同一劳动组织中从事一定职业的劳动者之间的社会关系。从关系主体看，同事关系是由同一职业群体的人组成的；从交往的情况看，同事关系是由处于共同的活动空间的人组成的；从协调的机制来看，同事关系是利益性、制度性和情感性的统一。处在同事关系中的劳动者，虽然同属一个职业群体，并在同一空间活动，但这些劳动者来自不同的家庭，他们各有自己的心理、物质和文化需求，有自己的利益追求。因此，在根本利益一致的前提下，还存在各自不同的个人利益。互为同事的对方，在劳动生产过程中还表现为一种分工协作的关系，这种关系需要规章、规则和制度的保证，这也是产生同事关系的劳动组织得以存在和发展的基础。然而，在严格的组织原则下，规则和制度对个性的否定，使得劳动者常常感到有一种超越自身的外在力量左右自己，有一种被制度"异化"的感觉，他必然要寻求一种感情上的交流，而同处一个职业群体和活动空间的同事，因其分工与协作所造成的频繁互动和无法回避性，必然成为情感交流的对象之一。于是同一班组、科室、车间的职工，天长日久，他们中有的成了朋友，有的成了亲家，有的甚至组成了家庭。正因为如此，我们说同事关系是利益关系、制度关系和情感关系的统一。

同事之间的关系，从互动的角度看，可以区分为三种主要的关系。第一，竞争关系。劳动者因其背景不同，有着各自不同的需要和追求，当劳动组织提供的资源有限，不能够满足每一个劳动者的需求时，劳动者之间就处于一种竞争的状态，在这种状态下的同事关系即为竞争关系。例如，同处在招工、就业、增加工资、评奖金、分房子，甚至子女入托上学以及公费医疗中的住院和开药等情况下的劳动者之间的关系。竞争有机会公平的竞争与机会不公平的竞争。在机会公平的竞争条件下，所有的劳动者具有同样的机会，贡献、学识和能力是在竞争中取胜的关键因素，机会公平的竞争因其公开性和公平性而对劳动者有一种激励作用。机会不公平的竞争有两类：一类是结果拉平或过分悬殊；另一类是竞争手段不正当，如徇私舞弊。这两类机会不公平的竞争都会损害同事间的关系。第二，冲突关系。同事间的冲突有两种表现形式：一是由客观上的不一致所导致的，如目标、利益等的不一致；二是由当事者主观上的不一致造成的，如情感上的敌意与排斥。第三，顺应与合作关系。在顺应的情况下，当事者中的一方或双方因信息压力、群体一致性压力或因个人的个性特征而采取顺应的行为、既不支持也不反对的行为；在合作的情况下，当事者的一方或双方由于认识到在竞争或冲突的情况下，双方都不可能取胜，因而产生了一种彼此做出让步，共同去获得胜利的目标认同。

和谐的业缘环境狭义上说就是指企业同事间团结、互助、协作、热情、友爱的人际氛围。好的工作氛围能够让新员工很快融入团队，并产生归属感，从而激发工作热情，进而有效地开展工作，更高效地完成工作任务。积极向上业缘关系将激发员工爱惜自己的工作环境，珍惜自己的工作机会，不遗余力地创造性地完成工作任务，并为企业创造更多财富。

（2）主客关系。主客关系是指不同职业的人在职业交往中结成的社会关系，最常见的是服务业（包括商业）中服务者与被服务者之间的关系。一般称提供服务的一方为"主"方，接受服务的一方为"客"方。营业员与顾客的关系、律师与委托人之间的关系、演员与观众的关系、医生与患者之间的关系等，都是一种主客关系。与上下级关系和同事关系相比，主客关系具有以下特点：①从关系主体看，它是组织内部职工与组织外部他人之间的关系；②从交往的情况看，它常常是短暂的、偶发的和不稳定的（当然就整个社会而言，其发生是必然的）；③从协调关系的机制看，主要是通过规章制度、职业道德和社会公德相互制约；④职业的性质、职业条件、职业地位和职业声望等因素对主客关系有着不同程度的影响；⑤主客关系的最大特色体现为服务性，即一方向另一方提供服务，另一方则向其支付必要的服务费用。人们对服务的需要是主客关系得以存在的基础。由于主客关系的服务性，因此服务质量的好坏对主客关系有直接影响。总的来说，主客关系是劳动社会化程度不断提高的结果，它是人们生活质量不断提高、社会现代化程度不断增加的一个客观指标。

从广义上说，和谐的主客关系是职业的大环境之一，它直接影响到职业的声望、职业地位，从而影响人们对职业的选择。

六、工作环境

感知和了解宏观和微观的环境，对高职生的就业决策有非常重要的作用。认知工作环境途径有很多，不同途径得到的信息有不同的特点，可由近至远地探索。所谓"近"和"远"是以信息的提供源与使用者的接收距离来区分的。通常近的信息比较丰富，也较易获得，远的信息需要更多的投入与努力才能得到，往往也更为深入。由近至远的探索是一个逐渐缩小信息范围、加深了解的过程。具体而言，工作环境探索的主要途径有以下四条。

（一）网络系统

在当今网络四通八达的信息时代，职业信息的发展同样离不开网络。越来越多的网站开始提供丰富的职业信息内容，充分利用媒介搜索信息能力非常重要。例如，职业搜搜（www.jobsoso.com）全球最大中文职业信息搜索引擎；智联招聘（www.zhaopin.com）、中华英才（www.chinahr.com）等招聘网站及各大公司的网站等。

微信成为智能手机的"标配"，根植在微信中的公众号也逐渐成为网民们获取职业资讯的重要渠道。中商情报网整理了2015年十大职场类微信公众号，分别是LinkedIn中国、新海归精英联盟、会计网、商战、顶尖合伙人、管理技巧、CEO管理语录、创意文字坊、人力资源研究及人力资源管理等优秀公众号。

（二）图书、报纸、杂志和视听媒体

我国最权威的职业信息来源当属《中华人民共和国职业分类大典》；图书、报纸和杂志，如《职业》《中国大学生就业》《成才与就业》等，也是职业信息的重要来源，它们包含有大量企业内各种职位的信息，还能提供行业信息和各地劳动力市场的信息。此外，电视节目、电影、视频等视听媒体的资料也能提供很多职业信息，如《非你莫属》《职来职往》《中国好商机》等。

（三）个人的直接经验

高职生参与到真实的职业世界中，亲身体验工作世界，这也是了解职业信息最直接、最有效的方法。学校的实训课、顶岗实习及高职生利用寒暑假、业余时间参加的社会实践等都是参与工作情境最常见的途径。高职生可以利用这些时机，更深入地了解职业的特性，更深入地了解企业文化、工作环境、管理方式等，从而真实地考查自己的兴趣、个性和能力是否与职业相吻合，尽早地完善自己的职业目标。通过实践，高职生还可以了解社会的就业需要，培养和提升自己的职业能力，发现适合自己的工作职位，为今后顺利的就业打下基础。

（四）他人的间接经验

他人的间接经验对于缺乏工作经验和社会阅历的高职生来说，是帮助高职生进行职业探索和职业环境认识的重要活动。例如，开展生涯人物访谈活动等。生涯人物访谈，是通过与一定数量的职场人士（通常是自己感兴趣的职业从业者）会谈而获取关于一个行业、企业"内部"信息的一种职业探索活动。通过访谈，了解该职业职位的实际工作情况，获取相关职业域的信息，进而判断自己是否对该工作感兴趣，实际上是一次间接、快速的职业体验。

工作环境探索的途径不是单一的，应该是将各种途径结合起来使用，以提升所获信息的质量。我们可以采取由近及远，由易到难，循序渐进的方式开展工作环境探索。在探索的同时，关注互动、关注情境、关注体验。

🌐 经 典 分 享

家教的影响

小王，男，某医学院大学二年级学生，生长在一个医生世家，他的祖父、父亲、母亲都是外科医生，父亲是某地级市医院的骨科主任。小王从小接受的是严格的传统家教，父亲对其抱有较高期望，在学习、生活上都有严格要求，使其具备了沉稳、严谨的性格特征。小王还受家庭"救死扶伤"的职业价值观的影响，具有乐于助人的利他价值取向。尽管小王从小也有诸多的梦想，但在大学选报志愿时，还是受父母的影响选择了医学骨外科专业。

【分析】案例中小王的职业选择，说明家庭环境对未来职业选择也会带来一定的影响，小王从小生活在医生世家，受家庭环境的熏陶和职业价值观的影响，所以在选择职业时也会选择医学专业。

课 堂 活 动

盘点你的家庭职业族谱

1. 活动目标

通过家庭访谈了解自己的职业世界。

2. 规则与程序

（1）准备彩笔、A4 纸、大卡纸。

（2）画出自己的家族职业树，如图 2-1 所示。

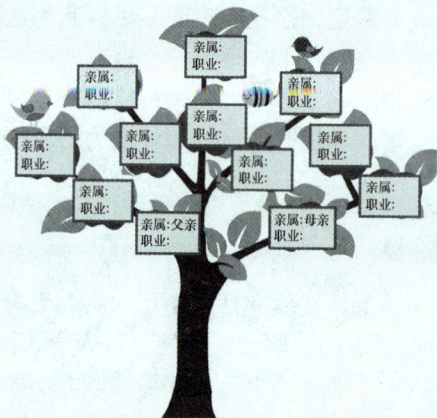

图 2-1　家族职业树

① 家族中从事的职业最多的是：_____。

② 我想要从事这种职业，因为：_____。

③ 父亲形容他的职业是：_____。

④ 父亲的想法对我的影响是：_____。

⑤ 母亲形容她的职业是：_____。

⑥ 母亲的想法对我的影响是：_____。

⑦ 家族中其职业想法对我有影响的是：_____。他们曾说过：_____。

⑧ 家族中对彼此职业感到满意或羡慕的人是：_____。

⑨ 家族中彼此羡慕的职业是：＿＿＿＿＿＿＿＿＿＿＿＿＿＿＿。

⑩ 对家族中这些想法我觉得：＿＿＿＿＿＿＿＿＿＿＿＿＿＿＿。

⑪ 我觉得家人对我未来选择职业的影响是：＿＿＿＿＿＿＿＿＿＿。

⑫ 我的家人最常提到有关职业的事是：＿＿＿＿＿＿＿＿＿＿＿。

⑬ 这些职业是我绝不考虑的：＿＿＿＿＿＿＿＿＿＿＿＿＿＿。

⑭ 这些职业是我考虑的：＿＿＿＿＿＿＿＿＿＿＿＿＿＿＿＿。

⑮ 选择职业时，我还重视这些条件：＿＿＿＿＿＿＿＿＿＿＿＿。

活动时间 15 分钟。

3. 讨论

（1）通过盘点自己的家族职业树，看看自己的职业选择与哪些人有关联。

（2）了解家庭成员的主要职业目标，并结合自身的价值观、兴趣和职业倾向确定自己的职业目标。

单元三　组织和岗位认知

☞ 能力目标

（1）了解组织的类型。

（2）了解企业的类型并能进行企业探索。

（3）了解岗位的概念并能进行岗位探索。

组织和岗位认知

📍 导 入 案 例

某公司的招聘广告

1. 基本条件

（1）全日制普通高等院校统招的具有派遣资格的应届毕业生，毕业生必须取得相应的毕业证书。

（2）所学专业为机械制造类主体专业，品行端正，综合素质好，身体健康，动手能力强，能适应生产一线工作需要。

（3）学习成绩和综合测评在本专业居于平均水平以上，专业课成绩良好。

（4）优先引进学习成绩优异、获得过省（市）级以上荣誉称号和校级以上奖学金、参加技能比赛并获奖励、取得过相应等级的职业技能资格证书、担任过学生干部的优秀毕业生。

2. 薪资待遇

实习培训期：每月税前 3 500～4 000 元，每年薪资有一定幅度的增长。正式上岗后：执行岗位绩效工资制度，提供具有市场竞争力的薪酬。

3. 福利待遇

（1）五险一金（养老、医疗、失业、工伤、生育保险和住房公积金），同时提供补充养老保险。

（2）免费提供住宿及工作餐。

（3）提供疗养补贴、保健津贴、夜班津贴、交通补贴、通信补贴、高温补贴等。

（4）发放重要节假日礼金和生日礼品。

（5）法定年休假、探亲假、婚丧假、产假、病假、事假等完善的节假日管理制度。

（6）免费定期体检等。

4. 其他

（1）招聘专业：机电一体化、机械制造与设计、电气自动化、仪表自动化、模具设计与制造等相关专业。

（2）招聘、录用工作程序：

① 与学校进行洽谈，达成订单培养意向。

② 发布招聘公告，收集应聘大学毕业生简历。

③ 招聘单位对简历进行审核，确定笔试人员名单。

④ 笔试通过后再进行面试。

⑤ 会同学校与意向人员签订普通高等学校毕业生、毕业研究生就业协议书（简称"三方协议"）。

⑥ 在毕业生正式毕业的当年7月，正式录用的大学毕业生入职报到。

【分析】企业对大学毕业生的招聘条件，充分体现了企业对大学毕业生的专业、职业技能的要求。因此，高职生应关注拟从事工作岗位的招聘要求，分析其需要的技能，为就业做好准备。

职业是劳动者的社会角色，也是一个人赖以谋生的工作。而工作世界是一个系统，了解工作世界不仅要了解职业、行业等，还要了解组织和岗位等。

一、组织（用人单位）的类型

组织就是指人们为实现一定的目标，互相协作结合而成的集体或团体，如党团组织、工会组织、企业、军事组织等。这里所指的组织主要指的是学生就业的组织（用人单位），如图2-2所示。

不同的组织对于人才要求不同，也会有不同的择业需求。国有经济类型的组织有更稳定的工作，外资企业有更多与国外合作和学习管理经验的机会；规模大的组织有更大的组织内部的工作发展空间、更多的培训机会，而规模小的组织有更多独当一面的锻炼的机会。以营利为目的的组织更看重为企业创造经济的能力，而非营利性的组织更看重社会公益性、社会责任感等其他能力。

（一）国家机关

国家机关是指中央和地方的各级行政管理部门。它包括国家权力、行政、司法、军

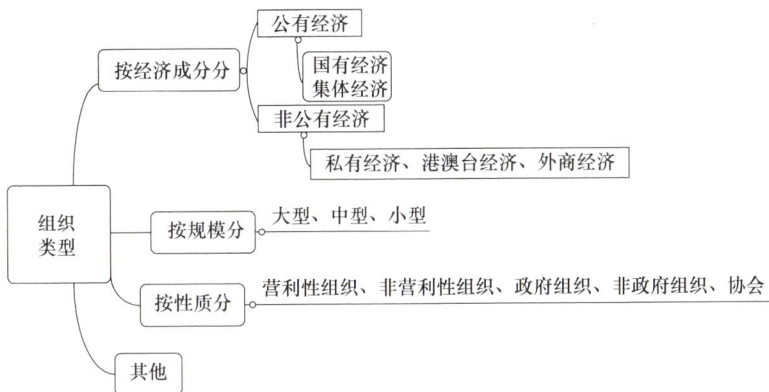

图 2-2　学生就业组织类型图

事等各方面的机关。国家权力机关是指各级权力机构，如全国人民代表大会，省、自治区、直辖市人民代表大会，市、县、自治县、旗人民代表大会，乡、镇人民代表大会。国家行政机关是指国务院及其职能机构，如"部、委、办"等；省、自治区、直辖市政府及其职能机构；市、县政府及其职能机构；乡、镇政府及其职能机构。国家司法机关是指各级人民法院和各级人民检察院。

国家机关自设立之日起即具有法人资格。但是，并非其各级部门均有法人资格。国家行政机关的各职能机构的所属部门及其派出机构并非法人，如财政部的各司、局，乡司法所，公安局的派出所等。在军事机关中，团以上具有独立编制的军事机关才有法人资格，而营、连、排、班则不为法人。

（二）事业单位

事业单位可以分为三种情况：一种是具有管理公共事务职能的组织，如证券监督管理委员会、保险监督管理委员会、银行业监督管理委员会等，其录用工作人员是参照公务员法进行管理。另一种是实行企业化管理的事业单位，这类事业单位与职工签订的是劳动合同。还有一种是医院、学校、科研机构等单位，其中，有的劳动者与单位签订的是劳动合同；有的劳动者与单位签订的是聘用合用。

（三）企业单位

企业是以营利为目的经济性组织，包括法人企业和非法人企业，是用人单位的主要组成部分。个体经济组织是指雇工七个人以下的个体工商户。民办非企业单位是指企业事业单位、社会团体和其他社会力量及公民个人利用非国有资产举办的，从事非营利性社会服务活动的组织，如民办学校、民办医院、民办图书馆、民办博物馆、民办科技馆等。

（四）社会团体

按照《社会团体登记管理条例》的规定，社会团体是指中国公民自愿组成，为实现会员共同意愿，按照其章程开展活动的非营利性社会组织。社会团体的情况也比较复杂，有的社会团体如党派团体，除工勤人员外，其工作人员是公务员；有的社会团体，如工会、共青团、妇联、工商联等人民团体和群众团体，文学艺术联合会、足球协会等文化艺术体育团体，法学会、医学会等学术研究团体，各种行业协会等社会经济团体，这些社会团体虽然在公务员法中没有明确规定参照，但实践中对列入国家编制序列的社会团体，除工勤人员外，对其工作人员是比照公务员法进行管理的。

（五）企业的类型

1. 分类依据

企业法定分类的基本形态主要是独资企业、合伙企业和公司。法律对这三种企业划分的内涵基本做了概括，即企业的资本构成、企业的责任形式和企业在法律上的地位。我国已颁布《中华人民共和国公司法》、《中华人民共和国合伙企业法》和《中华人民共和国独资企业法》。

2. 按照经济类型分类

这是我国对企业进行法定分类的基本做法。根据《中华人民共和国宪法》和有关法律规定，我国目前有国有经济、集体所有制经济、私营经济、联营经济、股份制经济、境外经济（包括外商投资、中外合资及港、澳、台投资经济）等经济类型，相应地，我国企业立法的模式也是按经济类型来安排的，从而形成了按经济类型来确定企业法定种类的特殊情况。

3. 按照其他标准分类

（1）企业按规模可分为：大型企业、中型企业、小型企业、微型企业。

（2）企业按组织机构可分为：独资企业、合伙企业和公司制企业。

（3）企业按工商登记注册分类。从企业登记的角度来看企业可分为：个人独资企业、合伙企业、全民所有制企业、集体所有制企业、农民专业合作社。

案例2.4

中央企业和国有企业

（一）中央企业的类型

中央企业（简称"央企"），作为中国国有企业，长期以来是中国国民经济的重要支柱。按照中国政府的国有资产管理权限划分，中国的国有企业分为中央企业（由中央政府监督管理的国有企业）和地方企业（由地方政府监督管理的国有企业）。

1. 广义的中央企业

广义的中央企业包括以下三类。

（1）由国务院国资委管理的企业，从经济作用上分为三种：一是提供公共产品的；二是提供自然垄断产品的；三是提供竞争性产品的。

（2）由中国银行保险监督管理委员会、中国证券监督管理委员会管理的企业，属于金融行业，如国有四大副部级保险公司（中国人民财产保险股份有限公司、中国人寿保险股份有限公司、中国太平保险集团有限责任公司、中国出口信用保险公司）和国有五大银行（中国建设银行、中国农业银行、中国银行、交通银行、中国工商银行）及中国进出口银行、中国农业发展银行、国家开发银行。

（3）由国务院其他部门或群众团体管理的企业，如烟草、黄金、铁路客货运、港口、机场、广播、电视、文化、出版等行业。

2. 狭义的中央企业

狭义的中央企业通常指由国务院国资委监督管理的企业。截至 2020 年 6 月，我国央企数量为 97 家。

（二）国有企业的分类

国有企业（简称"国企"），是指一个国家的中央政府或联邦政府投资或参与控制的企业；而在中国，国有企业还包括由地方政府投资参与控制的企业。

（三）央企和国企的区别

所有的央企都是国企，但国企不一定都是央企。央企不同于国企之根本处在于以下几点。

（1）央企与国企上属单位不同，央企为国务院国有资产监督管理委员会直接管理，部分央企负责人由中组部任命；一般国企有隶属于地方政府管辖的，也有归口于中央其他部委的。

（2）央企多为规模超大的企业，中国 500 强上的国有企业，85% 以上为央企，规模大，员工福利好。

（3）央企是真正意义上的全民所有制企业，是国民经济的支柱。

（4）央企基本会成为行业内的龙头企业，大有可为。

【分析】本例对央企和国企的特点、分类和区别进行了分析，可供毕业生求职参考。

（六）企业探索

企业探索就是高职生通过理论分析和实际调研来对自己喜欢的企业进行全方位解读。在校期间有针对性地了解企业是踏上职业之旅的重要一步。

1. 企业探索的具体内容

（1）简介历史（何时成立，对外的介绍是什么）。

（2）产品服务（核心产品、产品线或服务是什么）。

（3）经营战略（经营策略是什么）。

（4）组织机构（规模和部门设置是怎样的，都有哪些岗位）。

（5）企业文化（企业的发展战略）。

（6）人力资源战略（校园招聘的途径和职位是什么）。

（7）薪酬福利（各级待遇是怎样的）。

（8）人物员工（创始人、现任领导、核心员工、目标部门主管和员工、企业以往员工）。

2. 发展阶段

企业的发展，如同人的生涯发展，也有诞生、成长、壮大、衰退直到死亡的过程。

一个企业从其诞生到其死亡的生产经营活动的全部过程就是企业的生命周期。在企业发展周期的不同阶段，其发展战略、经营方针及人力资源制度都有着不同的特点。

（1）开发期企业：晋升的机会通常较多，晋升速度较快，但由于企业基础尚不够稳固，势必要承受较大的经营风险。

（2）成长前期的企业：晋升机会较多，但晋升速度略微缓慢。

（3）成长后期的企业：制度和体系稳定，短期内难以获得晋升或加薪（大企业多属于此阶段）。

（4）成熟期的企业：晋升的可能性也较小，工作生涯可能很漫长辛苦。

（5）衰退期的企业：除非你具有超凡的能力，可以使濒临关门的企业起死回生，否则根本不需要考虑去应聘。

3. 企业选择

当高职生以企业调研报告的形式完成对目标企业的调研时，可能会发现自己不喜欢目前所调研的企业，那么就要重新开始企业探索了，以便确定自己所喜欢的企业，此时，可以通过了解世界 500 强企业、中国 500 强企业等方式来确定几个喜欢的行业，然后依照行业喜欢程度来选择自己喜欢的企业。

4. 确定企业

在对企业进行调研后，就可以选择一个企业了，在选择标准上，可参考下列具体要求：了解企业及其行业的最新活动和进展；能和企业领域的相关人士对话；明确企业的校园招聘标准；愿意和别人分享自己对企业及此领域的看法；愿去企业工作并确定在企业的长期发展目标。如果高职生符合三个以上的相关择业要求，那恭喜你：你找到了自己喜欢的企业了！

二、岗位和岗（职）位探索

（一）岗位

1. 岗位的概念

岗位是组织为完成某项任务而确立的，由工种、职务、职称和等级内容组成。在设置岗位时，要对其所承担的责任进行划分，一般分为主责、部分和支持三类，以此来确定配合关系。主责是指某个人所负的主要责任；部分是指某个人只负责一部分责任；支持是指某个人的责任很轻，只需要协助他人。每个岗位的主责、部分和支持一定要划分清楚，只有这样才能实现最有效的配合。

2. 岗位的职责

岗位的职责是职务与责任的统一，由授权范围和相应的责任两部分组成。

一般而言，企业的岗位分类如表 2-1 所示。

表 2-1 企业岗位分类表

岗位类型	岗位内容
企业管理	指经公司发文聘任的副主任级及以上管理岗位
国内业务	指产品国内销售、服务等岗位
国际业务	指产品海外销售、服务等岗位
人力资源	指人力资源招聘、培训、绩效、考勤、薪酬、福利、员工关系等岗位
行政管理	指行政、文秘、接待、公关等岗位
企划管理	指品牌推广、策划、企业文化管理等岗位
商务管理	指营销策划、支持、标书制作、商务报价、应收款管理、销售合同管理、风险管控等岗位
供应管理	指物资采购、供应商管理、报关、外协等岗位
法律事务	指法律风险预防与控制、法律纠纷处理等岗位
投资管理	指资本运作、项目投资、股权管理、证券期货等岗位
生产工程	指非生产一线的工业工程、生产安全管理等岗位
网络信息	指 IT 网络及硬件维护、软件开发及维护等岗位
基建工程	指基建招标管理、施工管理、工程质量管理、基建审计等岗位
财务管理	指出纳、会计核算、总账、成本管理、税务筹划、资金管理等岗位
审计考核	指内部审计、经营考核等岗位
生产支持	指生产、技术、质量、设备等部门的内勤岗位及非生产一线的生产调度、统计、ERP 录入等岗位
技术研发	指新产品开发、设计岗位
技术工艺	指产品开发中工艺改进、开发等岗位
生产工艺	指生产过程中的工艺改进、开发等岗位
质量工程	指产品非一线的质量过程控制等岗位
体系管理	指质量体系管理与维护等岗位
机械工程	指机械设计、机械设备开发与改进等岗位
电气工程	指设备电气设计、开发、改进等岗位

（二）岗位探索

岗位探索就是对岗位本身和影响岗位发展的因素的初步调研。岗位是高职生的职业阵地，当个人要占领一片阵地时，一定要对阵地有全面、准确的了解，而这种了解的方式就是探索、调研。

1. 岗位描述

岗位描述包括岗位的定义、工作内容及要具备的素质，这是岗位的基本内容，是了解一个岗位最直观的方法。岗位描述的内容包括该岗位是什么（岗位的一般定义），岗位做什么（核心工作内容——"典型一天"），该岗位要具备什么（岗位胜任素质），谁做过和正在做着这个岗位（从业者体会）。

2. 岗位晋升通路

岗位是在职能的基础上根据需要设置的，所以同一部门、同一职能一般有多个类似的岗位，而了解这些岗位能为自己的岗位轮换、工作转换、升职等带来方便。因此，求职者需要了解的内容包括两个方面：与该岗位相关的岗位是什么（发展方向及为轮岗、转换工作做准备）和该岗位的职业发展通路是什么（岗位的晋升方向）。

3. 不同背景下的岗位要求

岗位的通用要求加上不同背景下的岗位理解构成了一个岗位的最终描述。高职生求职时要特别考虑以下因素，这些因素是制约个人在公司发展的关键，其包括三个方面：不同行业对这个岗位的理解是什么（行业背景下的岗位要求），不同类型企业及企业所处发展阶段对这个岗位的理解是什么（企业背景下的岗位要求），不同领导对这个岗位的理解和要求是什么（人为背景下的岗位要求）。

4. 个人与岗位的差距

当高职生综合了解岗位要求后，就可以进行差距量化和差距补充了。全面、准确地了解自己，是量化与岗位差距的前提和基础。差距是可以量化的，如英语口语等级差距等。量化可以使行动方向更明确，知识补充更有针对性。

通过岗位探索可以弄清：每一项工作的"6W1H"——用谁做（who）、做什么（what）、何时做（when）、在哪里做（where）、为什么做（why）、为谁做（whom）、如何做（how）。

（三）岗位说明书

岗位说明书是表明企业期望员工做些什么、规定员工应该做些什么、应该怎么做和在什么样的情况下履行职责的总汇。职务描述与岗位规范的结果共同构成规范的职务说明书。它主要包括八项具体内容信息：职务基本信息、职务目的、管理权限、工作关系、责任范围与影响程度、工作业绩衡量标准、任职的基本要求和高绩效的要求、薪资收入标准与变化的条件与要求等。

岗位工作说明书一般由人力资源部门统一归档管理。岗位说明书的格式可以是多种多样的，关键要在使用统一格式的岗位说明书后，用准确、简洁的语言，对上述全部内容或主要内容加以表述，以便形成规范、准确、使用方便的文件。

案例 2.5

某旅行社市场部经理岗位说明书

部门：市场部　　　　职位等级：二等
职位：部门经理　　　　直接上级：总经理　　　　直接下属：销售员
一、工作内容
负责企业市场调查、推广和业务销售事项。

（1）领导市场部的日常工作。

（2）进行总体经济状况分析。

（3）拟订目标市场和客户开发计划。

（4）进行旅游市场分析和未来旅游市场预测。

（5）撰写旅游市场调研报告。

⋮

（11）渠道的调研和运输代理商的管理。

（12）制定相关的管理制度，对下属的工作进行监督、指导和考核。

二、权力

（1）对市场和客户开发费用的支出进行总体控制。

（2）参与公司营销政策的制定。

（3）本部门员工考核、监督、检查权。

（4）本部门员工聘任、解聘建议权。

（5）本公司旅游服务价格浮动建议权。

三、责任

（1）对已有和潜在的旅游市场与客户开发进度计划的完成，负领导和组织责任。

（2）能够独立组织市场和客户研发工作。

四、职务描述及要求

（1）负责制定公司营销战略、发展规划、销售计划和销售方案。

（2）负责建设营销组织机构和团队管理体系，制定相关的管理制度。

（3）负责客户关系维护和管理，以及策划、实施针对客户的稳定及增值服务。

（4）具有很强的业务拓展能力，及时准确地把握旅游市场销售趋势，根据公司战略及商业模式开拓市场，完成公司销售指标。

（5）外向型性格，团队意识强烈，善于与人合作，富有激情和耐心，敬业并富有奉献精神。

（6）具有较强的人际交往能力、亲和力和沟通能力，谈判技巧好。

（7）具有较强的计算能力、逻辑思维能力和综合分析能力。

【分析】岗位说明书规定员工应该做些什么、应该怎么做，对我们初步了解岗位有关情况具有很高的价值。

经 典 分 享

小王的辞职

小王到公司的人力资源部找张经理说："可能我无法适应目前的工作，我希望在这个月末试用期结束时离开公司。"张经理听了很惊讶。

小王是2个月以前到公司销售部担任销售部经理助理的。在这段时间的工作中，人力资源部通过销售部经理及销售部其他同事了解小王试用期的工作情况，大家反馈都很好，想不到小王会主动提出辞职。

　　3个月以前，销售部经理提出了增加经理助理职位的需求，由于销售部将加强与国外厂商的业务联系，急需熟练使用英语口语和处理英语书面文件的员工，并希望新增加的员工具有一定的计算机应用水平，同时可兼顾公司对外网站的管理工作。人力资源部就所需增加的岗位进行工作分析，经过与销售部经理协商，编写了该岗位的工作说明书。其中对岗位职责的描述如下：

　　（1）协助经理处理国外业务的联系工作及英文书面文件、合同。

　　（2）在需要的情况下可担任英文翻译。

　　（3）整理销售部内部业务文档。

　　（4）负责在网站上发布公司业务信息，并进行公司网页的更新、调整。

　　由于工作岗位对语言能力方面的要求决定了应聘人员最好是英语专业的毕业生或在国外生活过的人员；而计算机网站管理又对应聘人员的计算机应用水平提出了较高的要求，要求能制作网页和进行数据库处理，应聘者最好是具备计算机专业学历的人员。

　　看到这样的任职资格要求，人力资源部看到这个岗位的招聘工作难度较大。当招聘信息在人才招聘渠道发布后，应聘的人员不多。小王是华南地区某商学院毕业的学生，毕业后在广告公司做过业务工作，后来到英国留学，在国外所学的专业是计算机应用，留学回国才一年，各方面的条件完全符合招聘岗位的要求。经过两次面试后，销售部和人力资源部都觉得小王是这个岗位的最佳人选，于是通知小王来公司报到上班。

　　"为什么你会觉得自己不能适应这项工作呢？"张经理问小王。

　　小王说："工作中业务文件处理、与客户的业务联系都没有问题，内部文档也能按要求管理好，但是我不了解我们公司生产产品的技术参数和生产能力，在与客户联系的过程中，需要根据客户的需要为客户量身定制产品的技术参数并在合同中注明交货期限。销售部要求我向客户提供技术方案和我们能为客户量身定制的产品的规格、型号，有时还要决定我们什么时候能给客户供应哪些类型的产品。这些工作需要较多技术方面的知识，何况我不是销售部经理，我也无法决定，目前我承担的工作与应聘时对我提出的工作要求完全不一样。"

　　【分析】小王在工作过程中遇到一些困难，他不是去想办法解决，而是与岗位说明书上的岗位职责进行逐一对照，觉得那不是他的工作职责，所以提出了辞职。在现实的工作中，岗位说明书上的职责是必须要完成的，但是也有一些是岗位说明书上没有体现的延伸工作，这也是要个人克服困难去完成的。因此，从业人员只有在工作中不断学习，克服困难，才能得到良性的职业发展。

课堂活动

角色互换：客串一次人力资源部经理

1. 活动目标

撰写一份岗位说明书。

2. 规则与程序

（1）准备纸、笔。

（2）分组，6～8人为小组。

（3）列出与所学专业相关的初始岗位（2～3个）。

（4）了解岗位说明书内容的构成。

（5）查阅资料，按小组汇总材料。

（6）小组之间进行体会分享。

活动时间30分钟。

3. 讨论

（1）初始岗位与专业的关系是什么？

（2）岗位说明书的主要内容是什么？

模块导读

　　自我认知是职业生涯规划的基础，是高职生择业意识从"我想干什么"的幻想转变为"我能干什么"的现实型上的过程，也就是实现择业者知行统一的过程。在职业生涯中了解自己的人将获得更多对自己生活的控制，从而实现职业成功与满足。

　　职业规划是一个"从内而外"的过程，首先，要认识自己。然后，能够使用霍兰德模型来对自己的兴趣进行分类组织，确认自己的兴趣类型。接着，利用性格理论探索自己的性格，了解自己的性格特征，从而初步找到自己理想的工作方式。再接着，能正确理解能力与职业的关系，在职业规划中能重视对个人能力的认识和培养，着力提高自身的学习能力、实践能力、创新能力，学会知识技能，学会动手动脑，学会生存生活，学会做人做事。最后，认识到价值观对个人职业选择和发展的影响，在职业规划中要重视对个人价值观的澄清，能够澄清并真正"拥有"自己的价值观，尊重并合理评价别人的价值观。认识价值观与个人需要、人生不同阶段目标之间的关系。知道如何借助价值观分类卡等工具对自己的价值观进行澄清和排序。

　　如果一个人不能正确地认识自我，看不到自身的优点，觉得处处不如别人，就会产生自卑感，丧失信心，做事畏缩不前，相反，如果一个人过高地估计自己，就会自大，盲目乐观，导致工作的失误。因此，恰当地认识自己能够克服这些不切实际的想法，找到适合自己的职位。

单元一 自我探索

☞ 能力目标

（1）能说明自我认知的概念。
（2）能感悟自我认知的作用。
（3）能列举三种自我探索的方法。

自我探索

📍 导入案例

越来越现实的理想

某人 21 岁的时候，在某高职院校的毕业生座谈会上放出豪言壮语，说："我发誓要当李嘉诚第二！我要当中国首富！"24 岁的时候，在春节同学聚会上，他又说："我想创立自己的公司，30 岁之前拥有资产 2 000 万元。"26 岁的时候，他在某市工厂当技术员，同时业余时间还炒股，这一时期，他经常说："我正在为离开这家工厂而奋斗，因为在这里工作太没有前途了。我将全力炒股，3 年内用 5 万元炒到 300 万元。"28 岁的时候，"炒股"失意而情场得意的他，开始准备结婚，他又说："我希望一年后能有 10 万元，让我风风光光地结婚。"29 岁的时候，在"不太"风光的结婚典礼上，他激动地说："我想生一个胖小子，不久的将来当个车间主任就行。"30 岁的时候，工厂效益下滑，偏偏正是妻子怀胎十月的时候，他无奈地说："希望这次下岗名单里千万不要有我。"

【分析】不少过来人都经历了"雄心壮志—怀才不遇—满腹牢骚—撞钟混日—担心下岗—走投无路"的历程，其根本原因在于：不能正确地认识自己；分不清美好愿望与目标的区别；没有处理好自己与企业的关系；总是抱怨，不懂得适应、利用和改变环境；只有良好愿望，没有好的职业生涯路径；只有好的愿望，没有相应的知识、能力和态度的提升来作支持。

一、自我认知的概念和内涵

（一）自我认知的概念

自我认知（也称"自我探索"）是指个人关于自己的反省与识别，是关于自己是个怎样的人，自己应该有怎样的行为及他人对自己如何评价的认识。自我认知是主观自我对客观自我的认知与评价，包括自我感觉、自我观察、自我印象、自我分析、自我评价等。自我认知回答的一般问题是"我是谁""我是个什么样的人"等。

具体来说，高职生一定要明确以下几点。

我喜欢什么？主要包括自己的兴趣、爱好、特长等。

我适合做什么？主要指自己的性格是否与工作的需求吻合。

我能够做什么？主要指自己所掌握的专业知识、专业技能和工作经验及个人综合素质、潜能等。

我注重什么？主要指探索自己的职业价值观，是否看重所选择的工作带来的社会地位、经济利益、休闲等因素。

我做什么？这是自我分析的最后一步，也是职业生涯规划的关键一步，既是确定一个人在特定的时间、特定的地域能干什么、不能干什么，应该在什么行业和领域从事什么样的职业或工作的职业定位，也是为了解决"人职匹配""人岗匹配"的问题及职业生涯成功的关键。

图 3-1　自我认知的四个维度

（二）自我认知的内涵

自我认知的四个维度为：兴趣、性格、技能、价值观，它们之间的关系如图 3-1 所示。这四个维度整合成一个完整的独特的个体，即"自我"，在职业选择中共同起作用。其中价值观是核心，性格是关键，兴趣和技能是两个重要的辅助因素。

（1）兴趣：是解决问题的意愿与动机，不是测验的分数。

（2）性格：是基因与心智成长共同作用的产物，不是道德修养。

（3）技能：是合适的人生发展平台，不是他人的评价。

（4）价值观：是意义的创造与表达，不是社会地位。

我们在选择职业的过程中，可能会遇到各种外来的影响因素，如金钱与地位、家人的期望、朋友的期望等。不要让他人观点发出的噪声淹没你内心的声音，一定要遵从自己的性格、兴趣、技能等找到方向，因为性格会告诉我们自己适合什么，兴趣会告诉我们自己喜欢什么，技能会告诉我们自己能做什么。

自我认知不仅要通过分析式思维了解自己在价值观、兴趣、技能等各方面的特征，还应该把这些特征通过整合式思维综合起来，使我们各方面的心理特性协调发展。这样才不至于出现如"自己喜欢的不是自己擅长的""自己在做的觉得不值得"等不协调的情况。

二、自我认知在职业生涯中的作用

自我认知是职业生涯规划中的关键步骤和环节，如果主观评价高于社会客观评价，往往会导致碰壁或失败；如果主观评价低于社会客观评价，会导致信心不足、犹豫不决，很可能会错失良机。只有对自己的主观评价与社会对自己的客观评价趋于一致时，才容易成功。因此，自我认知是职业生涯规划得以有效实施的必要条件。

（一）自我认知帮助高职生树立职业目标

尺有所短、寸有所长。每个人都有别人无法比拟的长处，也有自我难以克服的缺点。职业生涯规划必须结合自身的特点，不同的兴趣、性格、爱好与能力，会引发不同的职业理想和职业目标。自我认知，是对自我的深层次剖析，了解自己的能力大小，只有明确自己的优势和劣势，根据过去的经验选择，推断未来可能的工作方向，才能彻底解决"我能干什么"的问题。

（二）自我认知是自信的源泉和依据

我们在自己的生活经历和所处的社会境遇中，能否客观地认识自我、评价自我，从而正确地塑造自我形象，把握自我发展的节奏，培养积极的自我意识，将在很大程度上影响或决定着我们的前程。每个人都是独特的，都有自己的优势，也都有自己的不足，只有全面客观地认识自我，才能自主充分地接纳自我，进而树立自信。也就是说，自信是产生在正确认识自我的基础之上的。过于高估自己，就是自负，而过于看低自我，则是自卑，这些对于职业生涯来说都是不利的。

（三）自我认知是职业生涯规划的基础和起点

在职业生涯规划中，认识自我就是弄清：我适合干什么——个人特质；我喜欢干什么——职业兴趣；我最看重什么——职业价值观；我能够干什么——职业技能。

选择适合自己的职业，自我认知是重要的第一步。它包括认识自己的优势与劣势、自己的独特性和发展潜力；认识自己的生理特点；认识自己的理想、价值观、兴趣爱好、能力、性格等心理特点。人不能超越实际空想自己的职业发展，也不能低估自己的实力，这都不能使人生的职业生涯得到正确的规划。有些人怀才不遇，失去自我发展的良机，以至在学习、求职、晋升、晋级、生活、家庭、事业等方面，贻误了自己的事业和前程。

（四）自我认知是择业成功的前提

认识自己是择业中的关键一环。在求职过程中，如果对自己有正确客观全面的了解，那么在择业时，对于一些企业提出的客观要求、职业的各种要求及任职资格都会自觉去比较和匹配，对于自己是否能胜任这份工作就会有清醒的认识，从而做出正确的选择，同时也增加了成功就业的概率。因此，认识自我是求职成功的重要前提，求职者应正确地了解自己的兴趣、性格、能力和价值观，以积极正确的态度面对求职问题。

三、自我认知的方法

认识自我的方法是多种多样的，总的来说，我们可以通过自我反省法、他人评价法、橱窗分析法、360度评估法等综合起来进行全方位的自我认知。

（一）自我反省法

春秋时期，曾子曰："吾日三省吾身。"古希腊哲学家苏格拉底说："未经反省的生活是无价值的生活。"通过对自己一些成长经历的回顾，如过去哪些事情让自己觉得干起来非常快乐，哪些事情让自己觉得干起来很痛苦，发现自己的职业兴趣、能力特点。通过反省，还可以发现自己的成绩和进步，找出存在的不足，明确努力的方向。在使用反省法时，要尽量客观，避免因为个人的认识出现偏差。

（二）他人评价法

《旧唐书·魏徵传》中说道："夫以铜为镜，可以正衣冠；以史为镜，可以知兴替；以人为镜，可以明得失。"全面自我认识，应当包括来自周围不同人的建议，他人评价是探索自我的一个重要方法。除了自己，我们的父母、亲戚、老师、同学等这些和我们长期共同生活的人对我们比较了解，而且相对于自我反省，他人的反馈意见可能更为客观，也许不是所有人都能对自己有全面的评价，但有可能对自己某一方面有所了解。经常思考自己与他人的差距，有利于全面认识自我。

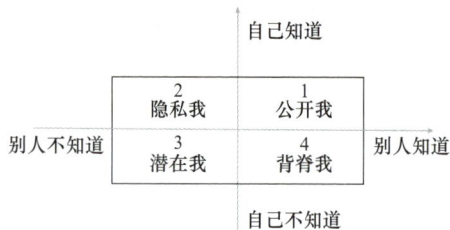

（三）橱窗分析法

橱窗分析法是自我认知的一个重要方法，是一种借助直角坐标系不同象限来表示人的不同部分的分析方法。坐标的横轴正向表示别人知道，负向表示别人不知道；纵轴正向表示自己知道，负向表示自己不知道，如图 3-2 所示。纵横坐标把橱窗分成了四个部分，即四个橱窗，它们的含义如下。

图 3-2　橱窗分析法

橱窗 1："公开我"，指的是自己知道、别人也知道的部分，属于个人展现出来、无所隐藏的信息。例如，个人的外貌、身高、性别等。

橱窗 2："隐私我"，指的是自己知道、别人不知道的部分，属于个人内在的隐私和秘密。例如，一些童年往事、痛苦的经历、身上的隐疾、心中的某些不快及自身不愿意让人知道的信息。

橱窗 3："潜在我"，指自己不知道、别人也不知道的部分，是潜能巨大、有待开发的部分。例如，从没有上过台讲话的人，可能一直不知道自己的演讲能力很棒。

橱窗 4："背脊我"，指的是自己不知道、别人却知道的部分，就像自己的背部，自己看不到，别人却看得很清楚。例如，个体习惯的小动作、口头禅等，自己很难发现，除非别人告知。

通过橱窗分析法进行自我认知，能帮助个体有意识地探索"潜在我"和"背脊我"的内容。对于"潜在我"的探索，需要个体积极主动探索新的领域、尝试新的行动。对于"背脊我"，个体只要能够虚心诚恳、真心实意地征询他人的意见和看法，多与家人、朋友、同事等开展交流，就能够了解"背脊我"的部分。

（四）360 度评估法

360 度评估法源自人力资源管理中的绩效考核方法，其特点是评价多元化（通常是四个或四个以上）。360 度评估法是由熟悉自己、与自己关系密切的来自不同层面的人员作为评估者，如家人、老师、朋友、同学等，对自我进行多角度的评估。这种方法可以减少盲目的自我评估，当别人对自己的印象都很一致时，这个反馈意见就非常值得去重视。要注意的是，在获得很多反馈时，要懂得分辨，尤其是那些反馈差异很大的信息，更需要花一些时间去了解和辨别。

例如，可以通过表 3-1 评估测试一下自己，然后相互交流结论，看评价是否客观。

表 3-1　360 度评估法用表

评价人群	优点	缺点
自我评价		
家人评价		
朋友评价		
同学评价		
教师评价		
结论		

为了最大限度地发挥职业测评的效用，首先应该选用一个权威性比较高的心理测量工具；其次，在做测验的过程中，一定要按自己的真实想法回答，避免主观情绪；最后，要选择一个安静、没有外界干扰的环境。

经 典 分 享

大仲马的经历

一个年轻人，毕业后没有事情可做，他的父亲将他介绍给一位朋友，希望朋友能够帮他的儿子找到一份工作。年轻人按约定的时间来到他父亲朋友的面前。

"你有什么特殊才能吗？"父亲的朋友问。

"对不起，先生，我没有。"年轻人低着头小声地回答。

"你懂会计吗？"

"对不起，先生，我不懂。"

"你会财务管理吗？"

"对不起，先生，我也不会。"

"你会使用机械吗？"

"对不起，先生，我不会。"年轻人涨红了双脸，声音也越来越小，他觉得来这完全是个错误的决定。

"你什么都不会，让我怎么给你介绍工作呢？"父亲的朋友摇头叹道："那你先填一张表格，留下姓名和联系方式，我尽力帮你找找看。"年轻人觉得很尴尬，飞快地填完了表格，准备立刻回家，免得在外面丢人现眼。就在年轻人准备出门的时候，父亲的朋友叫住了他："嘿，小鬼，你的字写得很不错啊！""是的，先生，我练过。""我想我可以帮你找到好工作了。"果然，不久，有人给这位年轻人安排了一份好工作，这个年轻人就是后来法国著名的作家大仲马。

【分析】俗话说："旁观者清，当局者迷。"苏东坡诗云：不识庐山真面目，只缘身在此山中。我们对自己的认识就和身在庐山中反而看不清庐山真面目是一个道理。因为人对自己的认识受时间、空间和阅历等各种因素的限制，是有盲点的，不仅每个人对自身的认识程度不一样，而且每个人每个年龄阶段对自己的认识也不一样。一个人只有认清了自己，看透了自己的天性，才能够趋利避害、驾驭自己。

课堂活动

写下成就事件

1. 活动目标

通过对过去的成就事件回顾，更加准确地认识自己的优点和缺点。

2. 规则与程序

（1）分成6～8人的小组，组内成员先各自回忆自己过去的成就，或是曾做过自认为比较成功、感觉很好的事情，可以是兼职、学习成绩、商业活动、社会活动、课外活动、领导能力、人际关系、艺术、运动、协作、研究、社团、家庭、旅游、爱好等方面。

（2）请写出这些成功的经历，越详细越好。

（3）对自己的经历进行分析，在小组中分享。

（4）请个别学生发言，在班级内分享。

活动时间30分钟。

3. 讨论

成就回顾法在职业生涯规划中起到什么作用？

4. 评价

成就回顾法可以让人获得自信和满足，也能让人更清楚自己喜欢的职业与工作，发现自己的优势。但对于没有实际职场经验的人来说，可能会出现偏差。

单元二　探索职业兴趣

👉 能力目标

（1）了解兴趣的概念和分类。

（2）辨析兴趣类型与作用。

（3）能运用霍兰德的职业兴趣理论探索个人职业兴趣。

探索职业兴趣

📍 导入案例

李开复从法学系转入计算机系

一个人找到自己真正的兴趣、爱好，并不是一件很容易的事情，有时还要经过很多反复和波折，不过，一旦发现了兴趣所在，每个人都可以在激情的推动下走向成功。

李开复读高一的时候一心想做个数学家，刚入大学时又打算当一名出色的政治家，可直到大学二年级时他才逐渐发现，自己无法全身心地喜爱数学和政治，学习成绩也只在中游徘徊。与此同时，他接触并喜欢上了计算机，每天疯狂地编程，很快引起了教师的注意。终于，在大学二年级的一天，李开复做了一个重大的决定：放弃此前一年多在全美前三名的哥伦比亚法律系已经修成的学分，转入哥伦比亚大学默默无闻的计算机系。他告诉自己，人生只有一次，不应浪费在没有乐趣、没有成就感的领域。当时也有朋友对他说，做一个没有激情的工作将会付出更大的代价。

那一天，他心花怒放、精神振奋，他对自己承诺，大学后三年的每一门功课都要拿 A。如果不是那天的决定，今天的他就不会在计算机领域取得这样的成就；如果不是那天的决定，今天的他很可能只是美国某个小镇上一名既不成功又不快乐的律师。

【分析】这个例子告诉我们，兴趣会在一个人的学业和职业的成功中起着重要的作用。诺贝尔物理学奖获得者丁肇中说："兴趣比天才重要。"的确，在生活中，如果一个人对某类活动有强烈的喜好，就会乐此不疲。它可以影响人的职业定位和职业选择，在工作中能够激发人的潜能，增强人的职业适应性和稳定性。

一、兴趣及其作用

（一）兴趣和职业兴趣

兴趣是指人们力求认识某种事物和从事某项活动的心理倾向，以特定的人、事物或活动为对象，常常伴随着积极的情绪体验。

职业兴趣是人们追求某种职业或从事某种职业的个性取向。拥有职业兴趣能够增加一个人的职业满意度。预测个人职业选择最好的方法就是询问这个人自己想做什么。一个人对某种职业感到有兴趣，他在学习和工作中就能全神贯注、积极热情，富有创造性地努力完成所从事的工作。一个对自己的专业或工作毫无兴趣的人，即使聪明能干，如果缺乏自觉地、主动地不断追求新的成就的热情，也不可能在本专业或本行业中有所建树。在择业过程中，职业兴趣一旦产生，就成为择业的定向因素。

研究表明，职业兴趣对于个人职业选择、开发个体潜能、使个人更快适应职场环境具有积极作用。如果人能从事自己感兴趣的工作，那么，人生就是天堂。有关资料表明，如果一个人对某一种工作有兴趣，就能发挥他全部才能的 80%～90%，并能较长时间地保持高效率而不感到疲劳；而对工作缺乏兴趣的人，只能发挥其全部才能的 20%～30%，而且容易感到疲劳、厌倦。

案例 3.1

莎士比亚的戏剧之路

莎士比亚小时候在家乡看过几场戏剧演出，激发了他对戏剧的浓厚兴趣，从而决心成为一名伟大的戏剧家。因为家境贫困，只上过五年学的他坚持刻苦自修，读了许多文学、哲学、历史学书籍，还学习希腊文和拉丁文。为了走进戏剧界，22 岁的他从家乡到伦敦的一家戏院当马夫，一有空就偷着看演出，细心琢磨演出角色。后来，他终于争取到了一个配角的角色，向着心中渴望的目标一步步靠近。从 30 岁开始，他坚持写剧本，一生写了包括《罗密欧与朱丽叶》《哈姆雷特》等大量的传世之作。

【分析】通过对自己兴趣的认知，可以引导我们过滤掉无关紧要的需求，从而发现自己内在的真正需求。莎士比亚的成功在于他对自我兴趣的认知，他把自己感兴趣的事情作为职业成功的目标，从而激发了职业行动，并实现了职业目标。

（二）直接兴趣和间接兴趣

所谓直接兴趣，是指对认识事物或从事活动本身有兴趣，如由于喜欢英语而努力学习英语。所谓间接兴趣，是指对事物或活动本身虽没有兴趣，但对认识事物或从事活动的结果有兴趣，如为了得到教师的赞扬而学习英语。一般认为，直接兴趣更持久、活动促进效果更好。在工作过程中，两种兴趣都是必要的。如果缺乏直接兴趣，会使工作成为一种沉重的负担；如果没有间接兴趣，又会丧失工作的目标和恒心。

案例3.2

一份来自哈佛商学院的研究报告

在 1960~1980 年间，哈佛商学院对 1 500 名毕业生进行研究，一开始即将其分成两组：第一组，计划先赚钱，然后做自己想做的事，共 1 245 人，占 83%；第二组，先追求自己真正的兴趣，认为以后财源自然会滚滚而来，共 255 人，占 17%。结果 20 年之后，两组共诞生 101 位百万富翁，其中，1 人属于第一组，100 人属于第二组。

【分析】兴趣可以激励一个人更好地从事某种职业。如果一个人对其所从事的工作有浓厚的兴趣，他就有坚持下去且为之努力的源源不断的动力，这也揭示了为什么人们常说："兴趣就是最好的教师。"

（三）职业兴趣的培养

职业兴趣是可以通过多种途径，加上自己的努力去改变、发展和培养的。在培养职业兴趣时，可从以下几个方面努力。

（1）培养广泛的兴趣。具有广泛兴趣的人，不仅对自己职业领域的东西有浓厚的兴趣，而且对其他方面也有一定的兴趣。这种人眼界比较开阔，解决问题时也可以从多方面得到启发，在职业选择上有较大的余地。

（2）要有中心兴趣。人的兴趣应广泛，但不能浮泛，要有一定的中心爱好。只有确定兴趣的重点方向，才能学有所长，获得深邃的知识。如没有中心兴趣，往往会知识肤浅，没有确定的职业方向，心猿意马，难有成就。

（3）重视培养间接兴趣。人在最初接触某种职业时，往往对职业本身缺乏强烈的兴趣，必须要从间接兴趣入手以培养职业兴趣。例如，了解职业在社会中的意义、对人类的贡献、职业的发展机会等。

（4）积极参加职业实践。只有通过职业实践，才能对职业本身有深刻的认识和了解，才能激发自己的职业兴趣。职业实践活动包括生产实习、社会调查、参观访问及组织兴趣小组等。

（5）客观评价自己的能力来确定职业兴趣。兴趣是成功的前提，但事业成功也必须具备该职业所要求的能力。因此，在培养职业兴趣的同时要客观评价自己的能力，看自己是否适合某种职业。在此基础上形成的职业兴趣才是长久的。

二、霍兰德的职业兴趣理论

霍兰德是美国著名的职业指导专家，他于 1959 年提出了具有广泛社会影响的职业兴趣理论。该理论认为，职业选择是个人兴趣的延伸和表现；每一个特定兴趣类型的人，会对相应的职业类型中的工作或学习感兴趣；个人的兴趣与工作环境之间的适配与对应，是职业满意度、职业稳定性与职业成就的基础。霍兰德职业兴趣包括六种基本类型，即现实型（R）、研究型（I）、艺术型（A）、社会型（S）、管理型（E）和常规型（C），并以六边形表示出来，如图 3-3 所示。六个角分别代表六种基本类型；每种类型与其他五种类型之间有连线，连线距离越短，两种类型的相关系数越大；连线距离越长，两种类型的相关系数就越小。

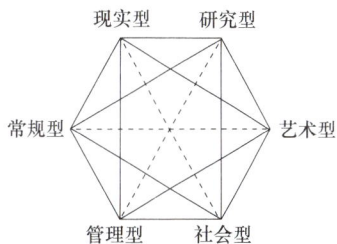

图 3-3　霍兰德职业兴趣的六种基本类型

例如，现实型与研究型、常规型的相关程度最高，与艺术型、管理型的相关度较高，与社会型的相关度最低。

现实型（R）：这类人习惯于发现目标、创造目标。特点是遵守纪律、喜欢安定、感情较为贫乏、洞察力不够敏锐。他们喜欢操纵工具、机器，能适应客观自然和具有明确任务的环境，重视物质的实际收益。这类人比较适合从事有明确要求和需要一定技能技巧，能按一定程序进行的工作，如农业、机械、电子技术、采矿等行业。

研究型（I）：这类人好奇心强、强调分析和反省。他们乐于选择观念革新、具有开拓性的生产环境。他们喜欢需要观察和科学分析的创造性活动与需要探索精神的工作项目，如科研、创作、计算机编程等行业。

艺术型（A）：这类人具有丰富的想象力，有理想、好激动、善于创新。他们精于利用情感、直觉与想象来开创艺术形式或创造艺术作品。他们习惯从事非系统的、自由的、要求利用感情和直觉来欣赏、领会或创造艺术形式的行业，如美工、作曲、影视、文学创作等。

社会型（S）：这类人乐于助人、惯于交际、容易合作、重视友谊、责任心强。他们适合要求理解、缓和他人行为的环境。他们对那些为他人直接服务、为别人谋福利、与他人建立和发展各种关系的职业一往情深，如教育、咨询、医疗等行业。

管理型（E）：这类人具有高度热忱和冒险精神，他们自信、交友广泛、精力旺盛、善于表达自己的意见。管理、生产、销售、政治、外交等方面的职业比较适合他们。

常规型（C）：这类人顺从，具有良好自我控制能力，但缺乏想象力。他们喜欢稳定、有秩序的工作环境。他们适合从事对众多信息进行加工和整理的工作，如办事员、仓库管理员、会计等。

大多数人都并非只有一种倾向性或适应性（简称"性向"），如一个人的性向中很可能同时包含着社会性向、现实性向和研究性向。霍兰德认为，这些性向越相似，相容性越强，则一个人在选择职业时所面临的内在冲突和犹豫就会越少。

案例 3.3

挖掘个人职业兴趣

找到自己的兴趣点，也就回答了职业生涯规划的第一个基本问题，即"我到底想干什么？"常见的职业兴趣测验还有：库德测验、霍兰德测验、ACT测验等。

以下给出一个包含90道题目的问卷（见二维码资源），每道题目是一个陈述句，请根据自己的真实情况对这些陈述进行评价，如果符合实际情况就在相应的题目前打"✓"，否则打"✗"，请不要漏答。

【分析】根据以上的探索和测试结果，对照霍兰德职业代码，就可以找出与自己职业兴趣类型相符的职业。

个人兴趣挖掘问卷

经典分享

郭晶晶的体育之路

作为国内运动员的代表，郭晶晶是跳水"梦之队"的领军人物，曾多次获得世界冠军。然而，辉煌的背后是她一步步走过的荆棘之路。5岁练跳水，15岁首次参加奥运会一无所获，1998年参加世界游泳锦标赛（简称"世锦赛"），仅获女子3米跳板亚军，在之后的几年赛事中，她始终与奥运会冠军宝座失之交臂，其中悉尼奥运会3米跳板单人、双人赛只获得亚军。巨大的压力，残酷的现实，并没有让她意志消沉、打退堂鼓。相反，基于对跳水运动的喜爱，她以坚韧的毅力和不服输的信心，加之更为艰苦的训练坚持着。2004年，她终于从雅典奥运会拿回2枚金牌。早可以光荣引退的她，在2008年奥运会上，再次获得了2枚金牌，演绎了一出完美的落幕。

作为一名老运动员，郭晶晶承受着长年伤痛的困扰，在一次次大型比赛中取得了如此辉煌的骄人战绩，是什么让她征战赛场多年却依然保持着良好的业绩？她成功的背后又有什么经历和特质？是什么动力在一路支撑着她？郭晶晶说："因为喜欢，才会投入，才会愿意付出。"

成功的背后是一路走过的荆棘之路，我们寻找她动力的源泉，可以看到，对跳水的热爱是支持着她战胜种种艰辛、勇往直前的中流砥柱。郭晶晶在跳板上的成功，是职业与兴趣结合的最佳体现。她喜欢跳水这项运动，为了实现那完美一跳而不停地去修正肢体动作，不断地在重复练习中改进不足，缔造完美。

【分析】由此案例可见，兴趣是成功的奠基石，兴趣对职业发展的影响是职业能否走向真正成功的重要决定因素。对职业的兴趣能让自己全身心地投入工作中，不计较得失，更能忍受成功前的寂寞，加快职业生涯发展的步伐。

课堂活动

岛屿度假计划

1. 活动目标

分析自己的职业兴趣。

2. 规则与程序

（1）假如你获得了一次免费度假旅游的机会，可以去下列 6 个岛屿中的一个。

（2）唯一的要求是你必须在这个岛上待满半年的时间。

（3）请不要考虑其他因素，按照自己的喜欢程度选出你最想前往的 3 个岛屿。

（4）认真阅读表 3-2 中的内容，并做出选择。

表 3-2 岛屿选择

岛屿名称	描述
A 岛：美丽浪漫的岛屿	岛上遍布着美术馆、音乐厅，弥漫着浓厚的艺术文化气息。同时，当地的原住民还保留了传统的舞蹈、音乐与绘画，许多文艺界的朋友都喜欢来这里找灵感
I 岛：深思冥想的岛屿	岛上人迹较少，建筑物多僻处一隅，平畴绿野，适合夜观星象。岛上有多处天文馆、科博馆及科学图书馆等。岛上居民喜好沉思、追求真知，喜欢和来自各地的哲学家、科学家、心理学家等交换心得
C 岛：现代、井然的岛屿	岛上建筑物十分现代化，是进步的都市形态，以完善的户政管理、地政管理、金融管理见长。岛民个性冷静保守，处事有条不紊，善于组织规划，细心高效
R 岛：自然原始的岛屿	岛上保留有热带的原始植物，自然生态保持得很好，也有相当规模的动物园、植物园、水族馆。岛上居民以手工见长，自己种植花果蔬菜、修缮房屋、打造器物、制作工具，喜欢户外运动
S 岛：温暖友善的岛屿	岛上居民个性温和、十分友善、乐于助人，社区均自成一个密切互动的服务网络，人们多互助合作，重视教育，关怀他人，充满人文气息
E 岛：显赫富庶的岛屿	岛上的居民热情豪爽，善于企业经营和贸易。岛上的经济高度发展，处处是高级饭店、俱乐部、高尔夫球场。来往者多是企业家、经理人、政治家、律师等，财富论坛和其他行业峰会曾多次在这里召开

活动时间 40 分钟。

3. 讨论

（1）按自己第一选择的岛屿分组就座。

（2）同一岛屿的人交流一下：自己为什么选择这个岛屿，看看大家有什么共同的兴趣爱好，归纳为关键词。

（3）根据大家的交流给自己的小组命名，并选取一个标志物和标志图案，在白纸上制作一张本小组的宣传海报。

（4）每个小组请一位学生用 2 分钟时间展示自己小组的宣传海报，并在全班介绍一下本小组成员的共同特点。

单元三　探索职业性格

☞ 能力目标

（1）了解性格与职业发展的关系。

（2）能分析不同性格与职业之间的关系。

（3）运用 MBTI 测试探索个人职业性格。

探索职业性格

导 入 案 例

高职生选择职业还得"量体裁衣"

早在张桐鑫快毕业的时候，家里人便建议他留在宜宾，找一份比较稳定的工作，理由是：张桐鑫从小老实本分，性格也属于较为内向的孩子，思维不够活跃，想法也较为单纯。"当时正在招社团干部，家人都希望我参加考试，认为这个工作比较适合我，是个不错的机会。"可张桐鑫自己却认为这个工作太局限，而且工资待遇才1 000元，远远没有达到他最初的要求，便断然放弃了这次机会。

原来，张桐鑫身边有两个好朋友毕业以后都选择外出闯荡，一位做汽车销售员，一位做电影城的服务人员，不出3年的时间，前者升职为销售助理，也有了自己的小汽车，而后者当上了领班，月收入超过了3 500元，这都令张桐鑫羡慕不已。"他们的学历都不高，也都是从底层做起"。张桐鑫不顾家人的反对，毅然来到了成都。

在两位朋友的推荐下，张桐鑫先后在汽车卖场及电影城工作，但都因为业绩不达标，待满3个月的试用期就离开了。"卖汽车全靠脑子和嘴巴，朋友私下也给了我很多指点，如要和顾客拉近关系，要主动和潜在客户加强联系，要尽可能地扩大自己的销售对象等，可我天生口才就不怎么好，真不知道该和顾客说什么，怎么说。"

如今，张桐鑫回到宜宾，采纳家人的意见，准备参加事业单位的招聘考试，他告诉记者，这两年的求职经历让他明白了，选择职业一定要切合自身特点，找到自己的优势和劣势，"量体裁衣"才会事半功倍！

【分析】人生的秘诀在于经营自己的长处，在现实生活中，只有选择适合自己性格的职业，才能发挥自己的长处来工作。如果性格与职业搭配相当，职业生涯之路必然会多一分平坦。因此，我们在选择职业时一定要考虑自己的性格特征，尽量选择适合自己性格的工作，使自己的性格和职业相吻合。

一、职业性格与求职择业

人们常说："性格决定命运。"这句话更深的意义是，什么样性格的人适合从事什么样的职业。在职业的选择上，性格和职业相匹配，能够提高人在职业上的幸福感。这也是近年来许多用人单位在招聘选人时加入了性格测试这一项目的原因。近年来，国外用人单位在招聘时出现一种新观念，即认为性格比能力重要。他们认为，如果一个人能力不足，可以通过后期的培训逐渐提高，一年不行两年，两年不行三年，总可以开发出来，但一个人的性格不易改变，正所谓"江山易改，禀性难移"。所以这些单位在招聘时，会把性格测试放在首位，当性格与职业吻合时，才能对其能力进行测试考查。

（一）性格及其相关概念

性格是一个人在对现实的稳定态度和习惯化了的行为方式中所表现出来的个性心理特征。人的性格特点主要表现在态度、意志、情绪、理智四个方面。

态度主要是指处理各种社会关系方面的性格特征，如善于交际或行为孤僻、正直或虚伪、细致或粗心。

意志主要是指人在对自己行为的自觉调节方面的性格特征，如主动或被动、勇敢或怯懦。

情绪主要是指人产生情绪活动时在强度、稳定性、持续性和主导心境等方面表现出来的性格特征，如情绪起伏波动的大或小。人的基本情绪有愉快、惊奇、悲伤、厌恶、愤怒、恐惧、轻蔑、羞愧等。愉快是正面的，惊奇是中性的，悲伤、厌恶、愤怒、恐惧、轻蔑、羞愧都是负面的。在这些基本情绪中，人的负面情绪占多数，因此人很容易不知不觉进入不良情绪状态。对于高职生来讲，应塑造阳光的心态，把正面情绪调动出来，使自己经常处于积极的情绪当中。

理智主要是指人在认知过程中的性格特征，如幻想型和现实型。

性格的特征并不是孤立的，而是互相联系的，它在个体身上会结合为一体，形成一个人不同于他人的"标签"。高职生应了解自己的性格特征，这将有利于今后的职业发展，从而形成自己的职业性格。

（二）职业性格

职业性格是指人们从事某种职业后，因为职业需求或者对该职业从业普遍要求所形成的较为固定的性格要素的集合。如果一个人的性格能和职业性格匹配，那无疑是一件幸福的事情；如果一个人的性格与职业性格相差甚远，那可以说是一种折磨。每一种职业都对性格特征有特定的要求，如驾驶员要具备注意力稳定、动作敏捷的职业性格特征；护士要求具备耐心细致、热情待人的职业性格特征；艺术家要求有想象力、创造性等性格特征。

二、性格与职业的关系

人的性格类型与职业之间有着一种内在的相关性：一方面，不同的性格类型适合不同的职业要求；另一方面，从事某种特定职业的人员，会按照职业的要求，不断巩固或者调整原有的性格特征，甚至影响职业原有的一些特点。从上述例子我们不难看出，性格对一个人的成功有着很大的影响，如果一个人从事的职业是依据其性格选择的，与他的个性相适应，那他工作起来就会得心应手，心情舒畅，且容易取得成绩。如果性格与职业不相适应，性格就会阻碍工作的顺利进展，使从业者感到乏味、被动、没有兴趣，力不从心，精神紧张，不易取得成功。从此意义上讲，在职业生涯中要考虑个人的性格，它被认为是人生职业的定位。根据自己的性格特征，选择自己适合从事的职业，这样会更容易取得成功。

案例3.4

不堪重负的总经理

1993年3月9日，中国企业界的巨子、上海大众汽车公司总经理方某跳楼自杀了。他洁身自好，没有政治问题，也没有经济问题。他的死令人费解，但通过对他的性格分析知道，他内向、少言、正直、勤勉、心细如丝，过于追求完美，对于自己近于苛刻，这种个性，使得他随着事业的成功、地位的上升、压力的增大而显得越来越力不从心，也背上了沉重的心理包袱，渐渐拉开了与他人的距离，引发了内心的孤独。沉重的工作压力和心理压力带来的紧张和痛苦，他也只是将其深深埋在心中。长期的内心冲突和矛盾、长期的自我压抑，使得他的承受力到了极限，选择了这样一种方式解脱。根据他的个性，如果他仅仅做一个研究者或项目负责人，或许他不会走到这一步。

【分析】当事人缺少作为一个现代企业家应有的一些个性品质，如外向、爱冒险、喜交际、自信乐观、开朗等的性格特征。这样的性格特征，导致他走向了极端。

三、性格类型与职业偏好

迄今为止，在各个领域的应用最常见的性格评价工具是迈尔斯－布里格斯类型指标（简称"MBTI"）。性格类型的概念是由瑞士的精神分析家卡尔·G.荣格于1920年在他的《心理学类型》中提出来的。荣格提出，世界上有三个维度和八种性格类型。到了20世纪50年代，美国的一对母女布里格斯和迈尔斯在此基础上多发展出一个维度，并逐渐形成了MBTI性格类型理论。

MBTI性格类型理论是目前国际上权威的、广泛使用的理论。它系统地把握了人的性格，也解释了为什么不同的人对不同的事物感兴趣、擅长不同的工作，并且有时不能互相理解。

MBTI性格类型理论把人的性格分为四个维度，每个维度有两个方向，共计八个方面，分别是：

精神关注的方向：外向（E）—内向（I）；

收集信息的方式：感觉（S）—直觉（N）；

决策的方式：思维（T）—情感（F）；

行事方式：判断（J）—知觉（P）。

这八个方面分别回答我们行事的不同风格：

外向（E）和内向（I）：我们与世界的相互作用是怎样的？

感觉（S）和直觉（N）：我们自然留意的信息类型是什么？

思维（T）和情感（F）：我们如何做决定？

判断（J）和知觉（P）：我们的做事方式是什么？

每个人的性格都落足于每个维度两端的中点的这一边或那一边，我们把每个维度的两端称为"偏好"。例如，如果落在外向的那一边，那么就可以说你具有外向的偏好；如果落在内向的那一边，那么就可以说你具有内向的偏好。MBTI的性格分类标准及性格类型如表3-3所示。

表 3-3　MBTI 的性格分类标准及性格类型与特点

分类标准	类型	特点
能量倾向	外向（E）	注意力和能量都主要指向外部的人和事，习惯于从事外界活动，喜欢与人打交道
	内向（I）	注意力和能量主要集中于内心世界，喜欢独处、内省、孤僻和安静

续表

分类标准	类型	特点
接收信息	感觉（S）	注意和留心事物的细节，用感官接受信息，着眼于现在
	直觉（N）	用超越感官的方式获取信息，相信灵感，从整体上看事物，着眼于未来
处理信息	思维（T）	崇尚逻辑公正、通过事实和数据做出决定，有一套既定的行为准则，很少把自己个人情感牵涉到决定当中
	情感（F）	通过个人的价值观和感受做出决定，通常会主观、感情化，注重人际和睦
行动方式	判断（J）	倾向于通过思维去组织、计划和调控自己的生活，喜欢条理分明、秩序井然，希望凡事都在掌控中，注重结果，通过完成任务获得满足
	知觉（P）	倾向于用感觉和知觉的方式做决定，不介意变化，态度总是灵活机动的，希望事情能任其自然发展，注重过程，通过接触新事物获得满足

1. MBTI 各种类型的主要特征

MBTI 各种类型的主要特征比较如表 3-4～表 3-7 所示。

表 3-4　外向型（E）和内向型（I）的特征比较

外向型（E）	内向型（I）
与他人相处时精力充沛	独处时精力充沛
行动先于思考	思考先于行动
喜欢边想边说出声	在心中思考问题
易于"读"和了解；随意地分享个人感受	更封闭，更愿意在小群体中分享个人感受
说的多于听的	听的比说的多
高度热情地参与社交	不把兴奋说出来
反应快，喜欢快节奏	仔细考虑后，才有所反应
重视广度而不是深度	喜欢深度而不是广度

表 3-5　感觉型（S）与直觉型（N）的特征比较

感觉型（S）	直觉型（N）
相信确定有形的东西	相信灵感或推理
对概念和理论兴趣不大，除非他们有着实际意义	对概念和理论感兴趣
重视现实性和常情	重视可能性和独创性
喜欢使用和琢磨已知的技能	喜欢学习新技能，但掌握之后很容易就厌倦了
留意具体的、特定的事物；进行细节描述	留意事物的整体概况、普遍规律及象征含义；用概括、隐喻等方式进行表述
循序渐进地讲述有关情况	跳跃性地展现事实
着眼于现实	着眼于未来，留意事物的变化趋势，喜欢从长远角度看待事物

表 3-6　思维型（T）和情感型（F）的特征比较

思维型（T）	情感型（F）
退后一步思考，对问题进行客观的、非个人立场的分析	超前思考，考虑行为对他人的影响
重视符合逻辑、公正、公平的价值；一视同仁	重视同情与和睦；重视准则的例外性
被认为冷酷、麻木、漠不关心	被认为情感过多，缺少逻辑性，软弱

续表

思维型（T）	情感型（F）
认为坦率比圆通更重要	认为圆通比坦率更重要
只有当情感符合逻辑时，才认为它可取	无论是否有意义，认为任何感情都可取
被"获取成就"所激励	被"获得欣赏"所激励
很自然地看到缺点，倾向于批评	惯于迎合他人，着重维护人脉资源

表 3-7　判断型（J）和知觉型（P）的特征比较

判断型（J）	知觉型（P）
做了决定后最为高兴	当各种选择都存在时，感到高兴
有"工作原则"：工作第一，玩耍其次（如果有时间的话）	"玩的原则"：先享受，然后再完成工作（如果有时间的话）
建立目标，准时完成	随着新信息的过去，不断改变目标
愿意知道他们将面对的情况	喜欢适应新情况
着重结果（重点在于完成任务）	着重过程（重点在于如何完成工作）
满足感来源于完成计划	满足感来源于计划的开始
把时间看作是有限的资源，认真地对待最后期限	认为事件是可更新的资源，而且最后期限也是有收缩的

2. MBTI 人格组合类型

在 MBTI 人格组合类型中，四个维度上八种态度的不同表现正好组合成 16 种性格类型。MBTI 的 16 种性格类型的职业偏好、可能适应的职业环境类型对照如表 3-8 所示。

表 3-8　MBTI 的 16 种性格类型的职业偏好、可能适应的职业环境类型对照

性格类型	可能的职业偏好	可能适应的职业环境类型
ISTJ 内向/感觉/思维/判断	会计/办公室管理人员 工程师 警察/法律工作 生产、建设、保健	注重事实和结果 提供安全结构和顺序 能保持稳定的情绪
ISTP 内向/感觉/思维/知觉	科研、机械、修理 农业 工程师和科学技术人员	注重迅速解决问题 目标和行动取向 不受规律限制 着眼于眼前的经历
ESTP 外向/感觉/思维/知觉	市场销售、工程和技术人员 信用调查、健康技术 建筑、生产、娱乐	注重第一手经验 工作具有灵活性 及时满足需要、技术取向
ESTJ 外向/感觉/情感/判断	商业管理、银行、金融 建筑生产、教育、技术、服务	注重正确高效地做事 任务取向、注重组织结构 提供稳定性和可预知性 实现可行的目标
ISFJ 内向/感觉/情感/判断	保健、教学/图书馆工作 办公室管理、个人服务、文书管理	看重有条理的任务 注重安全与隐私 结构清晰、有效率、安静、服务取向
ISFP 内向/感觉/情感/知觉	机械和维修、工厂操作、饮食服务、办公室工作、家务工作	善于合作、喜爱自己的工作 允许有自己的私人空间 灵活、具有审美能力、谦恭

续表

性格类型	可能的职业偏好	可能适应的职业环境类型
ESFP 外向 / 感觉 / 情感 / 知觉	保健服务、销售工作 / 设计交通工作、管理工作、机械操作、办公室工作	注重现实、行动取向 活泼、精力充沛、适应性强、和谐 以人为本、舒适的工作环境
ESFJ 外向 / 感觉 / 情感 / 判断	保健服务、接待员、销售 看护孩子、家务工作	喜欢帮助他人 目标明确的人和组织 气氛友好的、善于欣赏的 有良心的、喜欢按实际条件办事
INFJ 内向 / 直觉 / 情感 / 判断	宗教工作、教学 / 图书馆工作 媒体专家 社会服务、研究和发展	关注人类的思想和心理健康 协调、安静、有组织的 有情感、喜欢有反省的时间和空间
INFP 内向 / 直觉 / 情感 / 知觉	咨询、教学、文学、艺术 戏剧、科学、心理学 写作、新闻工作室	关注他人的价值 合作的氛围 允许有思考的时间和空间 灵活、安静、不官僚
ENFP 外向 / 直觉 / 情感 / 判断	教学、咨询、宗教工作 广告、销售、艺术、戏剧 音乐	关注潜能、丰富多彩、积极参与的氛围 活泼的、不受限制的 提供变化和挑战、思想进取
ENFJ 外向 / 直觉 / 情感 / 判断	销售、艺术家、演艺人员 宗教工作、咨询 教学、保健	愿意为帮助他人而改变 社会化的、和谐的 有秩序、以人为本、鼓励自我表达
INTJ 内向 / 直觉 / 思维 / 判断	科学、工程师、政治 / 法律 哲学、计算机专家	注重长远规划的实现 有效率的、以任务为重 允许独自一人思考 支持创造性和独立、人员多产、有效率
INTP 内向 / 直觉 / 思维 / 知觉	科学、研究、工程师 社会服务、计算机程序 心理学、法律	喜欢解决复杂的问题 鼓励独立、隐私 灵活的、不受限制的、安静的 喜欢自我决定
ENTP 外向 / 直觉 / 思维 / 知觉	管理 操作和系统分析 销售经理、市场营销 人事关系	结果取向的、独立的 喜欢解决复杂的问题 目标取向、果断 有效率的系统和人 挑战性的、结构性的顽强的人员
ENTJ 外向 / 直觉 / 思维 / 判断	政治家、法官、经理、高级主管、采购员、戏剧制片人、饮食服务行业经理	善于做需要推理和智慧的工作 生活严谨 做事果断

经典分享

转行成功的王蕾

　　王蕾为某高职学院学前教育专业学生，曾希望能在幼教领域闯出一番事业。毕业后，她在一所幼儿园担任幼儿教师。工作了一段时间后，她发现越来越不开心，自己活泼开朗的性格忍受不了一成不变的模式，而且学校对教师的教学方式都有严格的要求，难以体现自己的风格。她觉得自己不太适合当教师，于是她跳槽到某教育发展投资公司做市场营销工作。王蕾只用了短短一年的时间就成为公司的业务标兵，升职做了主管。后来，她又担任市场部经理助理。在这个岗位上，王蕾充分发挥了自己的性格优势，特别是在市场策划方面显示出她过人的能力，三年后，王蕾晋升为市场部经理。

【分析】王蕾成功的秘密其实是找到适合性格的工作，然后果断转行。人生的目标和计划需要在充分认识自我的基础上不断调整，江山易改、本性难移，适合自己的性格的工作会使人充满干劲，在职业生涯上更容易获得成功。

课堂活动

探索职业性格

1. 活动目标

运用 MBTI 方法探索职业性格。

2. 规则与程序

（1）准备材料：A4 白纸、签字笔、MBTI 问卷（见二维码资源）。

（2）测前须知。

① 参加测试者请务必诚实、独立地回答问题，只有如此，才能得到有效的结果。

MBTI 职业性格问卷

② MBTI 展示的是你的性格倾向，而不是你的知识、技能、经验。

③ MBTI 提供的性格类型描述仅供测试者确定自己的性格类型之用，性格类型没有好坏，只有不同。每一种性格特征都有其价值和优点，也有缺点和需要注意的地方。

活动时间 30 分钟。

3. 讨论

（1）清楚地了解自己的性格优劣，有利于更好地发挥自己的特长。

（2）在为人处世中分析性格的劣势，更好地和他人相处，更好地做重要的决策。

单元四　职业价值观澄清

👉 能力目标

（1）理解职业价值观的内涵。

（2）了解职业价值观的类型。

（3）能够用职业价值观指导自身的职业生涯发展。

职业价值观澄清

📍 导入案例

如何进行选择

在一场讲授如何做好人生规划的课堂上，教师问学生："假设你一个人外出旅游，来到了一个峡谷，发现几米深的地方有一个手提包，而且手提包是打开的，里面明显装着一沓钞票，同时，你还发现，在悬崖边有一些看起来长得不是很牢固的树根，这树根可以帮助你到达手提包的位置，拿到这笔意外的财富，当然，你更有可能因此而被摔断脖子。你会选择离开还是靠近？"

一半以上学生选择了离开，毕竟再多的财富也比不上可贵的生命。

教师没有发表意见，继续问："如果那个装钱的手提包换成一个失足落下的小男孩，他此时奄奄一息地发出求救的呼唤——你又会怎么选择呢？"学生们考虑了几秒钟后，全部选择了靠近。"面对相同的环境，相同的危机，相同的后果，你们却做出了不同的选择，这是为什么呢？"

"因为目标不同，一个目标是为了取得财富，一个目标却是为了营救生命，相比较当然生命要比财富重要。"一个学生说。

教师："只是因为个人所设定的目标不同，所以你们的价值观也就不同了。现在，我们换个内容。"教师接着说，"如果你有一个心仪的女朋友，你希望能和她厮守终身，但对方却不这样认为，也许她不是真的喜欢你。这时候，如果你一意孤行地付出自己的情感，那么结局会有两个：要么她被你感动，被动地和你在一起，但这段感情可能随时都会出现问题；要么她仍旧冷漠地离开了你，任你对她再好也没有用——这时，你是选择毅然离开，还是坚持靠近？"

学生陷入了两难的思考。毕竟，面对自己所爱（甚至可能是此生唯一的爱情），在尚未出现绝望的信号之前，怎能轻易放弃？有些人甚至想，只要能够挽回恋人的心，自己牺牲一切也在所不惜。

教师："假若角色互换，"教师看到大家都不吭声，于是话题一转，"你是那个被人苦苦追求的女孩，在你根本没有打算接纳对方的前提下，你会选择离开，叫对方彻底死心，还是选择靠近，听任感情自由发展？"

互换了角色之后，学生们变得不再迟疑，纷纷表示："既然不爱人家，就该及早离开，免得耽误了对方的青春和幸福！"

教师微笑着说："既然你们能够明白，在不喜欢一个人的时候，一定要给对方一个明确的答复，不要耽误、伤害别人，那么易地而处，当你是一个追求者时，又何必甘愿自己深陷泥沼之中，糟蹋自己的青春与幸福呢？"学生们噤声不答，过了几秒钟后，他们提出了这样的疑问："请问老师，我们今天讨论的课题与人生规划之间有什么直接的关系吗？"

教师平和而掷地有声地说："在人生的课题中，离开与靠近是一门很大的学问，有很多人在面对问题的时候，本该离开却选择了靠近，本该靠近的却又选择了离开，所以他们的人生路途，走得跌跌撞撞，痛苦不堪。如果你们连分辨离开与靠近的智慧都没有，分不清什么是'势在必行'，什么又是'势所不行'，那么所有的人生规划都将沦为空谈，再怎么学也是枉然啊！"

【分析】由于各种职业在劳动强度和性质上，在劳动条件和待遇上等方面存在差别，在人们心目中各种不同的职业便有好坏、高低之分，这些评价就是人们的职业价值观，它影响着人们对就业方向和具体职业岗位的选择。

一、职业价值观的概念

职业价值观是指人生目标和人生态度在职业选择方面的具体表现，也就是一个人对职业的认识和态度及他对职业目标的追求和向往。理想、信念、世界观对于职业的影响，集中体现在职业价值观上。职业价值观决定了人的职业期望，影响其职业发展的方向和职业目标选择，决定了就业后的工作态度和工作绩效水平，从而决定了职业发展的质量。由于个体的身心条件、年龄阅历、教育状况、家庭影响、兴趣爱好等方面的不同，人们对各种职业有着不同的主观评价。

二、职业价值观的意义

职业价值观是一个人对各种职业价值的基本认识和基本态度。俗话说："人各有志。"这个"志"表现在职业选择上就是职业价值观，它决定人们在职业选择和职业生活中，在众多的价值取向里，优先考虑哪种价值。当我们有矛盾冲突，或妥协与放弃时，常常是出于职业价值观的考虑。

职业价值观是一种具有明确的目的性、自觉性和坚定性的职业选择的态度和行为，首先，对一个人的择业动机、职业目标和职业方向的选择起着决定性的作用。由于职业价值观的不同，有的人喜欢平稳、安定的职业，有的人喜欢富于挑战、刺激的职业，有的人喜欢领导和指挥别人的职业，有的人喜欢能赚钱的职业等。因此，认真分析和了解个人的职业价值观，对确定自己的职业定位和职业生涯规划有着重要的意义。

价值观对动机具有导向作用，在我们的生涯发展中往往起到极其重要的、决定性的作用。职业价值观决定人们的职业期望，决定着人们就业后的工作态度和劳动绩效水平，从而影响着人们职业发展的状况。一个人越清楚自己的价值观，越了解自己在工作和生活中想要寻求什么，什么对自己来说是最重要的，其生涯发展目标也就越清晰。而价值观不清晰的人往往使自己的职业方向陷入混乱。

三、树立正确的职业价值观

（一）处理好职业价值观与金钱的关系

金钱是在确定职业价值观时首先要面对的问题。有些经济条件不太好的高职毕业生在求职时，将薪酬作为首选目标，从根本上讲这并没有错。但是对于一些人来说，现在拥有的知识、能力、经验和阅历还不足以使其一走上社会就获得大量金钱回报。所以，高职生怀有一夜暴富的心理是不正常的，更是危险的，甚至会误入歧途，特别是面对严峻的就业形势，更应理性地降低对金钱的期望，把眼光放远一些，应尽可能地将自我成长和自我实现作为毕业求职时的首选目标。

（二）处理好淡泊名利与追逐名利的关系

名利是人的欲望使然，但欲望可以使人成就大的事业，也可使人自我毁灭。以合理、合法、公正、公平的方式追名逐利，在一定程度上对个人、对社会都会有益，但它需要有限度，该知足时则知足，该进取时则进取。

（三）职业价值观的排序与取舍

职业价值观的特性决定人们不会只有唯一的职业价值观，个别人在欲望驱使下难免会希望什么都能得到，但在现实生活中"鱼和熊掌是不可兼得的"。既然是选择，必然有"舍"，才能有"得"。所以，要对自己的职业价值观进行排序，找出你认为最重要、次重要的方面，并提醒自己不可能什么都得到。否则就会患得患失，终其一生也不清楚自己到底想要什么，更谈不上职业生涯的成功和对社会的贡献。总之，没有一种职业能完全满足一个人所重视的各种价值观，因而，了解自己各种价值观的权重排序并懂得取舍是非常必要的一件事情。

（四）职业价值观中个人与社会的关系

人不能离开社会而独立存在，个人只有在工作中为社会做贡献才能实现自己的职业价值。当然，我们并不是说要忽略择业中的个人因素，只去尽社会责任，这样不但不利于个人成长，对社会也会造成损失。例如，让一个富于科学创造力、不善言辞的学者去从事幼儿园教师的工作，可能使国家损失一项重大的发明，而社会不过多了一个也许并不出色的幼儿园教师而已。因此，我们反对只为个人考虑、而毫不考虑国家和社会需要的职业价值观。

（五）职业价值观与职业选择的关系

由于受家庭环境、教育、兴趣爱好等多方面的影响，不同个体的职业价值观是不同的，而这种不同会影响人们对就业方向和具体职业岗位的选择。每一个求职者在职业取向上的目标和要求也不同。每一个求职者由于其所受教育的不同、兴趣爱好的差异和所处环境的影响，在职业取向上的目标和要求也是不相同的。在许多场合，我们往往要在一些得失中做出选择，例如，是要工作舒适轻松，还是要高标准的工资待遇？当两者有矛盾冲突时，最终影响我们决策的是存在于内心的职业价值观。因此，我们很有必要明确并不断审视自己的职业价值观。

🌐 经典分享

拼搏创业的张明

张明，个子不高，十分斯文，戴着一副眼镜，毕业于美术学院室内设计专业，国家公务员。近十年来公务员这一职业被国内大多数群体认为是炙手可热、竭力追捧的铁饭碗,公务员考试的报名甚至出现千军万马挤独木桥的现象。可是他因为不甘心于上班族的平淡与寂寞,想在人生的舞台上展拳脚拼出一片灿烂天地,毅然选择了辞职。张明从大学二年级起就开始了自己的实习和打工生涯,积累了专业设计的经验,了解了公司运作的模式,也为自己将来创业积累了人脉。辞职后,他与一个同学合作,两人借款筹钱,经过多日的奔波与辛劳,张明的装饰设计公司挂牌开张了,说到为什么自主创业,张明解释道:"现在房地产发展得很火,我是学室内设计的,不愿意四平八稳地工作,有一个梦想就是开一家自己的公司,做自己的老板,才能找到自己存在的价值。"

【分析】职业价值观作为人们对待职业的一种信念和态度,往往决定了人们的职业期望,影响着人们对职业方向和职业目标的选择。有什么样的职业价值观就会有相应的职业选择,尤其是在诸多的选择有矛盾冲突时,是要工作舒适轻松,还是要高标准的工资待遇;是要成就一番事业,还是需要一个被关爱的工作环境,职业价值观起到决定性的作用。可见,职业价值观对个体职业生涯的影响是高层次的、深远的。

课 堂 活 动

职业价值观测试

1. 活动目标

通过本测试,可以大致了解自己的职业价值观倾向,从而为自己选择理想的职业提供信息。

2. 规则与程序

本测验可帮助测试者确定自己职业价值观的类型。在回答问题时,若自己认为"很不重要"记1分,"较不重要"记2分,"一般重要"记3分,"比较重要"记4分,"非常重要"记5分(问卷见二维码资源)。

活动时间45分钟。

职业价值观测试问卷

单元五　探索职业能力

👉 能力目标

(1)明确能力的概念。
(2)辨析能力与职业的关系。
(3)能运用测评工具和个人经验估算个人职业的能力。

探索职业能力

导入案例

靠实力取胜

某网络公司招聘软件开发人员，招聘条件为本科以上学历。小王是某高职院校机械专业的学生，他平时爱好广泛，肯钻研，在学好自身专业的同时，还辅修了计算机专业，通过了微软公司的职业资格考试。他还积极参加学校的课外科技活动，实习期间参加了企业的技改项目，并受到企业的表扬，具有较强的实践能力。当得知这一招聘信息并经过冷静分析后，他勇敢地递交了自己的简历和相关证书。招聘人员一看是个高职生，又非计算机专业，就想婉言谢绝；但看过他的简历和相关证书后，对他产生了浓厚的兴趣，因为他丰富的经历反映了他的实力。于是，招聘人员向公司总经理专门打了报告，请求特批录用。总经理了解情况后，特批予以录用。

【分析】学历并不能代表能力。高职生不应自卑于自己的学历，因为高职生自身有着自己的优势特点。高职生有着活跃的思维，有着较强的实践能力。只要肯努力，高职生并不比学历比自己高的人差多少，而且有时比其他学历的人更能受到招聘单位的青睐。

一、能力的概念及其分类

（一）能力的概念

能力是指一个人能够完成某件"事"的本领，往往是我们评价一个人的重要标准。从心理学角度看，能力是指顺利地完成某种活动所具备的稳定的个性心理特征。能力是人们得以从事某种活动的先决条件，它可以浓缩成一句话，即"你能做什么？"能力总是与活动联系在一起的，它只有在活动中才能体现出来，并在活动中得以发展。

能力按照其获得的方式（先天具有与后天培养），可以分为能力倾向和技能两大类。技能是人通过后天学习和练习而获得的能力。能力倾向是每个人与生俱来的特殊才能。在现实生活中，个人的能力水平往往是能力倾向和技能两方面相互作用的结果，能力通常表示个人在工作中能够做什么。

（二）能力的分类

一般认为，能力可以分为以下三类：一是能力倾向，又叫天赋，即每个人先天具有的特殊才能（潜能）。二是自我效能感，即个人对自己的能力及运用该能力将得到何种结果所持的信心或把握程度，它是预测个人行为的重要指标。三是技能。技能是经过学习和练习而培养形成的能力。

1. 专业知识技能

专业知识技能常常与我们的专业学习或工作内容直接相关，如机械师应懂得汽车引擎的工作原理。专业知识不能迁移，需要经过有意识的、专门的培训，而它的重要性常常被夸大。

2. 自我管理技能

自我管理技能经常被看作个性品质，被用来描述或说明人具有的某些特征。例如，紧张的还是放松的，听从的还是自我指导的，自我管理技能可以从非工作生活领域转换到工作领域，需要练习才能获得，在工作中，对取得成就和处理人际关系是最有帮助的。有专家认为，自我管理技能是成功所需要的品质，是个人最有价值的资产。

3. 通用技能

通用技能就是个体所能做的事，也被称为可迁移技能。它们可以从生活中的方方面面、特别是工作之外得到发展，却可以迁移应用于不同的工作之中。可迁移技能是个人能够持续运用和最能够依靠的技能。

（三）能力和职业的关系

在职业领域中，能力是决定人们职业活动效果的基本因素。能力与职业的关系非常密切，是职业选择的重要依据，是高职生开启职业大门的钥匙。因此，我们对自己的能力要有一个清楚的认识，根据自己的能力选择相应的职业，选准与自己职业能力一致的职业，只有这样，才能在社会的竞争中立于不败之地。只有当一个人的能力和工作的要求相匹配时，才能将能力和职业的关系发挥到最理想的状态，能力水平越高，工作表现越好，越容易获得满足感。

二、职业能力的概念及其分类

（一）职业能力的概念

职业能力是人们从事其职业的多种能力的综合，也就是个体将所学的知识、技能和态度在特定的职业活动或情境中进行类化迁移与整合所形成的能完成一定职业任务的能力。

（二）职业能力的分类

职业能力可以分为职业核心能力、行业通用能力、职业特定能力。通常可以分为语言能力、数理能力、空间判断能力、觉察细节能力、书写能力、运动协调能力、动手能力、社会交往能力、组织管理能力九个方面。不同职业要求人有不同的能力。例如，教师、播音员、记者等职业要求有较强的语言能力；统计、测量、会计等职业要求有较强的数理能力；画家、建筑师、医生等职业对形态知觉能力要求颇高；等等。

在职业活动中，个体还表现出职业能力的差异，他们在职业决策能力、实际动手能力、创造力、适应社会能力、人际交往能力等方面均有差异。在人的成长发展中，一般能力和特殊能力有机地结合着，一般能力是特殊能力的基础，为特殊能力的发展和发挥创造了有利条件。职业活动中所表现出来的能力即职业能力，它既与特殊能力有关，又与一般能力密不可分。所以在职业活动中，我们在注重发展自己的特殊能力的同时，也应注重自己一般能力的发展，这样才能提高职业活动的效率。一个人的能力如果没有遇到合适的土壤，那么他的能力只能被称为潜在能力，不能称为现实能力。潜在能力只有在外部环境和教育条件许可时，才能发展成为现实的能力。

案例 3.5

某公司招聘信息分析

兹有某公司的招聘信息如表 3-9 所示。

表 3-9　招聘信息

招聘岗位	销售类	招聘人数	4 人
职位类别	普通职位	工作性质	全职
月薪水平	3 000～3 500 元	工作地区	河南郑州
学历要求	专科	专业要求	机械类专业或营销类专业
其他要求	有一定的沟通表达能力，能适应长期出差，吃苦耐劳，有驾驶证者优先		
有效期	三个月		

【分析】在这则招聘信息中的营销类专业就是我们所讲的专业能力，它的重要性常常被求职者夸大；有一定的沟通表达能力、会驾驶是可迁移能力，它是用人单位最看重的部分；能适应长期出差，吃苦耐劳是自我管理能力，是个人最有价值的"资产"，是影响职业生涯成功与否的关键。

作为高职生，在校期间，要努力学好自己的专业知识；积极锻炼、提高自己的可迁移能力；自我沉淀，加强自身修养，并提升自我管理的能力，努力把自己培养成一名复合型人才。

（三）职业核心能力

职业核心能力是人们职业生涯中除岗位专业能力之外的基本能力，它可以让人自信和成功地展示自己，并根据具体情况选择和应用。它适用于各种职业，适应岗位的不断变换，是伴随人终身的可持续发展能力。德国、澳大利亚、新加坡称之为"关键能力"；美国称之为"基本能力"，在全美测评协会的技能测评体系中被称为"软技能"；在我国大陆和台湾地区，有的称之为"关键能力"，香港特别行政区称之为"基础技能""共同能力"等。

1998 年，我国劳动和社会保障部在《国家技能振兴战略》中把职业核心能力分为八项，称为"八项职业核心能力"，即与人交流、与人合作、解决问题、自我学习、信息处理、数字应用、创新革新、外语应用。这八项职业核心能力可以分为职业社会能力和职业方法能力两类。

1. 职业社会能力

职业社会能力是指与他人交往、合作、共同生活和工作的能力，它既是基本生存能力，又是基本发展能力，是劳动者在职业活动中，特别是在一个开放的社会生活中必须具备的基本素质。职业社会能力包括"与人交流""与人合作""解决问题""外语应用"等能力。

2. 职业方法能力

职业方法能力是指基于个人的，一般有具体和明确的方式、手段的能力，它主要指独立学习、获取新知识技能、处理信息的能力，是劳动者的基本发展能力，是在职业生涯中不断获取新的知识、信息、技能和掌握新方法的重要手段。职业方法能力包括"自我学习""信息处理""数字应用""创新革新"等能力。

（四）能力与职业的匹配

每个人具备的能力不同，选择的职业就会有差异。从能力差异的角度来看，在选择职业时应遵循下列原则。

1. 能力类型要与职业相吻合

人的能力发展方向存在差异。职业研究表明，职业可以根据工作的性质、内容和环境划分为不同的类型，并且对人的能力也有不同的要求。

首先，能力水平与职业类型基本一致。对一种职业或职业类型来说，由于所承担的责任不同，可分为不同职业层次，不同职业层次对人的能力有不同的要求。因此，在根据能力类型确定了职业类型后，还应根据自己所达到或可能达到的能力水平确定相吻合的职业层次。

其次，要充分发挥能力倾向原则。能力倾向指的是一个人的潜能，即其能力的发展前景及未来可能的潜在成就。它包括人的身体条件、智能、性格、兴趣等是否适合某个方面的职业领域。高职生在进行职业生涯规划时，更应该注重的是自己的能力倾向。可以通过能力倾向测评准确地掌握自己的能力倾向，更好地确定自己的职业发展方向，使自己得到充分的发展。

2. 一般能力要与职业相吻合

一般能力即智力能力，包括注意力、观察力、记忆力、思维能力和想象力等。不同的职业对人的一般能力的要求是不同的，有些职业对从业者的智力水平有绝对的要求，如大学教师、科研人员、律师等都要求有较高的智力。智力在很大程度上决定着人们所从事的职业类型。

3. 特殊能力要与职业相吻合

特殊能力又称专业能力，也称特长，是指从事某项专业活动的能力。要顺利完成某项工作，除要具有一般能力外，还要具有该项工作所要求的特殊能力。例如，数学研究需要具有计算能力、逻辑思维能力和空间想象能力；画家需要具备较强的颜色识别能力等。一般认为，计算能力、音乐能力、绘画能力、写作能力、动作协调能力、空间想象能力等都是特殊能力。

三、探索自己的职业能力

根据前程无忧《2017 人力资源白皮书》显示，对于一般员工，企业培训投入情况所占比重分别为：专业岗位技能（65.1%）、执行力（33.8%）、团队合作与建设（30.5%）、职业素养（29.6%）、沟通与技巧（24.5%）。与企业培训的对比，我们可以窥见企业现在对于高职生在职业能力方面的关键需求点。

（一）能力倾向测试

能力倾向测试，又称性向测试，它可以预测一个人将来在某方面的"可能"成就，挖掘职业发展潜能。最常用的测验有如下几种。

（1）差别能力倾向测验（DAT），分别测验文字推理、数字推理、抽象推理、文书速度、准确性、机械推理、空间关系、拼写和语言应用。

（2）一般能力倾向成套测验（GATB，美国），包含对 11 项能力倾向进行评估，分别是一般学习能力、语言能力、数理能力、判断能力、图形知觉能力、符号知觉能力、运动协调能力、手指灵活度、手腕灵巧度、眼手足协调和颜色鉴别能力。

（3）我国公务员录取考试中常用到的行政能力倾向测验（administrative aptitude test，AAT），用来测试公务员工作所具备的一般潜能的一种职业能力测试：数量关系、判断推理、常识判断、语言理解与表达、资料分析五方面的行政能力测试。

（二）经验分析

所谓经验分析是指通过对过去的成就事件进行分析总结，对自己的能力进行排序，以澄清自己的所具备的职业能力的方法，常用的有"我的成就故事清单"等方法。

🌐 经 典 分 享

陈俊杰的成功创业故事

深圳某高职院校市场营销专业 2015 届陈俊杰（化名）在校期间担任过系学生会主席，积极参与校内各类市场营销大赛并屡获殊荣。在参加营销大赛的过程中，需要制作 PPT 进行路演，他积极向身边的同学请教 PPT 的制作方法，上网搜索相关的素材和图片，每次比赛的过程中，他制作的 PPT 非常精美，文字内容翔实得当，逻辑清晰，讲解明确，经常得到校内赛的第一名。他积累了比赛经验之后，在校期间也屡屡为校外的公司进行接单，写营销策划方案，为企业进行推广策划活动，也得到客户的认可和好评。

毕业之后，他认真分析自己的性格方面特点和自身的能力，果断开始创业，成立文化策划公司。公司创办至今，业务规模在逐渐扩大。

【分析】陈俊杰在校期间担任过学生会主席，锻炼了他的组织协调能力与决策能力，并能运用他的学习能力学习 PPT 的制作方法，培养了快速学习、沟通、搜集信息和文字处理的能力，面对学习和生活中新的问题能够迎难而上，有效地解决。正确的自我认知促成了他在职业生涯上面的成功。

课 堂 活 动

本专业所需要的职业能力分析

1. 活动目标

本专业所需要的职业能力分析。

2. 规则与程序

（1）3～5人为一个小组。

（2）讨论：本专业的毕业生可以从事哪些具体职业？如何掌握本职业所需要的各方面的能力？

活动时间30分钟。

（3）将讨论结果填入表3-10。

表3-10　本专业所需要的职业能力分析表

职业	语言能力	逻辑思维能力	管理能力	动手能力	身体协调能力	沟通能力	自省能力
秘书	一般	较强	一般	较弱	一般	较强	较强

模块四　职业生涯规划

模 块 导 读

　　人生好比是一次航行，面对浩瀚无垠的大海，如果我们想拥有精彩的人生之旅，那就需要精心设计航程。没有规划的人生，就好比漫无目的的航行。如果高职生由于缺乏明确、清晰、适当的职业生涯规划，在选择职业时，就会带着很大的主观性和盲目性。制定合理的职业生涯规划，不仅可以帮助在校高职生树立学习目标，积极投入大学的学习生活中，还能促使高职生在职业生涯规划实施的过程中不断调整心态，毕业后可以做到快速地与社会融合。

　　成功的人生需要有正确的规划，合理地规划自己的职业生涯，就是设计自己人生清晰的目标和前进路径，就是做自己事业的工程师，它是每个高职生迈向成功的人生的第一步。本模块主要通过阐述职业生涯及其规划的理论，职业生涯规划的步骤与方法，以及如何进行职业生涯规划的管理，引导和帮助高职生充分认识职业生涯规划的重要性，掌握职业生涯规划的基本方法，并能够科学地设计和有效地维护与管理自己的职业生涯，从而最大限度地实现人生的目标与价值。

单元一　职业生涯目标决策

📍 导入案例

比塞尔的故事

故事从这里说起，说的是西撒哈拉沙漠中的旅游胜地——比塞尔。

比塞尔很久以前是西撒哈拉沙漠中的一个小村庄。这儿的人从来没有一个人走出过大漠，据说不是他们不愿离开这块贫瘠的地方，而是尝试过很多次都没有走出去。英国皇家学院的院士莱文对这种现象感到很奇怪。他来到这个村子向这儿的每一个人询问原因，每个人的回答都一样：从这儿无论向哪个方向走，最后结果总是转回出发的地方……

比塞尔人为什么走不出来呢？莱文非常纳闷，最后他只得雇一个比塞尔人，让他带路，看看到底是为什么？他们带了半个月的水，牵了两头骆驼。

十天过去了，他们走了大约 1 200 千米的路程，第 11 天的早晨，他们果然又回到了比塞尔。这一次莱文终于明白了，比塞尔人之所以走不出大漠，是因为他们根本就不认识北斗星。

在一望无际的沙漠里，一个人如果凭着感觉往前走，他会走出许多大小不一的圆圈，最后的足迹十有八九是一把卷尺的形状。比塞尔村处在浩瀚的沙漠中间，方圆上千公里没有任何参照物，若不认识北斗星又没有指南针，想走出沙漠，确实是不可能的。

与莱文一起合作的人叫阿吉特尔。在莱文离开比塞尔时，他告诉这位年轻人，你只要白天休息，夜晚朝着北面那颗星走，就能走出沙漠。阿吉特尔照着去做，三天之后果然来到了大漠的边缘。阿吉特尔因此成为比塞尔的开拓者，他的铜像被竖在小城的中央。铜像的底座上刻着一行字：新生活是从选定方向开始的。

【分析】目标与方向是事业成功的基本前提，没有目标和方向，事业的成功也就无从谈起。俗话说："志不立，天下无可成之事。"立志向是人生起点，反映着一个人的理想、胸怀、情趣和价值观，影响着一个人奋斗目标及成就的大小。阿吉特尔告诉我们"新生活是从选定方向开始的"。那么你的生活目标选定了吗？你生活中的北斗星在哪里？如果你还没确定，那你就尽快选择吧。

一、职业生涯目标的意义

职业生涯目标是高职生职业生涯规划中的指南针。如果没有它，整个职业生涯将会迷失方向。《现代汉语词典》中将"目标"解释为想要达到的境地或标准。目标也指个人、部门或整个组织所期望的成果。由定义可知，所设定的目标须有现实的"标准"作为参照，来衡量在实际执行过程中达成的程度。

（一）职业生涯目标的概念

职业生涯目标是指个人在选定的职业领域内未来时点上所要达到的具体目标，是人在职业领域理想的具体化。设立生涯目标，是个人职业规划的首要内容。整个生涯规划，就是围绕着一系列的大小目标展开，没有目标就构不成规划，确立目标是制定职业生涯规划的关键。一个人职业上的成败，很大程度上取决于是否确立了适当的职业生涯目标。有了职业生涯目标之后，我们便可以采取切实可行的措施，不断增强自身的职业竞争力和素质，从而在激烈的竞争环境中脱颖而出，抓住成功的机会，最终实现自己的职业理想。

（二）职业生涯目标的分类

1. 按照时间分类

职业生涯目标按照时间不同，可以分为短期职业目标（1～2年）、中期职业目标（3～5年）、长期职业目标（5～10年）、终身职业目标（40年以上）。其分别与职业生涯规划的短期规划、中期规划、长期规划、人生规划相对应，如同拾级而上的台阶，一步步发展。

（1）短期职业目标：每日、每周、每月、每季、每年的目标，是中期职业目标和长期职业目标的具体化、现实化和可操作化，是最清楚的目标，目标表述清晰、明确、精练；对于本人具有现实意义，与自我价值观和中长期目标一致，有可能暂时不能完全满足自己的兴趣要求，但可"以迂为直"；切合实际，并非幻想；有明确的具体完成时间；有明确的努力方向，通过努力能达到适合环境需要的能力，实现起来完全有把握。

（2）中期职业目标：结合自己的志愿、组织的环境及要求制定的，与长期职业目标相一致；基本符合自己的兴趣、价值观，使人充满信心，且愿意公之于众；切合实际，并且未来的发展有所创新，有一定的挑战性；能用明确的语言定量与定性说明；有比较明确的执行时间，根据外部环境变化可做适当的调整；可以发挥自己的能动性，实现的可能性非常大。

（3）长期职业目标：自己认真选择的，和组织、社会的发展需求相结合；符合自己的兴趣、价值观，能为自己的选择感到骄傲；能用明确的语言定性说明；有实现的可能，并有更大的挑战性；与志向相吻合，能够立志通过努力实现理想；与人生目标相融为一，指导自己为创造美好未来坚持不懈。

（4）终身职业目标：整个人生的发展目标，时间为40年左右。

2. 按照性质分类

按照性质分类，可将职业生涯目标分为外职业生涯目标和内职业生涯目标。

外职业生涯是指从事一种职业的工作时间、工作地点、工作单位、工作内容、工作职务与职称、工资待遇、荣誉称号等因素的组合及其变化过程，也就是通过我们的名片、证书、工资单等外在形式可以表现出来的东西。内职业生涯是指从事一种职业时的知识、观念、经验、能力、心理素质、内心感受等内在因素的组合及其变化过程。在职业生涯发展中，高职生应该把关注点放在内职业生涯的发展上。内职业生涯是我们职业生涯之树的根，内职业生涯的发展程度决定了外职业生涯的发展程度。

内职业生涯的发展是外职业生涯发展的前提，内职业生涯的发展可以带动外职业生涯的发展；外职业生涯的发展则能够促进内职业生涯的发展。内职业生涯的发展是以外职业生涯发展来体现和作为成果展示的，内职业生涯的匮乏是以外职业生涯的停滞或失败呈现的。如果内职业生涯跟不上，即使给你一个高职位，你也做不好。

二、确立职业生涯目标的原则和策略

职业生涯目标的缺失和模糊，会导致职业目标选择错误，直接关系到人生事业的成就。据统计，在选择错误职业目标的人当中，有超过 80% 的人在事业上是失败者。作为高职生，要尽快确立自己的职业生涯目标，才能结束"闲、盲、茫"的状态，充实地度过自己的大学生活。

SMART 原则（图 4-1），也称为目标管理原则，它是使管理者的工作由被动变为主动的一个很好的管理手段。

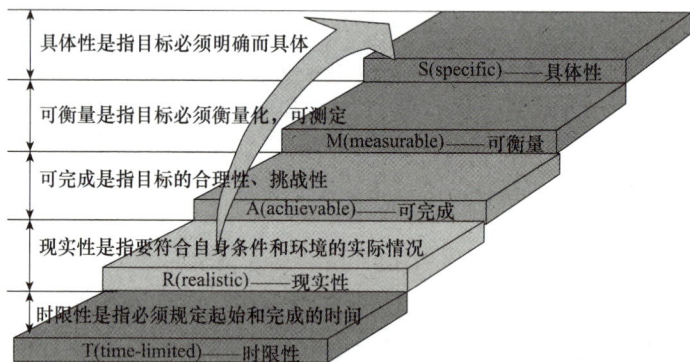

图 4-1　职业生涯规划的 SMART 原则

（1）具体性（specific），这是指目标必须是清晰的、可产生行为导向的。

（2）可衡量（measurable），这是指目标必须用指标量化表达。

（3）可完成（achievable），一是目标应该在能力范围内；二是目标要具有一定的挑战性。所提出的目标必须是经过相当的努力才能实现的目标。

（4）现实性（realistic），即要与现实生活和环境一致，以事实为依据，要根据自身特点、组织发展和社会发展需要来制订目标。

（5）时限性（time-limited），是指应确定完成目标的日期，设立多个较短时间段上的"时间里程碑"，以便对进度进行监控。

三、职业生涯决策

职业生涯决策是个人根据各种条件，经过一系列活动确定目标，以及为实现目标而制定优选的个人行动方案。

（一）职业生涯决策的基本策略

罗曼·罗兰说："人生最可怕的敌人，就是没有明确的目标。"在生涯目标之中，职业目标处于核心地位，职业目标贯穿整个人生的历程。在进行职业生涯目标设定和职业定位时，结合自身的实际，可以将以下五个原则作为确立的基本原则。

（1）择己所爱。你选择的职业应是你热爱的。

（2）择己所长。每个人的性格特点及工作能力都有所差异，应选择自己擅长的工作。

（3）择市所需。社会需求是确定和调整职业生涯目标的重要参考。

（4）择己所适。确定职业生涯目标要寻找最适合自己的。

（5）择己所利。要择己所利，本着利己、利他、利社会的原则，确立自己的目标。

（二）职业生涯决策的主要方法

职业生涯决策是一个人选择职业目标和具体的职业岗位时，对可能的结果做出价值判断的方法。因为这一价值判断涉及个人的人生价值观世界、职业价值观及性格、兴趣、能力等个人因素和职业需求、职业发展等社会职业环境因素，从而每一个人对某一职业方面的价值判断是不同的。对于高职生而言，正处在个体职业生涯的探索阶段，这一阶段对职业的选择及今后职业生涯发展有着十分重要的意义。职业生涯决策有很多种方法，下面简要介绍几种常见方法。

1. SWOT 分析法

SWOT 分析法，是基于内外部竞争环境和竞争条件下的态势分析，通过分析个人技能、能力、职业、喜好和职业机会，从而确定适合个人的职业生涯目标，进而制定出职业生涯规划。

"SWOT"四个英文字母分别代表优势（strength）、劣势（weakness）、机会（opportunity）、威胁（threat）。其中"SW"，主要指内部条件分析；"OT"，主要指外部条件分析。利用 SWOT 分析方法可以从中找出对自己有利的、值得发扬的因素，以及对自己不利的、要避开的因素，发现存在的问题，找出解决的办法，明确以后的目标和发展方向。

（1）"S"："我"的优势及其利用，主要指自己的个性特征、个人成就、实践经验、专业知识等方面的优势，如你曾经做过什么，你学习了什么，最成功的是什么，并说明自己将如何发挥。

（2）"W"："我"的弱势及其弥补，主要指自己身体条件、性格弱点、经验或经历中所欠缺的方面等劣势，并简要说明自己将如何克服。

（3）"O"："我"的机会及其利用，主要指社会大环境（如行业发展、工作环境、工作地点、人际关系等）对自己职业发展的有利方面，并简要说明自己如何把握。

（4）"T"："我"面临的威胁及其排除策略，主要指社会大环境（如行业发展、工作环境、工作地点、人际关系等）对自己职业发展的不利方面，并简要说明自己如何规避。

2. 职业生涯决策平衡单法

进行职业生涯决策时，经常会碰到两个甚至两个以上不同的职业发展方案的选择问题，此时如果能进行直观的量化，可能会使你对自己的职业生涯目标更加清晰。在整个职业生涯决策的实施过程中，一般人最感到困难的是对不同选择方案如何评估的问题。平衡单技术是帮助职业生涯决策的好办法。其实施程序主要有以下几步。

第一步，建立"职业生涯决策平衡单"，列出可能的职业选项。首先要在平衡单中列出有待深入评估的潜在职业选项3～5个，如表4-1所示。

表4-1 职业生涯决策平衡单示例

因素选项	权数1～5倍	方案一		方案二		方案三	
		加分	减分	加分	减分	加分	减分
一、自我物质方面							
1. 收入							
2. 升迁的机会							
3.……							
二、自我精神方面							
1. 成就感							
2. 兴趣的满足							
3.……							
三、他人物质方面							
1. 家庭经济							
2. 家庭地位							
3.……							
四、他人精神方面							
1. 父母							
2. 配偶							
3.……							
总分							

第二步，判断各个职业选项的利弊得失。平衡单中提供使用者思考的重要得失，集中于四个方面，分别为：自我物质方面的得失、他人物质方面的得失、自我精神方面的得失、他人精神方面的得失。平衡单中的得失层面的考虑因素如下所述。

（1）自我物质方面的得失（utilitarian gains and losses for self）。

A. 经济收入；

B．工作的困难度；

C．工作的兴趣程度；

D．选择工作任务的自由度；

E．升迁机会；

F．工作的稳定、安全；

G．从事个人兴趣的时间（休闲时间）；

H．其他（如社会生活的限制或机会、对婚姻状况的要求、工作上接触的人群类型等）。

（2）他人物质方面的得失（utilitarian gains and losses for others）。

A．家庭经济收入；

B．家庭社会地位；

C．与家人相处的时间；

D．家庭的环境类型；

E．可协助组织或团体（如福利、政治、宗教等）；

F．其他（如家庭可享有的福利）。

（3）自我精神方面的得失（self-approval or disapproval）。

A．因贡献社会而获得自我肯定感；

B．工作任务合乎伦理道德的程度；

C．工作涉及自我妥协的程度；

D．工作的创意发挥和原创性；

E．工作能提供符合个人道德标准的生活方式的程度；

F．达成长远生活目标的机会；

G．其他（如乐在工作的可能性）。

（4）他人精神方面的得失（approval or disapproval from others）。

A．父母；

B．朋友；

C．配偶；

D．同事；

E．社区邻里；

F．其他（如社会、政治或宗教团体）。

第三步，各项考虑因素的权重。使用者在各个方面的利弊得失之间，会因身处不同情境而有不同的考量。因此，在详细列出各项考虑层面之后，须再进行加权计分。

第四步，计算出各个职业选项的得分。把各因素的权重和利弊得失分数相乘后再累加，计算各个生涯选项的总分。

第五步，排定各个职业选项的优先顺序。依据各职业选项在总分的高低，排定优先次序。这样，职业选项的优先次序就可作为咨询者职业生涯决策的依据。

对每个考虑因素按照自己的情况设置权重，从＋5到－5，中间有一个0，最重要的加5，最不重要的减5，0可有可无。

案例4.1

小芳的职业生涯决策平衡单

　　小芳，女，河南某大学教育技术学院三年级的学生，性格外向，开朗活泼，喜欢与人交往，口头表达能力很强，是学院学生会干部，组织能力强。还有一年就要毕业了，她考虑自己的职业有三个发展方向：中学信息技术教师、市场销售总监、考取计算机专业硕士研究生。以下是她的具体想法。

　　（1）中学信息技术教师。小芳认为这个职业是她的本专业，存在着最大的专业优势，工作也比较稳定，但目前社会需求量并不大。

　　（2）市场销售总监。小芳希望用10年的时间能实现这个目标，认为这个职业符合自己的性格、兴趣的需要，同时她也有利用暑期和课余时间兼职做销售的经历，她认为可以利用自己的专业来帮助自己更好地辅助销售工作。

　　（3）考取计算机专业硕士研究生。小芳的父母都是高校的教师，他们希望小芳能够再继续深造，以后到大学任计算机专业教师。可小芳认为虽然高校教师工作稳定，收入也高，但她不喜欢计算机专业的教学工作，且考研也有一定的困难。

　　下面是小芳利用生涯决策平衡单做出的职业决策的结果，如表4-2所示（小芳用的是十分制）。

表4-2　小芳的职业生涯决策平衡单表

考虑因素		重要性的权数（1~5倍）	生涯选择一（中学教师）		生涯选择二（销售总监）		生涯选择二（考研）	
			+	−	+	−	+	−
自我物质方面的得失加权分数	1. 符合自己的理想生活方式	5		3	9			5
	2. 适合自己的处境	4	8		9		7	
	3. 有较高的社会地位	3	5			3	9	
	4. 工作比较稳定	5	9			9	9	
	其他							
他人物质方面的得失加权分数	1. 优厚的经济报酬	4	5		8		9	
	2. 足够的社会资源	5	8		7		9	
	其他							
自我精神方面的得失加权分数	1. 适合自己的能力	4	8		9		7	
	2. 适合自己的兴趣	5	5		9			8
	3. 适合自己的价值观	5	6		8		5	
	4. 适合自己的个性	4	7		9		6	
	5. 未来发展空间	5		3	8		9	
	6. 就业机会	4		3	8		9	
	其他							

续表

考虑因素		重要性的权数（1～5倍）	生涯选择一（中学教师）		生涯选择二（销售总监）		生涯选择三（考研）	
			＋	－	＋	－	＋	－
他人精神方面的得失加权分数	1. 符合家人的期望	2	6		5		9	
	2. 与家人相处的时间	3	7		4		9	
	其他							
加权后合计			312	30	399	54	384	65
加权后得失差数			282		345		319	

【分析】小芳通过生涯决策平衡单的决策之后，她的决策方案的得分分别是：市场销售总监＞考研（高校计算机专业硕士研究生）＞中学信息技术教师，综合平衡之后，市场销售总监较为符合小芳的职业生涯目标。在进行职业选择时，小芳最为看重的职业因素是：是否符合自己的兴趣、职业价值观，职业是否有发展空间，是否是自己的理想生活的需要等几个方面。

经 典 分 享

三个罪犯的诉求

有三个人要被关进监狱三年，监狱长满足他们三个人一人一个要求。美国人爱抽雪茄，要了三箱雪茄。法国人最浪漫，要一个美丽的女子相伴。而犹太人说，他要一部与外界沟通的电话。三年过后，第一个冲出来的是美国人，嘴里鼻孔里塞满了雪茄，大喊道："给我火，给我火！"原来他忘了要火了。接着出来的是法国人。只见他手里抱着一个小孩子，美丽女子手里牵着一个小孩子，肚子里还怀着第三个。最后出来的是犹太人，他紧紧握着监狱长的手说："这三年来我每天与外界联系，我的生意不仅没有停顿，反而增长了200%，为了表示感谢，我送你一辆劳斯莱斯！"

【分析】所有的道路，不是别人给的，而是你自己选择的结果。你有什么样的选择，也就有了什么样的人生。你有什么样的职业选择，你就拥有什么样的职业生涯。你的现状是你几年前选择的结果，你今天的选择决定你几年后的职业状况。

课 堂 活 动

给"我"画像

1. 活动目标

充分认识自己。

2. 规则与程序

（1）对自己的性格进行分析。

（2）填写SWOT分析示例表格（表4-3）。

活动时间 30 分钟。

表 4-3　SWOT 分析示例表格

	机会	威胁
外部因素	（1） （2） （3） ⋮ 利用优势和机会的组合	（1） （2） （3） ⋮ 消除劣势和危机的组合
	优势	劣势
内部因素	（1） （2） （3） ⋮ 改进劣势和机会的组合	（1） （2） （3） ⋮ 监视优势和危机的组合
分析之后的整体结论		

3. 讨论

从外部因素和内部因素分析性格特征。

单元二　职业生涯规划思路与实施

能力目标

（1）掌握职业生涯规划设计的基本步骤。

（2）能够进行职业生涯路线选择与决策。

（3）职业生涯规划的制定及实施。

职业生涯规划思路与实施

导入案例

十年后的我会怎样

女孩 18 岁之前，是个不知道自己想要什么的人，每天就在艺校里跟着同学唱唱歌，跳跳舞，偶尔有导演来找她拍戏，她就会很兴奋地去参与，无论角色多么小。直到 1993 年的一天，教她专业课的赵老师突然找她谈话："你能告诉我，你未来的打算吗？"女孩一下子愣住了。她不明白老师怎么突然问她如此严肃的问题，更不知该怎样回答。

老师又接着问她："现在的生活你满意吗？"她摇摇头。老师笑了："不满意的话证明你还有救。你现在想想，十年以后你会怎样？"

　　老师的话很轻，但是落在她心里却变得很沉重。她脑海里顿时开始风起云涌。沉默许久之后，她说："我希望十年以后自己能成为最好的女演员，同时可以发行一张属于自己的音乐专辑。"

　　老师问她："你确定了吗？"她慢慢回答："是。"而且拉了很久的音。"好，既然你确定了，我们就把这个目标倒着算回来。十年以后你28岁，那时你是一个红透半边天的大明星，同时出了一张专辑。""那么你27岁的时候，除了接拍各种名导演的戏以外，一定还要有一个完整的音乐作品，可以拿给很多很多的唱片公司听，对不对？""25岁的时候，在演艺事业上你要不断进行学习和思考。另外，你还要有很棒的音乐作品开始录制了。""23岁必须接受各种各样的培训和训练，包括音乐上和肢体上的。""20岁的时候开始作曲作词，并在演戏方面要接拍大一点的角色……"

　　老师的话说得很轻松，但是她却感到一种恐惧。这样推下来，她应该马上着手为自己的理想做准备了。可是她现在什么都不会，什么都没想过，仍然为小丫鬟、小舞女之类的角色沾沾自喜。她觉得一种强大的压力忽然向自己袭来。老师平静地笑着说："要知道，你是一棵好苗子，但是你对人生缺少规划。如果你确定了目标，希望你从现在就开始做。"

　　想想十年后的自己——当她意识到这是一个问题的时候，她发现自己整个人都觉醒了。从那时起，她就始终记得十年后自己要做最成功的明星。所以，毕业后，她开始很认真地筛选角色。渐渐地，她被大家接受了，她慢慢地尝到了成功的欢乐。

　　2003年4月，恰好是老师和女孩谈话的十周年，她不知道是偶然还是必然，她居然拥有了属于自己的第一张专辑。

　　从1991年到2008年初的17年，她已拍摄各类题材的影视剧37部，获得了多个"影、视、歌"奖项，她的歌曲也深受广大歌迷的喜爱。毫无疑问，所有这些成就的取得，正是她牢记老师的话，孜孜以求、奋斗不止的结果。

　　【分析】人生能有几个十年？只有及时地问自己："十年后我会怎样？"及早规划，及早行动，并且矢志不移，百折不挠，你就会拥有多彩的人生。是的，时刻想着十年以后的自己，想想十年以后会怎样，你就会离自己的理想和目标越来越近。

一、对职业生涯发展理论的认识

（一）金斯伯格职业生涯发展理论

　　美国著名职业指导专家金斯伯格（Eli Ginzberg）的研究重点是从童年到青少年阶段的职业心理发展过程，他将职业生涯的发展分为幻想期、尝试期和现实期三个阶段，如表4-4所示。

表4-4　金斯伯格的职业生涯发展阶段理论

阶段	主要内容
幻想期（11岁前儿童时期）	以少年儿童想象"早日长大成人，成人后干某种工作"的空想或幻想为特征。对外面的世界充满好奇和幻想，在游戏中扮演自己喜爱的角色。此时的职业需求特点是，单纯由自己的兴趣爱好决定，并不考虑自己的条件、能力和水平，也不考虑社会需求和机遇

续表

阶段		主要内容
尝试期（11~17岁）	兴趣阶段（11~12岁）	开始注意并培养其对某些职业的兴趣，独立的意识增强
	能力阶段（13~14岁）	开始以个人的能力为核心，衡量并测验自己的能力，将其表现在各种相关的职业活动上
	价值观阶段（15~16岁）	逐渐了解自己的职业价值观，注意职业的社会地位，并能兼顾个人与社会的需要，以职业的价值性选择职业
	综合阶段（17岁左右）	将上述三个阶段进行综合考虑，并综合相关的职业选择资料，以此来正确了解和判定未来的职业生涯发展方向
现实期（17岁以后）正式职业选择决策阶段	试探阶段	根据尝试期的结果，进行各种试探活动，试探各种职业机会和可能的选择
	具体化阶段	根据试探阶段的经历做进一步的选择，对一种职业目标有所专注，并努力推进这一选择，进入具体化阶段
	特定化阶段	依据自我选择的目标，做具体的就业准备。青年人为了特定的职业目的，进入更高一级学校或接受专业训练。已有工作但不满意，想重新进修，再找工作，也属于这个阶段。能够客观地把自己的职业愿望或要求，同自己的主观条件、能力，以及社会需求密切联系和协调起来，已有具体的、现实的职业目标

（二）舒伯的职业生涯发展理论

美国职业规划大师康纳德·E.舒伯认为可依据年龄将每个人生阶段与职业发展配合，且每个阶段各有其发展任务，如图4-2所示。该理论关于各阶段的具体内容如下所述。

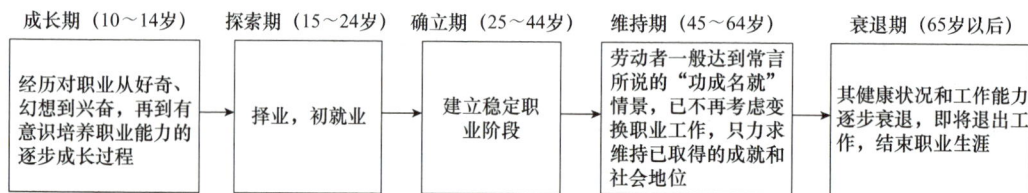

成长期（10~14岁）	探索期（15~24岁）	确立期（25~44岁）	维持期（45~64岁）	衰退期（65岁以后）
经历对职业从好奇、幻想到兴奋，再到有意识培养职业能力的逐步成长过程	择业，初就业	建立稳定职业阶段	劳动者一般达到常言所说的"功成名就"情景，已不再考虑变换职业工作，只力求维持已取得的成就和社会地位	其健康状况和工作能力逐步衰退，即将退出工作，结束职业生涯

图4-2　舒伯职业生涯的五个阶段

1. 成长阶段

成长阶段是指从出生到14岁左右这一阶段，此时个体经由对家庭、学校中重要任务的认同，发展出自我的概念。此阶段的一个重点是身心的成长。个体通过经验可以了解周围的环境，尤其是工作环境，并以此作为试探选择的依据。成长阶段属于认知阶段，它又分为幻想期、兴趣期、能力期三个阶段。

2. 探索阶段

探索阶段是指年龄为15~24岁这一阶段，主要涉及学校和工作前期。探索阶段又分为试验期、转变期、尝试期三个阶段。此阶段个体在学校生活与学习，通过学校的考试、课外活动、社会实践、业余工作等活动研究自我，对自己的能力、兴趣和性格有所认识，形成自我概念和职业概念，并进行职业上的探索。

3. 确立阶段

确立阶段是指年龄在25～44岁这一阶段，确立阶段又称建立阶段，属于选择、安置、立业阶段，它又分为稳定期、发展期、职业中期危机期三个阶段。此阶段个体经由早期的幻想、试探之后，职业生涯在此时成型，呈现一种安定于某种职业的趋向。个人在职业生涯中主要关心的是在工作中成长、发展或晋升，成就感和晋升感强烈，而成就、发展或晋升对他们的激励力也最大。

经过早期的试探与尝试后，发现真正适合于自己的领域，并努力试图使其成为自己的永久职业。这一阶段是大多数人职业生涯周期中的核心部分。以上三个阶段的子阶段如表4-5所示。

表 4-5　职业生涯五阶段理论中的前三个阶段的子阶段

主阶段名称	子阶段名称		
成长阶段	幻想期（10岁之前），在幻想中扮演自己喜欢的角色	兴趣期（11～12岁），以兴趣为中心，理解、评价职业，开始做职业选择	能力期（13～14岁），更多地考虑自己的能力和工作需要
探索阶段	试验期（15～17岁），个人在空想、议论和学业中开始全面考虑意愿、兴趣、能力、价值观和社会就业机会等，开始对未来职业进行尝试性和暂时性的选择	转变期（18～21岁），个人接受专门教育训练和进入劳动力市场、开始正式选择的时期，由一般性的职业选择转变为特定目标的选择。这时个人着重考虑现实，在现实和环境中寻求"自我"的实现	尝试期（22～24岁），选定工作领域，开始从事某种职业，对职业发展目标的可行性进行实验。这个时期进入似乎适合自己的职业，并想把它当作终身职业
确立阶段（维持阶段）	稳定期（25～30岁），对最初就业选定的职业和目标进行检讨，如有问题则需要重新选择、变换职业工作。重点是寻求职业及生活上的稳定	发展期（31～44岁），确定稳定的职业目标，并致力于实现这些目标，是富有创造性的时期	职业中期危机期（45岁至退休前），职业中期可能会发现自己偏离的职业目标靠近或发现了新的目标，因而需要重新评价自己的需求和目标，这时就处于一个转折期

4. 维持阶段

维持阶段属于专、精、升迁阶段，年龄为45～64岁。此阶段个体心态趋于保守，重点是维持家庭和工作间的和谐关系，传承工作经验，寻求接替人选。大部分人是享受努力后成功的喜悦及成果，极少数人要面对失败和不如意的困境，冒险探索新领域，寻求新的发展。

5. 衰退阶段

衰退阶段是指年龄为65岁以上，属于退休阶段。个体在此阶段想发展工作之外的新的角色，维持生命的活力，以减少身心上的衰退。人的精力、体力逐步衰退，即将退出工作，结束职业生涯。要学会接受权力和责任的减少，学习接受一种新的角色，适应退休后的生活，以减缓身心的衰退，维持生命力。

1980 年，舒伯在原有的职业生涯发展阶段理论之外，加入了角色理论，提出了"生活广度——生活空间的职业生涯发展观"，并根据职业生涯发展阶段与角色彼此间交互影响的状况，描绘出一个多重角色生涯发展的综合图形，即一生生涯的彩虹图（life-career rainbow），如图 4-3 所示。

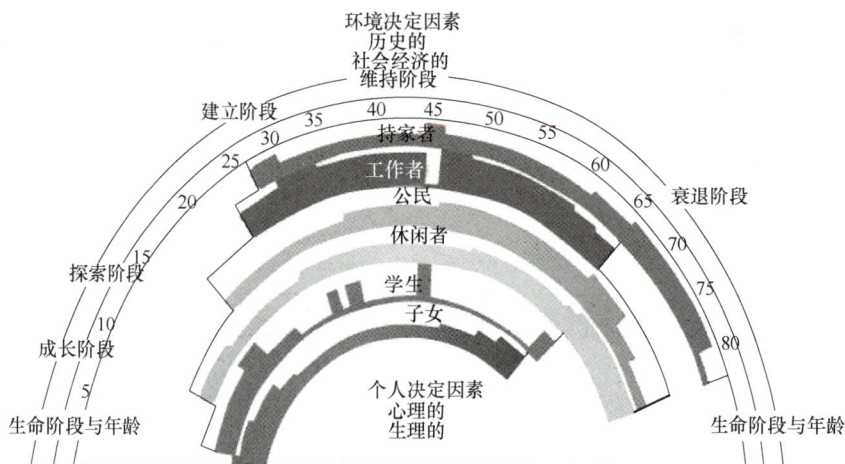

图 4-3　生涯的彩虹图

在彩虹图中，既有代表横跨一生的生活广度的横向层面，显示人生主要的发展阶段和大致估算的年龄，也有代表纵贯上下的生活空间的纵向层面，由一组职位和角色（子女、学生、休闲者、工作者、持家者等）所组成。角色之间是交互影响的，某一角色的成功可能带动其他角色的成功，反之，某一角色的失败，也可能导致另一角色的失败。这除了受年龄增长和社会对个人发展任务期待的影响外，往往跟个人在各个角色上所花的时间和感情投入的程度有关，因此，除横向层面和纵向层面之外，存在一个深层层面。

（三）施恩的职业生涯周期理论

美国著名的心理学家爱德华·施恩认为：一个人一生要面临各种各样的问题，归纳起来有三个方面：一是成长、学习中遇到的问题；二是家庭婚姻中遇到的矛盾和难题；三是工作过程中的苦恼和困难。对此，施恩教授把人的一生归纳为下面三种周期相互交叉作用的结果：生物﹣社会生命周期、婚姻﹣家庭生活周期、工作﹣职业生涯周期。这其中每个周期存在重叠或矛盾冲突，如图 4-4 所示。

1. 生物﹣社会生命周期

这个周期主要与年龄有关，因个人因素及家庭背景而异，同时受到政策法律和社会因素影响。

（1）少年～29 岁：热情奔放、充满理想、精力充沛、成家立业。

（2）30～39 岁左右：富有责任感，不断重新调整人生目标，这期间挑战与机会最大。

（3）40～49 岁左右：大部分人面临不同的"中年危机"，为家庭承担更大的责任。

（4）50～60 岁左右：身体逐渐衰退，待人更加成熟，为退休和健康变数做准备。

（5）60岁后：面临退休和由此带来的不适，为亲友或配偶过世等问题伤神烦恼。

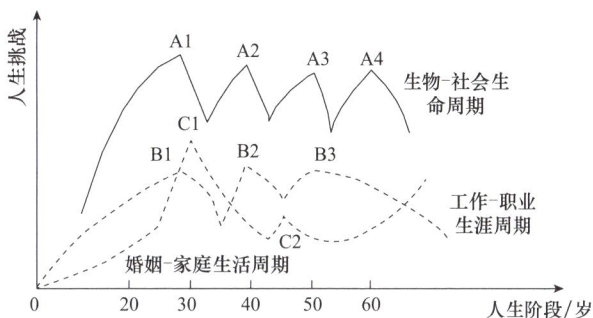

A1. 青春期危机，A2. 青年期危机，A3. 中年期危机，A4. 老年期危机；B1. 进入职业组织，
B2. 获取重要职位，B3. 面临退休压力；C1. 结婚生子，C2. 子女抚育。

图 4-4 施恩的人生周期图

2. 婚姻 - 家庭生活周期

该理论认为，人一般大致都要经历婴幼儿期、少儿期、青春期、成年、成家、生儿育女照料父母、成为祖父母等人生阶段。婴幼儿期、少儿期的家庭影响，青春期的叛逆，成家后处理家庭关系及教育子女，长期承担照顾子女和父母的责任和义务，这些都对职业选择和职业生涯产生不可忽视的影响。

3. 工作 - 职业生涯周期

个人的职业选择和职业生涯路径大不相同，一般都要经过成长探索、职业确立、维持下降三个阶段，而且都是在一定的"生物 - 社会"生命周期和"婚姻 - 家庭"生活周期的背景下形成的。

（1）成长探索阶段：从一个人出生到 24 岁。

（2）职业确立阶段：为 25～44 岁。

（3）维持下降阶段：为 45～65 岁。

（四）职业锚理论

职业锚这一概念由施恩提出，实际就是人们选择和发展自己的职业时所围绕的中心，是指当一个人不得不做出选择的时候，无论如何都不会放弃的职业中那种至关重要的东西，也就是我们通常所说的职业价值观。

1. 职业锚的内涵

职业锚是在个人工作过程中遵循着个人的需要、动机和价值观，经过不断搜索所确定的长期职业定位。职业锚理论主要包括以下三个方面内容。

（1）自省的动机和需要，以实际情况中的实际工作经验来自我检测和自我诊断及他人的反馈为基础，来认知自我。

（2）自省的才干和能力，以在组织的各种作业环境中的实验工作经验和成功为基础，来认知自我的能力。

（3）自省的态度和价值观，以自我与雇佣组织和工作环境的准则和价值观之间的实际碰撞为基础，逐步重视自己所擅长的东西，并在这些方面改善自己的能力。

2. 职业锚的类型

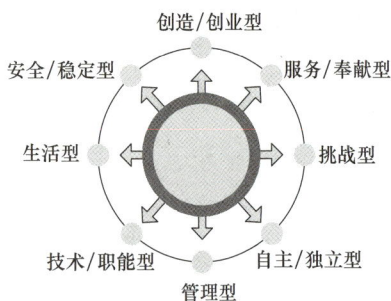

图 4-5　职业锚的类型

经过几十年的发展，职业锚已经成为职业发展、职业设计的必选工具，许多大公司均将职业锚作为员工职业发展、职业生涯规划的主要参考点。施恩根据自己对麻省理工学院毕业生的研究，确定了八种基本的职业锚类型，即技术/职能型、管理型、自主/独立型、挑战型、服务/奉献型、创造/创业型、安全/稳定型、生活型，如图 4-5 所示。

（1）技术/职能型（technical or functional competence）。技术/职能型的人，追求在技术或职能领域的成长和技能的不断提高，以及应用这种技术或职能的机会。他们喜欢面对来自专业领域的挑战，通常不喜欢从事一般的管理工作，因为这将意味着他们放弃在技术或职能领域的成就，他们对自己的认可来自他们的专业水平。

（2）管理型（general managerial competence）。管理型的人追求并致力于工作晋升，倾心于全面管理，独自负责一个部分，可以跨部门整合其他人的努力成果，他们想去承担整个部分的责任，并将公司的成功与否看成自己的工作。

（3）自主/独立型（autonomy & independence）。自主/独立型的人希望随心所欲安排自己的工作方式、工作习惯和生活方式，追求能施展个人能力的工作环境，最大限度地摆脱组织的限制和约束，宁愿放弃提升或工作扩展的机会，也不愿意放弃自由与独立。

（4）挑战型（pure challenge）。挑战型的人喜欢解决看上去无法解决的问题，战胜强硬的对手，克服无法克服的困难障碍等。对他们而言，参加工作或职业的原因是工作允许他们去战胜各种不可能。新奇、变化和战胜困难是他们的终极目标。

（5）服务/奉献型（service & dedication to a cause）。服务/奉献型的人是指那些一直追求他们认可的核心价值，如帮助他人，改善人们的安全状况，生产新的产品消除疾病。他们一直追寻这种机会，这意味着即使变换公司，他们也不会接受不允许他们实现这种价值的工作变换或工作提升。

（6）创造/创业型（entrepreneurial creativity）。创造/创业型的人愿意去冒风险，克服面临的障碍，希望使用自己能力去创建属于自己的公司或创建完全属于自己的产品（或服务）。他们想向世界证明公司是他们靠自己的努力创建的。他们可能正在别人的公司工作，但同时他们在学习并评估将来的机会，一旦他们感觉时机成熟，便会走出去创建自己的事业。

（7）安全/稳定型（security & stability）。安全/稳定型的人追求工作中的安全与稳定感。他们因可以预测到稳定的未来而感到放松，关心财务安全，如退休金和退休计划，稳定感包括忠诚和完成上级交办的工作，尽管有时他们可以获得一个高的职位，但并不关心具体的职位和具体的工作内容。

（8）生活型（lifestyle）。生活型的人喜欢允许他们去平衡个人、家庭和职业需要的环境。他们希望将生活的各个主要方面整合为一个整体。他们需要一个能够提供足够的弹性让他们实现这一目标的职业环境，甚至为此可以牺牲他们职业的一些方面，如提升带来的职业转换。他们将成功定义得比职业成功更广泛，他们认为自己在如何去生活，在哪里居住，如何处理家庭与事业的关系，以及在组织中的发展道路上是与众不同的。

3. 职业锚的作用

职业锚在个人的职业生涯与工作生命周期及个人与组织的事业发展过程中，都发挥着重要的作用：一是有助于选择职业生涯发展道路；二是有助于确定职业生涯目标，发展职业角色形象；三是有助于提高个人的工作技能，提高职业竞争力。

职业锚问卷是国外职业测评运用最广泛、最有效的工具之一。表4-6给出了40个问题，根据自己的实际情况，从1～6中选择最符合自己的情况的描述。提醒：选择极端的答案时，请确定它完全符合自己的实际情况。计分方法：40题中挑出三个得分最高的项目（如果得分相同，挑出最感兴趣、最符合日常想法的三项），在每个项目得分的后面，再加4分（例如，第40题，得了6分，则该题应当加4分，变为10分）。

表 4-6　职业锚问卷

题号	测评问题	从不	偶尔	有时	经常	频繁	总是
		1	2	3	4	5	6
1	我希望做我擅长的工作，这样我作为行家的建议可以不断被采纳						
2	当我整合并管理其他人的工作时，我非常有成就感						
3	我希望我的工作能让我用自己的方式，按自己的计划去开展						
4	对我而言，安定与稳定比自由和自主更重要						
5	我一直在寻找可以让我创立自己事业（公司）的创意（点子）						
6	我认为只有对社会做出真正贡献的职业才算是成功的职业						
7	在工作中，我希望去解决那些有挑战性的问题，并且胜出						
8	我宁愿离开公司，也不愿从事需要个人和家庭做出一定牺牲的工作						
9	将我的技术和专业水平发展到一个更具有竞争力的层次是成功职业的必要条件						
10	我希望能够管理一个大公司（组织），我的决策将会影响许多人						
11	如果职业允许自由地决定自己的工作内容、计划、过程，我会非常满意						
12	如果工作结果使我丧失了自己在组织中的安全稳定感，我宁愿离开这个工作岗位						
13	对我而言，创办自己的公司比在其他的公司中争取一个高的管理职位更有意义						

续表

题号	测评问题	从不	偶尔	有时	经常	频繁	总是
		1	2	3	4	5	6
14	我的职业满足来自我可以用自己的才能去为他人提供服务						
15	我认为职业的成就感来自克服自己面临的非常有挑战性的困难						
16	我希望我的职业能够兼顾个人、家庭和工作的需要						
17	对我而言，在我喜欢的专业领域内做资深专家比当总经理更具有吸引力						
18	只有在我成为公司的总经理后，我才认为我的职业人生是成功的						
19	成功的职业应该允许我有完全的自主与自由						
20	我愿意在能给我安全感、稳定感的公司中工作						
21	当通过自己的努力或想法完成工作时，我的工作成就感最强						
22	利用自己的才能使世界变得更适合生活或居住，比争取一个高的管理职位更重要						
23	当我解决了看似不可解决的问题或在必输无疑的竞赛中胜出时，我会非常有成就感						
24	我认为只有很好地平衡了个人、家庭、职业三者的关系，生活才算是成功的						
25	我宁愿离开公司，也不愿频繁接受那些不属于我专业领域的工作						
26	对我而言，做一个全面管理者比在我喜欢的专业领域内做资深专家更有吸引力						
27	对我而言，用我自己的方式不受约束地完成工作，比安全、稳定更加重要						
28	只有当我的收入和工作有保障时，我才会对工作感到满意						
29	如果我能成功地创造或实现完全属于自己的产品或点子，我会感到非常成功						
30	我希望从事对人类和社会真正有贡献的工作						
31	我希望工作中有很多机会，可以不断挑战我解决问题的能力（或竞争力）						
32	能很好地平衡个人生活与工作，比争取一个管理职位更重要						
33	如果在工作中能经常用到我特别的技巧和才能，我会感到特别满意						
34	我宁愿离开公司，也不愿意接受让我离开全面管理的工作						
35	我宁愿离开公司，也不愿意接受约束我自由和自主控制权的工作						
36	我希望有一份让我有安全感和稳定感的工作						
37	我梦想着创造属于自己的事业						
38	如果工作限制了我为他人提供帮助和服务的自由，我宁愿离开公司						

续表

题号	测评问题	从不	偶尔	有时	经常	频繁	总是
		1	2	3	4	5	6
39	去解决那些几乎无法解决的难题，比获得一个高的管理职位更有意义						
40	我一直在寻找一份能够最大程度地减少个人和家庭之间冲突的工作						

　　将每一题的得分（其中三项应多加 4 分）填入空白表格（表 4-7）中，然后按照"列"进行分数累加，得到每一列的总分。

表 4-7　评分表

类型	技术/职能型	管理型	自主/独立型	服务/奉献型	创造/创业型	安全/稳定型	挑战型	生活型
加分项	1	2	3	4	5	6	7	8
	9	10	11	12	13	14	15	16
	17	18	19	20	21	22	23	24
	25	26	27	28	29	30	31	32
	33	34	35	36	37	38	39	40
总分								

案例 4.2

我国学者的传统职业生涯理论

　　我国学者金树人教授提出，人生无常，如梦幻泡影，生涯咨询与辅导所专注的部分，不是陷于"无常"的泥沼，而是要从"无常"之中，洞见"常"。举例来说，当我们用"无常"来形容世事、形容未来的时候，我们所要形容的状态就是一种"常"。又如，变化是无常，应变之道则是常。许多人只见前者，未见后者。因此，生涯之学，即应变之学。

　　金树人教授以教师为例，提出本土化的生涯发展阶段理念，他用五个形似的字来归纳：

　　（1）工：实习教师，像工人一样，学习基本功夫。这个阶段的教师在思考自己的生命意义。

　　（2）士：初任教师，领头羊。像士兵一样冲锋陷阵，开始为自己的生涯"出征"。

　　（3）王：中坚教师，孩子王。此时的教师开始关注自己生命的各个部分，会让自己的生涯彩虹丰满，成为自己的人生设计师。当然，在这一阶段，不同的人在不同的细分时期会有不同角色的凸显。

　　（4）主：专业化的教师，当家做主。这个阶段的教师会有真正意义上的分化，他们的职业锚会逐渐凸显。

　　（5）玉：资深教师，如玉内敛。新中年主张：繁华的四十，闪耀的五十，和谐的六十，贤达的七十，百无禁忌的八十，尊贵的九十，欢庆百岁。

金树人教授所阐述的传统生涯理念与需要层次论对应模型，如图 4-6 所示。

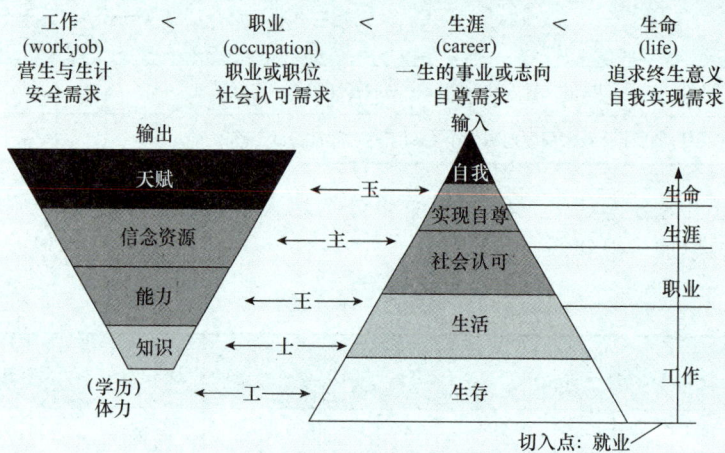

图 4-6　传统生涯理念与需要层次论对应模型

【分析】在职业生涯理论领域，我国学者提出的理论具有广泛影响力的还不多，金树人教授所阐述的传统生涯理念与需要层次论对应模型值得参考。

二、职业生涯规划的基本思路

个人职业生涯规划的内容尽管因人而异，但在制定个人职业生涯规划时所要考虑的要素却是基本相同的，一般包括：第一，个人基本情况。主要有个人的兴趣爱好、性格、特长、能力和价值观，个人目标与需求，个人生理与健康状况，教育水平、工作经验和社会阶层，性别、年龄及智商与情商等因素。第二，个人能力和需求。对个人能力、兴趣、潜力、职业生涯需要及追求目标的评估，主要包括对个人优势与劣势的分析，个人职业发展目标的设定及设定理由，达到目的的途径与所需要的教育培训措施，达到目标可能遇到的阻力和助力等分析。第三，个人外部环境分析。主要包括对社会、企业和组织的需求、家庭的期望、信息和技术的发展、经济的兴衰、政策法规的影响及个人与组织在职业选择、规划和机会方面的沟通情况等。

（一）自我评估

自我评估指的是个体通过各种信息来确定自己的兴趣、个性、能力、价值观和行为取向的一个认识自我和了解自我的过程，其目的在于通过对自己进行全面分析而为自己做准确的定位。

自我评估是进行职业生涯规划的第一步，也是职业生涯规划中的一个重要环节，充分地认识自我是成功地进行职业生涯规划的前提和基础。自我评估的内容主要包括四个方面：①生理自我，自己的相貌、身材和穿着打扮等。②心理自我，自己的个性、兴趣、能力、价值观等。③理性自我，自己的思维方式、道德水准、情商等。④社会自我，自己在社会中所扮演的角色，自己在社会中的责任、权利、义务和名誉，他人对自己的看法及自己对他人的看法等。

在这四个方面中，涉及的因素很多，其中要重点分析的是自己的价值观、兴趣和个性心理特征，而个性心理特征又包括性格、能力和气质。通过自我评估，确立志向。确立志向，这是制定职业生涯规划的关键，也是你的职业生涯中最重要的一点。

（二）外部环境分析

1. 职业生涯机会的评估

职业生涯机会的评估，主要是评估各种环境因素对自己职业生涯发展的影响，每一个人都处在一定的环境之中，离开了这个环境，便无法生存与成长。所以，在制定个人的职业生涯规划时，要分析环境条件的特点、环境的发展变化情况、自己与环境的关系、自己在这个环境中的地位、环境对自己提出的要求及环境对自己有利的条件与不利的条件等。只有对这些环境因素充分了解，才能做到在复杂的环境中避害趋利，使自己的职业生涯规划具有实际意义。

行业环境分析是指对目前所从事的行业和将来想从事的行业的环境分析。其内容主要包括行业的发展状况、国内外环境对行业发展的影响、行业存在的优势和劣势及未来的发展趋势等。分析行业的时候，一定要结合大环境的发展趋势而进行，要尽量选择有前景、有发展前途的行业。

企业环境分析包括企业在本行业中的地位、现状和发展前景，具体包含以下几个方面的内容：①企业的发展战略；②企业实力；③企业领导人；④企业的人力资源状况；⑤企业文化和企业制度。

2. 职业的选择

职业选择正确与否，直接关系到人生事业的成功与失败。据统计，在选错职业的人当中，有80%的人在事业上是失败者。由此可见，职业选择对人生事业发展是何等重要。如何才能选择正确的职业呢？至少应考虑性格与职业的匹配，兴趣与职业的匹配，内外环境与职业相适应。

（三）目标确立

1. 职业生涯路线的选择

职业生涯路线是指一个人选定职业后从什么方向实现自己的职业目标。职业生涯路线的选择取决于以下三个要素：

（1）我想往哪条路线发展，是通过对自己兴趣、价值观、理想、成就动机等因素的分析，确定自己的目标取向。

（2）我能往哪条路线发展，是通过对自己的性格、特长、智商、技能、情商、学识和经历等因素的分析，确定自己的能力取向。这是一个人的特质问题，即自己能向哪一条路线发展。

（3）我可以往哪条路线发展，是通过对当前及未来的组织环境和社会环境等宏观、微观因素的分析，确定自己的机会取向。

以上三个要素是相互联系，缺一不可的。因此，在确定自己的职业生涯路线时，必须综合分析和考虑这三个要素。

路线选择的重点是在对影响职业生涯选择的要素进行分析的基础上，确定自己的职业生涯路线。需要指出的是，职业生涯路线可能会出现交叉和转换，个人可以根据自身情况来决定。其中，典型的职业发展路径选择如图 4-7 所示。

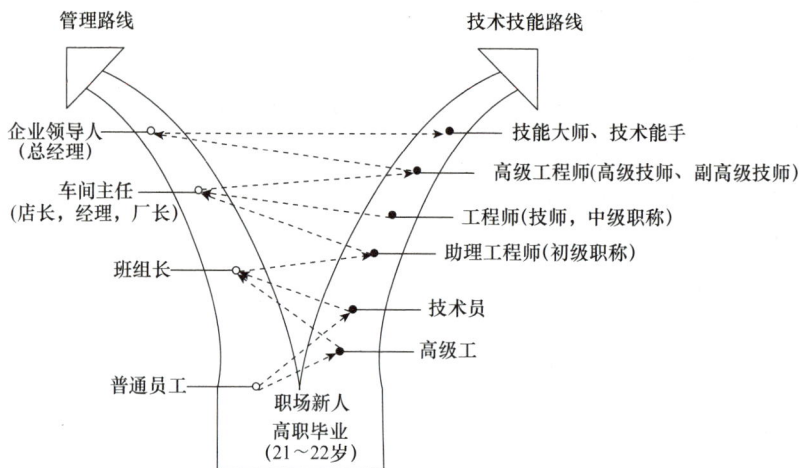

图 4-7　职业发展路径选择

案例 4.3

高职生的职业发展路线

图 4-8 是典型的高职院校学生职业发展路线，左侧为管理型的职业发展路线，右侧为技术技能型的职业发展路线。

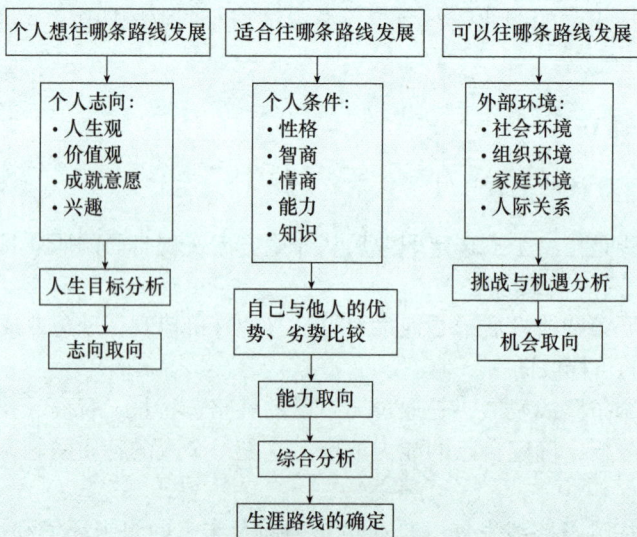

图 4-8　职业发展路线

【分析】这是一个符合高职生实际情况的职业生涯发展路线图，在管理路线和技术技能路线上都提出了合理、可行、务实的发展目标。

2. 设定职业生涯目标

职业生涯目标的设定，是职业生涯规划的核心。一个人职业生涯规划的成功与否，甚至于一个人的事业成败，在很大程度上取决于是否确立了正确适当的职业生涯目标。职业生涯目标的抉择是以自己的最佳才能、最优性格、最大兴趣和最有利环境等条件为依据的。

职业生涯目标按时间段来划分，通常分为终身目标、长期目标、中期目标和短期目标。终身目标是贯穿于人的一生的目标，长期目标一般为5～10年，中期目标一般为3～5年，短期目标一般为1～2年。短期目标又分为年目标、月目标、周目标和日目标。

在设定目标时要注意以下几个方面的问题：①目标要符合社会与组织的需要，有需要才有市场和自身发展的位置；②目标要适合自身的条件，并使其建立在自身的优势之上；③目标要切实可行，即通过自己的努力可以达到；④目标应该具有挑战性和激励性，也就是目标要基于现状又高于现状，只有这样才能激励个体不断发展和提高自己，但目标要高远不等于好高骛远；⑤要注意长期目标与短期目标的结合，长期目标指明了发展的方向，而短期标是实现长期目标的保证；⑥目标的幅度不宜过宽，最好选择窄一点的领域，并把全部力量投入进去，这样更容易获得成功；⑦目标要明确具体，同一时期的目标不要太多，目标越简明具体，就越容易实现，越能促进个人的发展。

（四）制定行动规划与措施

在确定了职业生涯发展目标和职业生涯发展路线之后，为了达到目标，就需要制定职业生涯发展策略的行动规划。职业生涯策略是指为了实现职业生涯目标而采取的各种行动和个人资源配置措施。制定职业生涯策略既要决定"应该做什么和怎么做"，也要决定"不能做什么"，还要包括个人资源的配置计划。具体来讲，职业生涯策略包括以下内容。

（1）工作策略，即为达到工作目标，计划采取哪些措施提高工作效率；通过这些努力实现个人在工作中的良好表现与业绩。

（2）学习与培训策略，即在业务素质方面，计划采取哪些措施提高业务能力；在潜能开发方面，计划采取哪些措施开发潜能等；还包括超出现实学习或工作之外的一些前瞻性准备，如参加业余时间的课程学习或有针对性的教育与培训，掌握一些额外的技能与专业知识（如进修第二外语，参加职业资格证书考试等）。

（3）人际关系策略，即如何在职业领域构建人际关系网络，为未来的发展寻找更广泛的支持与合作空间。

（五）评估与回馈

俗话说："计划赶不上变化。"影响职业生涯规划的因素诸多，有的变化因素是可以预测的，而有的变化因素难以预测。在此状况下，要使职业生涯规划行之有效，就要不断地对职业生涯规划进行评估与修订。在行动的过程中，需要通过不断的评估和反馈来检验和评价行动的效果。

　　实施生涯规划时，必须为日后可能的计划修改预留余地，修订的依据是每次成效评估后反馈回来的信息。至于计划修正的时机，必须考虑三个方面：一是定期检测预定目标的达成进度；二是每一阶段目标达成之时，要依据实际效果修订未来阶段目标可采用的策略；三是客观环境改变影响到计划的执行。

三、个人职业生涯规划的实施

（一）执行与实施

　　职业生涯规划的执行和实施，可以采用 PDCA 循环法。PDCA 循环法是由美国质量管理专家戴明提出的，又被称为"戴明循环"，如图 4-9 所示。PDCA 是英文单词 plan（计划）、do（执行）、check（检查）和 act（处理）的首字母的组合。该循环法有四个阶段：P 阶段、D 阶段、C 阶段、A 阶段，也称为"计划阶段""执行阶段""检查阶段""处理阶段"。PDCA 循环就是按照这样的顺序进行质量管理，并且循环不断地进行下去的科学程序。

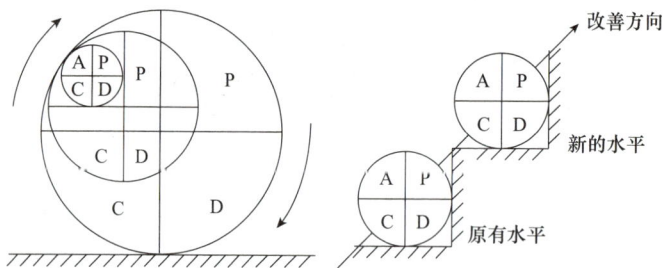

图 4-9　PDCA 循环法

1. 计划（plan）阶段

　　这个阶段的工作主要是找出存在的问题，通过分析，确定改进的目标，确定达成这些目标的措施和方法。

　　（1）摸清现状。

　　（2）明确目标与要求。

　　（3）瞄准问题，找出差距，确定实现目标应关注的主要因素。

　　（4）确定措施。根据上述问题找出对策，调整分阶段目标与计划。

2. 执行（do）阶段

　　按照制订的计划和措施，严格地去执行。在实施过程中会发现新的问题或情况，如原来制订计划的条件等发生变化，则应及时修订计划内容，以保证达到预期目标。

3. 检查（check）阶段

　　在分阶段完成计划时，根据所确定的目标和要求对执行计划的结果实事求是地进行正确的评估。未完全达到目标也没有关系，以后还有改进的机会。

4. 处理（act）阶段

（1）总结经验，巩固成绩。根据检查的结果进行总结，把成功完成计划的经验和失败的教训纳入自己的信息库中积累起来，以提高工作效率。与此同时，为了更好地提高自己的能力，寻找新的目标，开始新的 PDCA 循环。

（2）解决问题，转入下一个循环。检查未解决的问题，找出原因，转入下一个 PDCA 循环中，作为下一个循环计划制订的资料和依据。对于新产生的问题，要不断总结经验，坚持改进，就会获得成功。

PDCA 循环的特点是环环相套、相互促进、不断循环、螺旋式上升和发展。PDCA 循环的四个阶段并非是截然分开的，而是紧密衔接连成一体的，各阶段之间也存在着一定的交叉现象。在实际的工作中，往往是边检查边总结边调整计划，不能机械地去理解和运用 PDCA 循环法。正因为每次循环都有所提高，才使得高职毕业生就业水平不断提高。

（二）评估与修正

职业生涯评估主要是对各阶段的预定目标和实际结果之间的差距进行分析，找到差距产生的原因。任何行动计划在实施之后都可能出现以下几种情况：一是目标基本完成，说明目标设定合理，计划措施合适，行动适当；二是目标轻松完成，说明目标设定太低；三是目标不能完成，可能是目标设定太高、目标合适但是计划和措施不合适，以及目标与计划措施都合适，但是执行力不足。

1. 目标过高或过低

目标过高超过个人能力，会伤害自信心，需要适当降低目标；目标过低，不需要花费很大精力就可以达成，这种目标没有什么价值，自己的能力无法充分发挥，需要适当提高目标。

2. 计划措施与目标不匹配

需要对计划和措施进行修正，如目标是考英语四级，但是计划措施中没有安排足够的英语学习时间，这就需要调整计划措施中的英语学习安排，压缩其他现阶段相对不太重要的目标的安排。

3. 执行力不足

需要时常对计划措施的执行进行检查，督促自身的执行，也可增加奖惩措施来督促自己的执行。例如，计划措施中安排了英语学习的具体时间，但由于其他事情耽误了英语学习，导致目标无法实现，这就需要每日三省吾身，每天进行计划措施实施情况的检查，通过奖惩措施，提高自身的执行力。

综上所述，职业生涯规划应围绕确定的志向展开，整个过程自我评估、环境评估、确定职业生涯目标、职业生涯路线选择与决策、制订行动计划与措施、执行与实施、评估与修正是一个不断循环的过程。

四、撰写职业生涯规划书

一份完整的职业生涯规划书应包括以下内容。

（1）封面，包括姓名、专业、班级等个人基本信息。

（2）正文，包括总论（前言、引言）、自我探索、环境分析、职业定位、计划实施、评估调整、结束语七个部分。

（3）总论（前言、引言），主要写规划的目的及自己对规划意义的认识等。

（4）自我探索，包括对兴趣、能力、性格、价值观、胜任能力等的测评结果，并做自我探索小结。

（5）环境分析，包括家庭环境分析、学校环境分析、社会环境分析、职业环境分析。根据以上分析进行环境分析小结。

（6）职业定位，是指在自我探索及环境分析的基础上，通过 SWOT 等方法确立自己明确的职业生涯目标、职业发展策略，提出具体路径。

（7）计划实施，即通过各种积极的具体措施与行动去争取职业生涯目标的实现。也就是对如何实现自己的职业生涯发展目标制订一个比较详细而又切实可行的行动计划和策略方案。

（8）评估调整，听取多方意见，并检查是否符合具体、清晰、可操作、可量化原则，写明要评估的内容。

（9）结束语，主要对在自己进行职业生涯规划的过程中帮助过自己的人表示感谢，最后给自己鼓劲，表明自己能够完成规划所确定目标的决心和信心。

经典分享

小周的职业生涯规划书

基本情况：周某，女，19岁，某高职院校医学检验技术专业 2016 级学生，长相清秀，性格活泼开朗，担任学生干部，大学期间很多精力都用在社会活动上，学习激情不高，成绩中等。该生自述，她从小的理想是成为一名法医，原以为可以考上本科，可现在只能读大专，她不知道怎么做才能实现自己的梦想。

1. 自我剖析

通过让小周自我评价，并收集家长、学生、老师、朋友对她的评价，结合所学的医学检验技术专业，在主观评价上，小周的职业目标可以定位为法医。同时运用霍兰德兴趣测试、MBTI 性格测试、职业锚分析，指导小周对照现实做了一个对比分析，显示的结果与小周自我评估基本吻合，她对自己有了更全面、更客观的认识。通过自我剖析，坚定了小周成为法医的职业目标。

2. 职业探索

经过了解，小周所就读的高职院校曾经与公安部门联合招考法医。通过老师引荐，小周联系上了通过招考成为法医的学长，并展开了详细的访谈。通过对法医工作情况、胜任条件、招聘要求的分析，小周明白了法医招考不仅对成绩有要求，还对技能和体质有所要求。在了解这些基本情况后，老师指导小周对未来的目标工作单位的薪资、人员构成、招聘情况进行了进一步的分析。通过 SWOT 分析，小周找出自己的优势、劣势、机遇及挑战，进一步明确职业目标和职业定位。

3. 决策行动

根据前期对目标职业的探索，帮助小周分析从事法医工作需要具备的综合能力，包括专业知识、专业技能、核心才干三个方面。其中专业知识包括临床医学知识、法学及法医学的基本理论及基本知识；专业技能包括法医学检验鉴定的基本能力、侦查能力、显微镜等医疗器材操作能力；核心才干包括逻辑思维能力、推理能力、分析能力、熟知法医工作的规程等。通过综合分析，小周订下了职业生涯的短期目标（2016～2019 年，实现专升本）、中期目标（2019～2024 年，本科学习、考研继续学习，考取法医资格）、长期目标（2025 年以后，成为法医，成为主任法医），并制订了详细的短期计划、中期计划和长期计划。

4. 评估调整

职业生涯规划不可能做到精确，更不能预言将来要发生什么。再详细的计划也可能发生偏差。因此，在与小周共同分析实现目标的过程中可能出现的意外后，针对意外做出了相应的调整方案。通过评估，不仅预先考虑了可能出现的挫败，让小周做好充分的心理准备。同时，也在评估和调整的过程中让她明白，实现目标的道路不是唯一的、一帆风顺的。

【分析】小周的案例不是特例，而是典型。现在的"95 后"，甚至是"00 后"的高职生，个性较强，有自己的想法，敢想敢做。但是想法往往不成熟，对自身认识不足，对环境分析不全面，遇到问题和困难不是自负就是自弃，眼高手低，目标远大却不知从何开始。作为职业指导者，应当认清当前的就业形式，把握现有的就业政策，引导学生认识自己、认识环境，制定一份适合自己的职业生涯规划，从现在做起，一步一步认清目标，学会面对问题、解决问题、不断调整自己、把握自己的职业命脉。

课堂活动

搬砖头的思维方式

1. 活动目标

建立自己的生涯目标。

2. 规则与程序

（1）准备白板、白纸、彩色笔若干。

（2）6～8 人分为一组。

（3）小组结合下列问题进行讨论。

① 你现在想做的事情是什么？

② 你的一生中想做什么大事？

③ 你想成为什么样的人？

④ 你想取得什么样的成就？

活动时间 20 分钟。

3. 讨论

小组内讨论结束后推荐有代表性观点的学生进行组间讨论。

单元三　职业生涯管理

☞ **能力目标**

（1）认识职业生涯管理的概念。

（2）了解职业生涯管理的各个阶段。

（3）组织职业生涯管理的原则与内容。

职业生涯管理

📍 导 入 案 例

比尔·拉福的职业发展

　　比尔·拉福的父亲是洛克菲勒集团的一名高级职员，在商界打拼了多年。受到父亲的影响，比尔·拉福中学毕业便立志从商。比尔·拉福的父亲认为儿子有商业天赋，但并不赞同他直接攻读商业相关专业。比尔·拉福与父亲进行了一次长谈，最终比尔·拉福听从父亲劝告，没有直接升学读贸易专业。而是选择了工科中最基础、最普通的机械制造专业。这着棋很妙，因为做商贸必须具备一定的专业知识。在商贸中工业商品占据绝对多数，如果不了解产品的性能生产制造情况，很难保证贸易的收益。况且，工科学习不仅是知识技能的培养，还能帮助你建立起严谨求实的思维体系，训练你的推理分析能力，使你有一种脚踏实地的工作态度，这些素质对经商帮助极大。比尔·拉福就这样在麻省理工学院度过了四年，他没有拘泥于本专业，学习了许多化工、建筑、电子等方面的基本知识。这些知识在他后来的商业活动中发挥了不可替代的作用。

　　大学期间，比尔·拉福掌握了经济学的基本知识，搞清了影响商业活动的众多因素。他还特意认真学习了有关的经济法律。现代商业活动，法律充当了至关重要的角色，没有法律保障，现代商业将陷入一片混乱。他更注重学习微观经济活动的管理知识，而不把主要精力用来研究理论经济学，那是职业经济学家的工作，他志不在此。这样几年下来，他在知识上完全具备了经商的素质。然而，拿到硕士学位的他仍然没有立即投身商海，而是报考了公务员去政府部门工作。他的父亲，这位老谋深算的商人深知，经商必须深知处世规则，充分了解人的心理特征，善于与人交往。能够给人以良好的形象，使人信任你，愿意与你合作，这种开拓人际关系的能力是在任何学校都学不到的。只有在社会上，在工作中才能得到锻炼。而训练交际能力、观察人际关系的最佳去处就是政府部门，在这种环境里工作，每个人都会逐渐变得机敏、处变不惊，比尔·拉福在政府部门一干就是五年。这五年中，他从幼稚的热血青年成长为一名老成持重、不动声色的公务员。他在环境中，学会了自我保护，胸中筑起了很深的城府。他在后来的商业生涯中从未上当受骗，这都归功于他在政府的五年锻炼。此外，他通过五年的政府机关工作结识了大批各界人士，建立起了一套关系网络。

政府部门工作了五年后，比尔·拉福辞职下海经商。又过了两年，他开办了自己的商贸公司。20 年后，他的公司资产从最初的 20 万美元发展到 2 亿美元。

他说：他的成功应感激他的父亲的指导，他们共同制定了一个重要的生涯规划。最终这个生涯设计方案使他功成名就。他的职业规划设计：工科学习→工学学士→经济学学习→经济学硕士→政府部门工作→锻炼处世能力，建立广泛的人际关系→大公司工作→熟悉商务环境→开公司→事业成功。

【分析】比尔·拉福的生涯设计脉络清晰，步骤合理，充分考虑了个人兴趣、个人素质，并着重职业技能的培养，这种生涯设计在他坚持不懈的努力下，终于变为现实。也许他的这套生涯方案并不完全适合你，但是却带给你一个重要的信息：人生是可以设计的，是可以进行管理的。

职业生涯管理是指企业或个人通过制定职业生涯规划，从而对其职业生涯发展进行管理的一系列活动。

一、职业生涯管理的阶段划分

按照时间划分，可以将职业生涯管理划分为早期管理、中期管理、后期管理三阶段。

（一）早期管理阶段

1. 含义

职业生涯发展早期阶段是指个人经过学校系统的教育之后步入社会，融入工作单位的过程。这一阶段一般是指 19～29 岁。这是一个从学校步入社会，由学生转为员工，由未成年人到成年人等一系列角色转变的过程，是个人在角色转变过程中与工作单位互相了解、接纳、协调、融合的过程。在这一阶段，个人和工作单位需要共同面临重要的职业生涯管理任务。职业生涯发展早期阶段的主要问题是个人对工作环境的适应，以及个人与工作单位相互磨合的问题。

2. 管理措施

高校应建立完备的以职业生涯发展规划指导为中心的就业指导体系，开设分阶段、有重点的职业生涯发展规划课程。在职业生涯发展早期阶段，对学生个人的职业生涯发展进行指导。工作单位应对新员工进行有效的岗前培训，上岗引导，以缩短个人与组织融合的进程，指导新员工明确职业生涯的发展目标，做好职业生涯发展规划的管理，支持员工的职业探索。

（二）中期管理阶段

1. 含义

职业生涯中期阶段是指 30～49 岁这一阶段。这是一个时间跨度较长，富于变化，既有可能获得职业生涯发展，又有可能出现职业生涯危机的一个阶段。可以说，职业生涯发展中期阶段是一个人在事业发展道路上最为重要的阶段。

职业生涯发展中期处于三个生命周期的完全重叠时期。在这一阶段个体职业生涯会发生显著变化，并产生相应的问题和任务。人到中年，职业工作环境和家庭环境在逐渐变化，开始出现个人理想预期与实际成就之间不一致的现状，此时子女对职业认同与否，客观上也会影响自己对最初做出的职业选择是否正确的一个判断。

2. 管理措施

用人单位要坚持以人为本，实现互利双赢，提倡成功标准多样化，建立多重职业生涯发展阶梯，拓展丰富的工作形式。个人需不断稳固和拓展自身的综合实力，包括进一步掌握职业技能和专业、前沿信息，不断进行学习和深造，确立明确的工作目标，进一步实现文化理念的融合，选择富有挑战性的工作。

（三）后期管理阶段

1. 含义

职业生涯发展后期通常指 60 岁以上，此时，大多数人的事业已经达到顶峰，体能、学习能力均开始下降，个人对工作的参与度也逐渐减少，对职业发展的需求开始降低，考虑退休问题，并有意识地进行角色转换，从职业中期的中心、主导角色向后期的辅助指导、咨询角色转变。

2. 管理措施

用人单位应为员工职业生涯发展后期的工作做好规划安排。员工个人要充分做好角色转换和职业更替的心理准备。可回顾自己的职业生涯，为后人提供经验教训。

二、组织与个人的职业生涯管理

职业生涯管理按主体可划分为组织职业生涯管理和个人职业生涯管理两个方面。

（一）组织职业生涯管理

组织职业生涯管理是指组织进行的旨在计划和管理其与个人职业生涯有关的活动。其中包含了一系列旨在将个人和组织职业生涯需求匹配的活动和干预，体现了组织这一外部因素在职业生涯中的作用，同时也体现了组织作为主体在进行职业生涯管理活动中发挥的作用。

组织职业生涯管理的目标在于通过有效管理人才，帮助员工促进个人的不断成长，最终实现组织的不断发展。为了达到这一目标，组织针对员工开展了一系列旨在促进其成长的实践活动。

组织职业生涯管理包括以下内容。

（1）将员工个人的职业生涯发展规划与组织的人力资源发展战略规划相协调。

（2）帮助员工进行职业生涯规划。

（3）针对员工职业发展的需求进行适时的培训。

（4）建立各种适合员工发展的职业通道。

（5）为员工提供各种资源、信息和职业指导。

（6）建立员工－工作家庭平衡计划。

（7）员工退休计划。

（二）个人职业生涯管理

个人职业生涯管理是个人对其职业生涯进行规划、选择、开发和调整的活动过程，如图 4-10 所示。

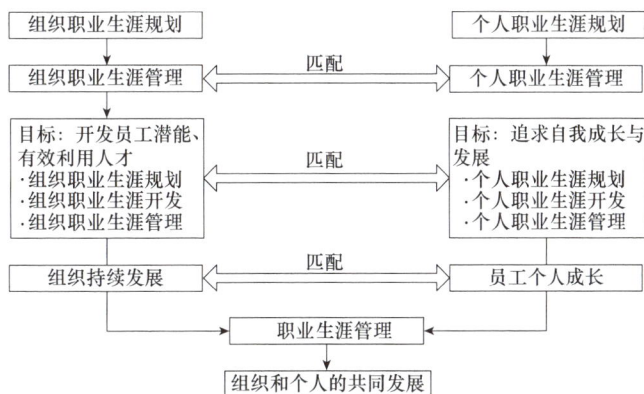

图 4-10　个人职业生涯管理

个人可以自由地选择职业，但任何一个具体的职业岗位，都要求从事这一职业的个人具备特定的条件，如教育程度、专业知识与技能水平、体质状况、个人气质及思想品质等。并不是任何一个人都能适应任何一项职业的，这就产生了职业对人的选择。一个人在择业上的自由度很大程度上取决于个人所拥有的职业能力和职业品质，而个人的时间、精力、能力毕竟是有限的，要使自己拥有不可替代的职业能力和职业品质，就应该根据自身的潜能、兴趣、价值观和需要来选择适合自身优点的职业，将自己的潜能转化为现实的价值，这就需要对自己的职业生涯做出规划和设计。

一般来说，一个人的职业生涯需要经历确立职业意向、教育培训所确定的工作预备期和寻找工作、熟悉工作的早期阶段，到获得晋升、薪酬福利待遇提高、进入高一层次管理和技术职位的中期阶段，再到职业能力、身心条件出现下降及角色转换的后期阶段。

每个人都应当对职业生涯各个阶段进行有效的自我管理，才能最终实现人生目标。个人职业生涯各阶段的管理内容如表 4-8 所示。

表 4-8　个人职业生涯各阶段的管理内容

早期阶段的管理内容	中期阶段的管理内容	后期阶段的管理内容
一、树立正确的入职理念 1. 培养积极的态度 （1）积极认知：加深对所选组织与工作的认知与理解，主动接受组织文化 （2）培养情感：积极培养热爱、热情、快乐向上的情感与情绪 （3）树立意向：有忠于、服务于组织的信念；有高度责任心、事业心且爱岗敬业 2. 树立正确的价值观 （1）要真心接受工作单位与职业 （2）要充分认识职业岗位的重要性 （3）形成积极向上的价值系统 二、个人组织化的转变 1. 熟悉工作环境，树立良好的形象 2. 掌握职业技能，学会如何工作 （1）弄清岗位职责，明确工作任务 （2）克服依赖心理，学会独立工作 （3）从小事做起，树立良好形象 3. 适应组织环境，学会与人相处 （1）积极接受组织现实的人际关系 （2）尊重上司，学会与上司相处 （3）寻找个人在组织中的位置，建立心理认同 4. 正确面对困难，学会如何进步 三、与组织配合制定规划 1. 向组织提供自己的真实资料 2. 主动获取自我优势与不足的信息 3. 争取获得晋升机会 4. 与管理人员沟通发展的取向 5. 与管理人员一同制定可行方案 6. 按既定的行动方案努力 7. 与组织内外不同工作群体的员工广泛接触	一、个人能力与职业生涯特征 1. 职业能力稳步提高，并逐步成熟 （1）具备较强人际交往的能力和处理各种事情的技能 （2）价值观、世界观成熟与成型、事业心、责任心增强，形成沉稳、踏实和一丝不苟的工作作风 （3）职业技能娴熟，有较稳定的长期贡献区 2. 职业发展轨迹呈∩形 二、中期阶段管理 1. 根据实际情况，适当调整职业生涯目标 2. 在寻找新的职业发展机会的时候，重新学习，提高求职成功的能力 3. 树立终身学习的理念 4. 保持身心健康 （1）寻求学习、提高的机会，克服人生事业发展的高原平台，提高自信心和增强积极的心态 （2）合理安排时间，做到张弛结合 三、职业生涯危机处理方法 1. 保持积极进取的精神和乐观的心态 2. 进行新职业与角色选择决策 （1）在原职业岗位上求精，成为骨干专家 （2）充当项目带头人和良师角色 （3）离开原岗位，寻求新职业角色 （4）进入管理领域，成为主管 3. 成为一名良师，担负言传身教的责任 （1）担任教师、辅导员或教练 （2）担任业务带头人、榜样、伯乐、保护人 4. 维护职业、家庭和自我三者均衡发展 （1）自我重估 （2）选择职业、家庭和自我发展的运行模式，重新定位今后的人生	一、个人能力与职业生涯特征 1. 进取心、竞争力和职业能力明显下降 2. 权力、责任和中心地位下降，角色发生明显变化 3. 个人优势尚存，仍可发挥余热，尽职贡献 二、后期阶段管理 1. 要承认竞争力和进取心下降，学会接受和发展新角色 2. 学会接受权力、责任的减少和中心地位的下降 （1）要从思想上认可个人在工作中权力、责任的减少，以及中心地位的下降，求得心理上的平衡 （2）将思想重心和生活重心逐渐从工作转移到个人生活和家庭生活方面，寻找新的满足源 3. 学会如何应付"空巢"问题 （1）思想重心向家庭重心倾斜，多给配偶一些时间，通过多种方法密切同配偶的关系 （2）随着生活重心的转移，个人时间的增多，发展个人爱好和兴趣 （3）注重人际交往，增进亲情和友谊 （4）积极参加社会活动，寻找适合自己的新职业 4. 回顾自己的整个职业生涯，着手退休准备 （1）做好思想准备，培养个人兴趣，策划退休后的生活 （2）利用好退休前的时间，注重培训年轻员工，并使自身职业工作有个圆满的结束和交代 （3）为退休做好财务准备 （4）在退休前可采取"阶段退休"方式逐步退出职业领域

经典分享

管理好目标

日本著名马拉松运动员山田本一曾在 1984 年和 1987 年的国际马拉松比赛中，两次获得世界冠军。当记者几次问他凭什么取得如此出色的成绩时，山田本一总是斩钉截铁地回答道："凭智慧战胜对手，取得胜利。"人们都知道，马拉松比赛主要是运动员体力和耐力的较量，爆发力、速度和技巧都还在其次。因而，对山田本一"凭智慧取胜"的回答，许多人不相信，总觉得他是在招摇夸张，故弄玄虚。

然而十年后，人们终于从山田本一的自传中，验证了"凭智慧取胜"确实是他获得成功的经验所在。他在自传中写道：每次比赛之前，我都要乘车将比赛的路线仔细地看一遍，并把沿途比较醒目的标志画下来，如第一个标志是一家银行，第二个标志是一棵大树，第三个标志是一座公寓……这样一直到赛程的终点。比赛结束后，我以百米冲刺的劲头向第一个目标冲去。到达第一个目标后，又以同样的速度向第二个目标冲去……40多千米的路程就这样被我分解成若干个小目标而轻松地跑完。起初我并不是这样做的，而是把目标一下子定在终点线的那面旗帜上，结果跑到十几千米就觉得疲惫不堪了，因为我被前面那段遥远的路程吓倒了。

【分析】当人们的行动有了明确的目标，并能把行动与目标不断地加以对照，进而清楚地知道自己的行进速度与目标之间的距离时，人们的行动动机就会得到维持和加强，就会自觉地克服一切困难，努力地达成目标。

课堂活动

设计你的职业生涯

1. 活动目标

借助职业生涯规划系统软件设计一份自己的职业生涯规划方案。

2. 规则与程序

（1）职业生涯规划方案应包括自我分析、职业环境分析、职业目标定位、计划实施、评估调整等方面。

（2）在进行自我职业兴趣、职业个性、职业价值、职业能力分析时，要运用成熟的职业生涯规划系统软件进行测试，写出分析报告。

（3）在进行自我分析和职业环境分析后，要运用SWOT分析法进行个人的优势、劣势分析，再进行SWOT策略分析，进行职业定位，并制订具体而切实可行的实施计划。

活动时间20分钟。

3. 讨论

（1）设计自己的职业生涯规划时应该考虑哪些因素？

（2）进一步对方案反思和修正，使方案具有说服力。

第二部分
就业创业指导

模块五　　做好就业准备

模 块 导 读

就业是民生之本，关系到千家万户的生活。2019年的政府工作报告中，首次将就业优先政策置于宏观政策层面，旨在强化各方面重视就业、支持就业的导向。当前和今后一个时期，我国就业总量压力不减、结构性矛盾凸显，新的影响因素还在增加，必须把就业摆在更加突出的位置。稳增长首要是为保就业。

充分就业，高质量就业，这不仅是党的十九大报告中对未来几年我国就业状况进行的规划，更是党和政府对人民的庄严承诺，解决好就业问题，使人人都有通过辛勤劳动实现自身发展的机会，是使命所在。在党和政府政策指导下，要全力促进高职毕业生多渠道就业创业，实现高职毕业生更高质量和更充分的就业。

当然，就业不仅是一个人的谋生手段，也是一个人价值的体现。伴随着新的产业革命来临，"大众创业、万众创新"的政策将极大释放中国民众潜在的创造力。推进"大众创业、万众创新"，是培育和催生经济社会发展新动力的必然选择，是扩大就业、实现富民之道的根本举措，是激发全社会创新潜能和创业活力的有效途径。

本模块阐述我国大学生就业政策的发展和变化、现行大学生就业政策的特点，全面分析当前我国就业的总体形势、积极就业政策和公共就业服务，以及高职生毕业去向和就业渠道，帮助高职毕业生转变就业观念，了解就业政策，有效地获取就业信息，了解和掌握创业的内涵与意义，有意识地培养创业意识和创业精神，能把创业作为自身职业生涯发展的一种选择，为促进青年学生做好充分的就业创业准备。

单元一　就业形势和就业观念

导入案例

"95后"初涉职场："俯下身"但却"行不远"

"这是我第二次来找工作，原来那份工作太没挑战性了。"某金融学院的应届毕业生荣特刚刚辞掉前一份工作，11月20日，他特意从安徽老家赶到福州参加福建省2018年大中专毕业生首场招聘会。

"其实找工作不难，但是找到满意的工作不容易。"在招聘会现场，荣特投了八份简历，主要以销售类工作为主。他告诉记者，如果这次招聘没有结果，他准备去中西部地区试一试，"中西部地区虽然相对来讲比较落后，也苦一点，但发展空间还是很大的。"

与只专注于沿海、白领、写字楼的毕业生相比，愿意"俯下身"的求职者并不在少数，在某公司的招聘台前，前来应聘的毕业生排起了长龙。公司人力资源部负责人告诉记者，面试官通常会问应聘者是否愿意下基层工作，是否接受外派，大部分面试者都会给出肯定的答案。

虽然面试谈得很好，但真正坚持在基层工作的并不多，"现在很多'95后'都是独生子女，吃不了苦，父母也不愿意让孩子常年在外面跑，所以企业不怕招不到人，最怕留不住人"。

"有没有加班？有没有休假？一个月休几天？"在一家外贸公司招聘台前，某民族大学的毕业生小陈正在与用人单位的负责人交谈，她最关心的就是休息时间。"双休日可以与亲友相聚或回家看父母，让工作和生活劳逸结合。"

【分析】相对于过去的"70后""80后"求职者追求工资和待遇的不同，"95后"求职者不愿当"岗奴"，他们更关心的是属于自己的休息时间有多少。就业难不是岗位不够，是岗位匹配不够。之所以出现这种情况，主要是毕业生的期望值太高，同时企业的期望值也不低，即供需不匹配。很多制造型企业来学校招人，甚至求着学校要人，而一些学生更向往的是表面光鲜的职业。

就业既是重大的经济问题，也是重要的社会和政治问题。扩大就业，减少失业，是经济社会发展的基本目标。对就业概念的理解可以从理论和实际两个角度来把握。从理论上讲，就业是指具有劳动能力的人，运用生产资料从事合法社会活动，并获得相应的劳动报酬或经营收入的经济活动，具体而言，就是指在法定年龄内，具有劳动能力的人在一定的工作岗位上从事有报酬或有经营收入的合法劳动。

一、全球就业趋势

就业问题是工业革命后因雇佣劳动而产生的社会经济现象。随着经济发展和就业形势的不断变化，社会对就业问题的关注不断提升。从自由放任到宏观政策调控，再到积极的劳动力市场政策、完善的现代就业服务体系和法治化建设，世界各国政府对就业问题的认识不断深化，并在促进就业的过程中扮演着越来越重要的角色。

（一）产业变动进程加快就业

工业革命以来，由于农业生产率提高，农业劳动力不断向工业流动；在工业日益走向细分工和专业化的同时，随着人们消费需求的变化和服务业的兴起，在发达的市场经济国家，服务业已成为就业的主体。在发展中国家，服务部门的就业也在增长，特别是在低生产率和低收入的服务部门。造成这种状况的主要原因是劳动力供给的压力大，失业率高。

总的来看，在劳动力结构转向工业化和服务业化的过程中，不同类型的国家有着不同的特点：发达国家是直接向有助于生产率提高的现代三次产业转移；转型国家是在工业化完成的背景条件下，面对结构调整所带来的需求压力，把更新劳动者知识结构和发展现代商业服务业作为主攻方向；发展中国家是在巨大的人口压力下，在扩大服务业就业的同时，不断提升工业部门就业的水平。

（二）就业模式日趋多样化

在传统的工业社会中，工厂式的集中就业是典型的就业模式。随着服务业成为经济活动的主体和现代信息通信技术的发展，灵活就业的比重在不断上升，就业模式日趋多样化，出现了短期就业、季节性就业、非全日制就业、家庭就业、自营就业、派遣就业，以及兼职就业、远程就业等多种就业形式。

在发展中国家，劳动力市场分化的程度日趋严重：一方面，高技能人才能够在更大的范围内频繁流动，自主择业，获得较好的劳动报酬。在激烈的人才竞争中，如何吸引人才和留住人才的问题，成为了一大挑战。另一方面，低技能劳动者的就业条件更加不利，劳动者的工资有向下走低的态势。对于广大发展中国家，在灵活就业比重不断上升，就业形势日趋多样化的条件下，如何在继续扩大正规经济就业规模的同时，有效促进非正规经济中的就业，并不断改善劳动条件、社会保障，已成为关键问题。

（三）就业稳定性下降

20世纪90年代以来，以信息技术为特征的产业革命和日益加剧的全球企业竞争，对就业，特别是对工作组织和职业岗位的寿命产生了巨大的影响，工作岗位创造与消失速度都在加快，就业不稳定性上升。

高新技术的发展，促进了产业结构的变化，出现了一种以相对成本为基础的全球劳动大分工。发达国家正沿着"价值链"向上移动，而将低附加值的生产对外转包给人工成本较低的发展中国家。例如，在欧美国家，"信息职业"已占各种新职业总和的40%以上。在高新技术创造出软件编程、网络设计和通信服务等新职业中，劳动者频繁地变换着工作，为不同的雇主服务。又如，由于管理和咨询活动对于经济、社会乃至个人生活的影响越来越大，它们成为另一个发展最快的职业群组。旅游、康乐、健身、医疗，以及其他生活服务领域都有许多新职业涌现出来。

工业化进程加快，服务业逐步成为就业主体；灵活就业比重不断上升，就业模式日趋多样化；工作岗位创造与消失速度加快，就业稳定性下降，这些都是21世纪以来劳动力市场发生的最重要的变化趋势。另外，劳动力市场还有一些新的特点，如在经济全球化的进程中，日益增大的人口规模和越来越多的农业劳动力进入城市寻找工作，世界范围内的就业岗位正在成为稀缺资源；又如，劳动密集型产业，特别是制造业，向后起的工业化国家和发展中国家转移已成明显趋势；再如，未来一段时间内，就业岗位的国际化竞争，特别是在发展中国家之间的竞争已经不可避免，世界范围内的劳动者的收入水平差距也在不断扩大等，这些特点也值得关注。

二、我国的就业形势

（一）就业与国民经济发展相关度

当前我国正经历经济增速放缓、产业结构优化升级、增长动力由要素驱动转为创新驱动的新常态时期。2019年全年城镇新增就业1 352万人，有546万城镇失业人员实现再就业，就业困难人员就业179万人。年末城镇登记失业人员974万人，城镇登记失业率为3.62%。"就业为民生之本"，近年来，在经济下行压力加大、产业结构调整不断深化的情况下，就业局势保持了总体稳定。城镇新增就业人数连续四年超过1 300万人，城镇登记失业率、调查失业率都保持在比较低的水平。这样归功于经济的持续发展、经济结构的不断调整优化、改革政策红利的持续释放。

1. 经济发展是稳定和扩大就业的重要基础

近些年来，随着经济下行压力的增大，稳就业已成为宏观调控政策的首要目标。我国就业形势能够保持基本稳定，首先得益于经济增长的平稳发展。2008年金融危机后，我国经济增速减缓的迹象比较明显，但总体来看，依然保持在中高速增长的合理区间。据统计，"十一五"期间，GDP增长一百分点，平均拉动就业100万人；"十二五"期间，GDP增长一百分点，平均拉动就业170万人。2018年GDP增长一百分点，拉动就业已经达到约200万人。

2. 经济结构在调整拉动就业

产业结构的优化是提高经济增长和就业吸纳能力的关键。第一产业就业人员继续缓慢下降，第二产业就业人员保持基本稳定，而第三产业就业人员数量快速增长，第三产业已经成为吸纳城镇新增就业人员、解决失业下岗职工再就业和农村转移就业人员的主要场所。2018 年，在全国就业人员中，第一产业就业人员占 26.1%，第二产业就业人员占 27.6%，第三产业就业人员占 46.3%。从未来发展看，第三产业吸纳就业的潜力依然巨大。

3. 持续释放红利促进就业创业

政府持续转变职能，推进"放管服"改革，推进商事制度改革，推进以"营改增"为重点的税收制度改革，同时大力倡导大众创业、万众创新。新的技术、新的业态、新的动能在不断增加，就业形态也是多元化，创业带动就业的倍增效应也不断显现。

（二）全国就业状况分析

据教育部公布的数据显示，2018 年高校毕业生总数 820 万人，2019 年高校毕业生总数 834 万人。从 2001 年的 114 万人，到 2020 年的 874 万人，中国的大学毕业生数量每年都在创新高。

因此，在劳动力市场总体上供大于求的形势下，大学生就业结构性矛盾突出。主要表现在供给与需求类型的结构性矛盾、层次结构性矛盾、专业结构性矛盾。

1. 供给与需求类型的结构性矛盾

目前，作为世界制造业中心之一和产品加工最具活力的中国，在快速发展的同时面临着技术技能型人力资本存量不足的现实问题。技术技能型人才"产能不足"和理论学术型人才培养"产能过剩"，是大学生就业市场人才供给类型结构性矛盾的突出表现。

2. 供给与需求的层次结构性矛盾

高层次人才的供给规模扩大，造成研究生数量的快速增长开始超过劳动力市场的实际需求的教育过度现象，还直接助长了"唯学历论"社会风气。造成当前在人才使用上有些单位脱离实际，盲目求高，出现了一股"人才高消费"的热潮。这造成了既不能人尽其才、又浪费了人才资源的层次结构性矛盾。

3. 供给与需求的专业结构性矛盾

大学生就业市场供给与需求的专业结构性矛盾具体表现在：一是部分专业人才供给产能不足；二是部分专业人才供给产能过剩；三是专业人才培养质量不高。大学生就业能力得不到有效提升，专业人才培养质量与用人单位需求不匹配，从而导致毕业生在就业市场中缺乏核心竞争力。

三、专科毕业生的就业现状与前景

专科毕业生就业现状表现为：一是我国现阶段经济形势导致高职毕业生就业压力增大；二是就职于民营企业的较多；三是刚入职高职毕业生的薪酬较低；四是"跳槽"现象较突出；五是就业区域偏向于经济发达的省市。

（一）影响高职毕业生就业的因素

1. 环境因素的影响

我国经济正处于转型升级的关键阶段。第一产业占 GDP 比重呈下降趋势，第三产业呈上升趋势，并且服务业所占比重越来越大。由于国际金融危机导致东部外向型经济受到的打击很严重，大量劳动密集型产业已经向中西部转移，中西部经济发展较为迅猛。但大多数高职毕业生没有认清现在的发展形势，依然愿意留在东南沿海经济较发达地区，这就造成了区域性的供需不平衡。根据前面的分析，高职毕业生多就职于民营企业，而东部沿海地区民营企业产能已过剩，人才相对饱和，高职毕业生不易找到工作。中西部尤其是西部地区由于产业转移，人才需求量较大，但因生活条件相对经济发达地区来说差一些，所以高职毕业生不愿去，企业又招不到人。

2. 择业期望值的影响

学生在择业过程中期望值过高，工作环境要好、薪酬要高，并且现在大多数为独生子女，在家受宠，在外不能吃苦，想留在大城市，进大公司，否则宁愿失业在家待着。这说明高职毕业生择业的期望值过高，导致一些能胜任的工作由于条件不理想就不想去，条件好的工作又做不了的供需错位现象。

3. 高职毕业生自身素质的影响

自大学扩招后，特别是专科院校的录取分数线在逐年降低。分数虽然不能代表能力，但在一定程度上也反映了录取的学生在学习能力与素质修养上普遍下降。根据《国家职业教育改革实施方案》的要求，需要进一步提高人才培养质量。

（二）国家发展战略与高职毕业生就业新机遇

近年来，党中央、国务院和各级政府高度重视高职毕业生就业工作。实施就业优先战略和更加积极的就业政策，完善劳动者自主就业、市场调节就业、政府促进就业和鼓励创业相结合的机制，多渠道增加就业岗位。坚持把发展经济作为扩大就业的根本途径，努力增加就业岗位，扩大就业规模，提高就业质量。

1. "一带一路"倡议

2015 年 3 月 28 日，国家发展改革委、外交部、商务部联合发布了《推动共建丝绸之路经济带和 21 世纪海上丝绸之路的愿景与行动》，得到了广泛的国际共识和支持响应。有关数据显示，2016 年前 11 个月，中国与"一带一路"沿线国家贸易额达 8 489 亿美元，占同期中国外贸总额 1/4 以上。中国对沿线国家直接投资 134 亿美元，占同期中国对外投资总额的 8.3%，中国企业对沿线国家累计投资超过 180 亿美元，为沿线国家创造了超过 10 亿美元的税收和 16 万个以上就业岗位。

2. 中国制造 2025

国务院于 2015 年 5 月 8 日印发《中国制造 2025》，提出坚持"创新驱动、质量为先、绿色发展、结构优化、人才为本"的基本方针，坚持"市场主导、政府引导，立足当前、着眼长远，整体推进、重点突破，自主发展、开放合作"的基本原则。涵盖了五大工程，辐射了十个领域，包括新一代信息技术产业、高档数控机床和机器人、航空航天装备、海洋工程装备及高技术船舶、先进轨道交通装备、节能与新能源汽车、电力装备、农机装备、新材料、生物医药及高性能医疗器械等十个重点领域，带动了相关产业的发展，带来了大量的就业岗位。

3. 京津冀协同发展

京津冀协同发展，核心是京津冀三地作为一个整体协同发展，要以疏解非首都核心功能、解决北京"大城市病"为基本出发点，调整优化城市布局和空间结构，构建现代化交通网络系统，扩大环境容量生态空间。推进产业升级转移，推动公共服务共建共享，加快市场一体化进程，打造现代化新型首都圈，努力形成京津冀目标同向、措施一体、优势互补、互利共赢的协同发展新格局，其间为广大高职毕业生创造了更多的就业机会。

4. 粤港澳大湾区

粤港澳大湾区是指由广州、佛山、肇庆、深圳、东莞、惠州、珠海、中山、江门九市和香港、澳门两个特别行政区形成的城市群。2017年4月7日，国家发展和改革委员会制定印发了《2017年国家级新区体制机制创新工作要点》。其中，广州南沙新区的工作要点为深化粤港澳深度合作探索，推动建设粤港澳专业服务集聚区、港澳科技成果产业化平台和人才合作示范区，引领区域开放合作模式创新与发展动能转换。创新与港澳地区在资讯科技、专业服务、金融及其后台服务、科技研发及成果转化等领域合作方式，推进服务职业资格互认，吸引专业人才落户。

案例 5.1

分区域就业市场分析

今后一段时间，我国将建设京津冀、长三角、珠三角世界级城市群，提升山东半岛、海峡西岸城市群开放竞争水平。培育中西部地区城市群，发展壮大东北地区、中原地区、长江中游、成渝地区、关中平原城市群，规划引导北部湾、山西中部、呼包鄂榆、黔中、滇中、兰州－西宁、宁夏沿黄、天山北坡城市群发展。促进以拉萨为中心、以喀什为中心的城市圈发展。由此创生的就业机会，正为各类人才带来了更多选择。

1. 一线城市就业市场特点

比起二线、三线城市来，一线城市房价高、交通拥堵，而且工作岗位竞争激烈。无论一线城市的人口有多么拥挤，招工岗位有多么稀少，还是有数不清的各类毕业生涌入这些城市，去追寻自己的梦想。为何各类人才扎堆前往？

原因在于，一线城市发展迅速，比二线、三线城市拥有更多与国际接轨的技术和理念，拥有更好的学习资源与教育环境。而有些资源不但会影响到个人发展，甚至有可能影响到下一代的发展。因此，占尽资源优势的一线城市，自然成了求职者眼中的

"香饽饽"。对于部分人来说，选择一线城市是因为周边交际圈的变化：身边大多数朋友或亲人前往一线城市工作和定居，他们也因此选择了同一城市——交际范围与人脉质量，可以影响到职业变动和薪金等级。退居二线、三线城市，也许对于某些人来说更容易找到工作。然而，要高薪，要发展，还是一线城市机会更多。

同时，一线城市由于产业的高端化和区域经济中心的定位，对于求职者的学历、资历、能力、专业技术等要求相对较高。特别是求职者自身初期进入大城市，会面临较大的租房、交通、交友等压力。一线城市现代服务业比较发达，但必要的公共生活设施所需要的以操作为主的技能人才也是不可或缺的。作为高校毕业生，要对此有充分的认识和判断，既不望而却步，也不能盲目前往，导致就业发展的低端化。

2. 二线、三线城市就业市场特点

所谓二线、三线城市，是指除北京、上海、广州、深圳（简称"北、上、广、深"）以外的省会城市及经济水平较高、城市规模较大、区域辐射力较强的地级市。近年来，各类人才就业地点不再局限于北、上、广、深为代表的一线城市，形成了向二线、三线城市发展的趋势。

尽管一线城市仍保持着相对较高的就业签约率，但是随着一线城市逐步收紧城市人口扩张的趋势，加之生活成本高、居住压力大、环境污染和交通拥堵等问题，传统一线城市对毕业生的吸引力正在逐步减弱。与此同时，随着新一线城市和二线、三线城市的发展和毕业生就业观念更加多元、就业选择更趋理性的变化，北、上、广、深对毕业生的吸引力正在逐步减弱，二线、三线城市正逐渐成为高职生就业重心。

【分析】从高技能人才流动到二线、三线城市创业就业的原因中可以看出，一线城市面临"城市病"压力；一些二线、三线城市有着良好的产业基础、人口条件、公共服务，处于迅速崛起与转型之中，对技能人才来说，选择一线城市会面临人才扎堆、竞争激烈的局面，而二线、三线城市具有落户难度低、综合成本低、政策扶持力度大、竞争较小等优势，更适合高职毕业生职业生涯的发展。

四、就业政策和公共就业服务

鉴于我国的经济发展状况、劳动力现状和就业形势，我国一直实行积极的就业政策。我国积极的就业政策产生于2002年，在借鉴其他国家经验和总结地方成功做法的基础上，形成了积极的就业政策框架。2005年积极的就业政策得到延续、扩展、调整和充实。2007年《中华人民共和国就业促进法》（简称《就业促进法》）的制定颁布使促进就业的政策体系、制度机制纳入法治化轨道。2008年以来，在应对国际金融危机和重大自然灾害中，政策内容进一步丰富完善，形成了更加积极的就业政策。

（一）促进就业的政策体系

1. 政府促进就业的六项职责

促进就业和治理失业是各国政府的重要职责，也是世界各国政府执政的重要目标，在我国更是各级政府执政为民的重要体现。《就业促进法》对政府在促进就业中承担的重要职责做出了明确规定，主要包括六个方面：发展经济和调整产业结构，增加就业岗位；制定并实施积极的就业政策；规范人力资源市场；完善就业服务；加强职业教育和培训；提供就业援助。

2. 促进就业的十大政策

政策是政府履行责任的具体体现。《就业促进法》将经过实践检验行之有效的积极就业政策上升为法律规范，主要从十个方面进行了规定：有利于促进就业的经济发展政策、财政保证政策、税收优惠政策、金融支持政策、城乡统筹、区域统筹、群体统筹的就业政策，以及支持灵活就业、援助困难群体就业和失业保险促进就业的政策。

（二）我国公共就业服务

我国公共就业服务体系的初步建立，在缓解我国就业压力、帮助失业人员再就业、维护劳动力市场秩序、树立市场服务标杆、促进人力资源合理流动和配置、维护劳动者权益等方面都发挥了重要作用。目前，我国已初步构建了中央、省、市、区县、街道（乡镇）、社区五级管理、六级服务的公共就业服务网络。在全国统一政策之外，各省、直辖市、自治区也都根据本地情况出台了地方政策，高职毕业生可自行了解掌握。

案例 5.2

大学生就业创业的主要政策文件和服务平台

下面所列为国家层面出台的关于大学生就业创业政策的文件。

（1）国务院办公厅《关于促进以创业带动就业工作指导意见的通知》（国办发〔2008〕111号）。

（2）教育部《关于大力推进高等学校创新创业教育和大学生自主创业工作的意见》（教办〔2010〕3号）。

（3）国务院办公厅《关于深化高等学校创新创业教育改革的实施意见》（国办发〔2015〕36号）。

（4）国务院《关于大力推进大众创业、万众创新若干政策措施的意见》（国发〔2015〕32号）。

（5）教育部办公厅《关于进一步做好高校毕业生就业创业工作的通知》（教学厅〔2016〕5号）。

（6）中共中央办公厅、国务院办公厅印发《关于进一步引导和鼓励高校毕业生到基层工作的意见》（中办发〔2016〕79号）。

（7）教育部《关于贯彻落实中央文件精神？进一步引导和鼓励高校毕业生到基层工作的通知》（教学〔2017〕3号）。

（8）国务院《关于做好当前和今后一个时期促进就业工作的若干意见》（国发〔2018〕39号）。

【分析】更多的信息可以从"筑梦未来　与你同行"高校毕业生就业创业政策宣传平台网址：http://www.newjobs.com.cn/Media/zmwl/index.html 查询。

五、树立正确的就业观

近年来，高职毕业生的就业观念和就业环境正在日益发生变化，高职毕业生在择业过程中也呈现出许多新特点，就业观正发生着全方位的改变。

（一）就业观的要素构成

就业观指的是人们对某一特定职业的根本看法和态度，也是社会对从事某种专业工作人员的较为恒定的角色认定。就业观是作为职业人所具有的意识，是人们对职业劳动的认识、评价、情感和态度等心理成分的综合反映，也是职业道德、职业操守、执业行为、执行表现等职业要素的总和，是支配和调控全部职业行为和职业活动的调节器。就业观的要素包括职业地位观、职业待遇观、职业苦乐观等。

（二）树立正确的就业观

1. 勇于面对竞争

在社会主义市场经济体制下，就业实行的是在国家政策指导下的自主择业方式，即把竞争机制引入高职毕业生的就业之中，建立起公平的人才竞争环境。物竞天择、适者生存、竞争意识是现代人必备的素质之一，面对就业竞争的现实，高职毕业生应当摆脱被动依赖、消极等待的状况，敢于竞争，树立"爱拼才会赢"的观念，做好多方面的竞争准备。

2. 先就业，再择业，后创业

要打破一步到位、从一而终的就业观。高职毕业生也不必急于在短时间内找一个固定的"铁饭碗"，要树立不断进取的职业流动观念，并学会在流动中发现机会、抓住机会、把握机会。从现阶段的就业形势看，国家宏观政策是鼓励大学生自主创业的，为广大高职毕业生的自主创业提供了良好的社会环境。自主创业给具有创造力、活力的高职毕业生提供了就业和深造以外的"创新之路"。

3. 到基层、农村去

在大城市、主要机关提供的就业机会日趋饱和的情况下，全国的几十万个行政村，加上基层社区及其他的基层所提供的就业岗位，为高职毕业生提供了不可小觑的就业机会，为高职毕业生施展才华、实现理想创造了条件。当代学生应积极响应国家和社会的召唤，到基层去、到西部去、到生产第一线去、到祖国和人民最需要的地方去，接受锻炼、接受挑战。

4. 发挥专业所长，但也注重综合素质

高职毕业生在择业时首先要考虑所学的专业，根据专业特点谋求职业，以做到专业特点与职业要求相匹配，发挥专业优势；同时也不能忽略综合素质和能力。大多数用人单位招聘人才的标准是：注重应聘者的个人能力和综合素质，至于专业是否完全对口并不过分计较。一味强调专业对口，会使高职毕业生在激烈的竞争中失去很多机会。一个

具有开拓精神的高职毕业生，应看重行业的发展前景，并及时调整自己的择业方向，勇于选择与自己所学专业相近或相关的职业。学校的教育不仅是学习专业知识和技能，更重要的是培养了学生的综合素质和综合能力。

案例5.3

关注高校毕业生就业新动态

1. 先就业，再择业

对于应届高校毕业生而言，由于受到工作经验、户口等多种因素的制约，要找到一份理想的工作有一定的难度。所以，"先就业，后择业"观念在应届毕业生中颇为流行。毕业生们希望通过积累工作经验使自我价值得到较大提升，从而找到更理想的工作。

2. 慢就业

所谓"慢就业"，是指一些大学生毕业后，既不打算马上就业也不打算继续深造，而是选择游学、支教、暂时在家陪父母或者进行创业考察等，慢慢考虑人生道路的现象。"慢就业"反映了大学生就业观念的转变，面对更多的选择，大学生开始注重职业长期规划和就业质量。但这种情况多发生在经济发达地区和家庭条件较好的毕业生中，因此广大毕业生应当量体裁衣，针对个人实际情况进行职业规划。

3. 专业不对口

面对严峻的就业形势，不少毕业生先就业后择业，选择了与自己的专业不对口的工作。前不久，某第三方调查机构调查结果显示，高校毕业生参加工作后，超过三成毕业生工作与专业不对口。而造成毕业生难以学以致用的原因，主要是专业对口的工作不符合自己的职业期待，迫于现实先就业再择业。在职场中，很多人并没有从事与自己专业对口的工作，但是他们依然能把工作做得很好，在岗位上实现了自己的人生价值。

4. 频繁跳槽

对于刚毕业的大学生来说，刚踏入社会难免不太适应，在初次选择职业时会感觉比较茫然，不能理性对待。如对工作环境、人际关系、工作压力和工资待遇不满意等，这些问题导致毕业生频繁跳槽。据调查，新录用大学生在一两年内流失率在30%以上的企业达到被调查企业总数的50%。甚至像很多大型企业，也认为他们为高校毕业生高流失率交的学费太高。

5. 打工不如当老板

近年来，越来越多的在校学生或毕业生选择了自己创业当老板的发展道路。其中相当一部分人认为要想通过打工进入上流社会非常困难，并把这称为"玻璃天花板效应"。因此，现在自己当老板的白领越来越趋于年轻化。当然也有人认为，学生直接当老板的成功率不高，因此也有一部分高校毕业生选择先打工后当老板的道路。

【分析】从上述大学生就业的新动态可以看出，就业形式喜忧参半，毕业生应该对这些情况有清醒的认识，并做到扬长避短。

（三）努力克服几种不良倾向

1. 从"一线城市"向"城乡基层"转变

当前，一些二线、三线城市能提供比大城市更多的工作和发展机遇，且生活压力较小，农业农村领域也存在大量的发展机遇。高职生就业应该着眼未来的发展。在一线城市生存成本加大、就业已趋饱和的情况下，选择到二线、三线城市及基层就业和发展是理性的、现实的。高职生要根据国家需要和劳动力市场的需求，找到自己在基层的位置和发展空间，实现自己的人生价值。

2. 从"终身"就业向"动态"就业转变

传统就业观念向来视稳定为生活的重要条件，一次就业定终身的观念，在计划经济条件下，是一种普遍的就业心理。而现代社会为人们提供了广阔的更加独立发展的空间，高职毕业生不必急于在短时间内找一个固定的"铁饭碗"，不妨先找一个工作，这样既缓解了家庭的经济压力，又可以在流动中求发展，打破一步到位、从一而终的就业观。近年来，一部分毕业生，特别是部分专科毕业生，毕业时将户口迁回生源地，把档案托管在工作地的人才中心，在哪里找到岗位，就在哪里就业，在流动中寻找与能力相符，与专业对口，与特长、优势一致的工作岗位。

3. 从"国企"向"私企"转变

在传统的职业观念影响下，人们都希望能够到政府机关、事业单位或国有大企业谋职、发展，而不愿意到民营企业或私营企业求职发展。但是，政府机关、科教文卫事业单位、科研院所、大型三资企业由于多种原因（如体制原因、产业结构原因等），吸纳高校毕业生的能力是有限的，很难大量接收毕业生就业。随着改革的深入，经济新常态的发展，民营、私营企业单位大量增加，随之带来的是对人才的大量需求。特别是一些发达地区的民营企业发展非常迅速。

4. 从"白领"向"蓝领"转变

在传统的就业观念中，很多高职生都想成为"白领"，工作轻松、收入较高，有一定的社会地位。对于"蓝领"，很多人在观念上把它看成是体力劳动，"卖苦力"。在当前技术飞跃发展的今天，"蓝领"已不再是以前的工作形式，知识型、技能型的"蓝领"正被社会越来越重视，社会地位和收入水平已大幅提高。"工匠精神"正成为国家的需要和高职生的新发展方向。

5. 从"打工"向"创业"转变

打工是一种被动的就业行为，而自主创业是给自己"打工"，是一种主动的就业行为。新一代高职生精力旺盛，有着强烈的挑战自我、实现自我的激情，并且无负担，没有太多牵挂，有较高的文化水平，专业基础扎实，具有创新意识，自主学习知识的能力强，善于接受新知识。从现阶段的就业形势看，国家宏观政策激励高职生自主创业，社会主义市场体制的建立和市场经济的发展，为广大高职毕业生的自主创业提供了良好的社会环境。创业——这包含机遇与挑战的字眼，已经成为无数高职生心中的梦想。中国也已经诞生了一大批高职生创业者，而且其中不乏许多非常成功的典范。

6. 从"被动"就业向"主动"就业转变

现代社会对人才的需求越来越高，特别是竞争上岗的推广和实行，使人才的竞争更加激烈。因此，高职生要树立就业竞争、上岗靠本事的思想，打破"等、靠、要"消极的就业观念，不断学习新的知识与技能，不断提高自身素质，把自己培养成为适应社会需要的人才。

7. 从"贪图享乐"向"艰苦奋斗"转变

当前，人们的物质生活水平不断提高，高职生是就业大军中的佼佼者。加上近几年高职生中独生子女占大多数，部分学生缺乏吃苦耐劳、艰苦奋斗的精神。在选择职业时，他们大多不愿意到艰苦的环境和岗位上去。历来在事业上取得成功的人士的经历也告诉我们，只有坚持艰苦奋斗，才能获得事业的成功。因此，高职生在就业时应该做好吃苦耐劳的准备，树立爱岗敬业、艰苦创业的精神，为祖国的繁荣富强贡献自己的青春年华。

经典分享

抓住市场需求　争当高级保姆

"家政服务员等于保姆？"在高校毕业生群体中，这一观念正在发生转变。春节刚过，高校毕业生们就迎来了全年规模最大的高校毕业生专场招聘会。与往年不同的是，在石家庄市举办的"人才大集"首次设立家政服务业专区，来自北京、天津、河北等地的20余家知名家政服务企业向大学生们伸出橄榄枝。在参加招聘之前，"张垣大嫂"家政服务公司招聘人员陈国平还担心家政服务公司对大学生不一定有吸引力，"因为在传统观念里，很多人觉得做家政这一行就是伺候人的"。让他没想到的是，一上午的时间，他就收集了一摞简历，并不断有大学生来询问岗位和薪资情况。即将毕业的学生卢宽就将简历投到家政服务公司。卢宽告诉记者，虽然周围很多同学对家政服务存在偏见，但她认为，中国正在进入老龄化社会，"全面二孩"政策已开始实行，人们对养老护理、幼儿早教等家政服务的需求正在增长，家政行业的发展空间很大。

【分析】近年来，越来越多的大学生进入传统服务行业就业，类似"大学生当保姆""大学生当搬运工"的例子并不鲜见。大学生进入传统服务行业符合社会发展对人才的需求，而并非人才浪费。随着高等教育的大众化，全社会应该打破陈旧观念，以平常心看待大学生在普通行业就业的现象。面对当前严峻的就业形势，大学生在就业中也要消除"眼高手低、有业不就"的思想，树立"先就业，后择业""干一行，爱一行"的就业观念。

课堂活动

机器换人，动了你的岗位吗？

1. 活动目标

能正确分析新技术对就业形势的影响。

2. 规则与程序

（1）阅读以下材料。

（2）分组讨论，每组6～8人。

阅读材料

据国际机器人联合会统计，世界经济论坛预测，到2020年，全球有500万个工作岗位可以实现自动化。

我国机器人研发起步于20世纪70年代，近年来，随着我国劳动力成本快速上涨，人口红利逐渐消失，生产方式向柔性、智能和精细转变，对工业机器人的需求也呈现大幅增长。

"机器换人"的普及对就业岗位数量和结构都将产生深远影响。目前，创造就业岗位最多的纺织服装、采掘和电子信息等产业出现了"机器换人"的趋势，但从现阶段看，机器人和人类劳动者间的替代关系并不显著。机器人具有竞争优势的行业和领域，与我国劳动力比较优势最显著的行业和领域并非完全重叠，也就是说，机器人只会在个别产业和环节上替代手工操作，短期内主要还是对生产效率和产品质量提高产生积极影响，不会改变我国制造业劳动力密集程度较高的特征，也不会造成严重的失业问题。

活动时间20分钟。

3. 讨论

（1）人工智能和机器人等新技术对自己所学的专业的就业岗位有什么影响？

（2）人工智能和机器人的新技术将创造哪些新的就业岗位？将淘汰哪些原有的岗位？

（3）人工智能和机器人的新技术对本专业毕业生能力提出了什么新的要求？

单元二 毕业去向和就业渠道

☞ **能力目标**

（1）了解高校学生的主要毕业去向。

（2）了解当前的就业制度与就业政策。

（3）掌握科学就业观的内涵与树立途径。

毕业去向和就业渠道

导入案例

投资黄金梦一场

　　小彭是广东某高校财经系大学三年级的学生，他最近春风得意，在临近毕业前找到了一份让人极其美慕的工作：黄金投资。通过一名老乡的介绍，他到广东某事业投资有限公司工作，从事黄金境外投资操盘手一职，公司老总告诉他做这一行的是高投资、高回报，顾客有风险，但操盘手没有任何风险，一进一出挣的都是顾客的手续费。小彭是学财经专业的，对期货也有一定的认识，虽然他对黄金期货买卖并不熟悉，但由于是熟人介绍，而且最关键的是公司办公地点在寸土寸金的天河体育中心，一个月的月租都好几十万，他毫不犹豫地入了职。同学们都美慕地看着他每天西装革履出入在甲级写字楼。谁知一个月后，小彭哭丧着脸找到了学校的就业指导中心，向老师哭诉他的遭遇。原来公司老总告诉新入职的小彭他们，在成为正式的操盘手之前需要自缴考核金练习操盘，小彭东拼西凑了5万元投入了操作平台，结果这却是个黑平台，这个所谓的老总利用这个平台卷走了所有客户和员工的款项。老师带着小彭去报案，但警方以其描述的案情不符合诈骗案件的要求而不予立案。律师认为，目前黄金、外汇期货境外业务在国内并没有放开，在这种背景下，任何的投资都无法核实其真实性和合法性，投资者在钱财损失后的维权也比较困难。

　　【分析】建议高职毕业生在当今新的"专业机构""新兴行业"涌入社会之际，择业的时候一定要谨慎对待，不要轻易交付自己的信任，再三思量，谨防受骗。

一、高职生主要毕业去向

　　自从实行"自主择业、双向选择"的就业体制以来，大学毕业生就业走向了多元化的局面，形成了多种多样的就业方式。

（一）升学深造（专升本或考研）

　　许多毕业生为了提升自身的学历水平，提高就业竞争力，谋求更好的就业岗位和更高层次的就业，纷纷加入继续升学深造的行列。专升本考试是指大学专科层次学生进入本科层次阶段学习的选拔考试，是我国大专层次学生升入本科院校就读的一种选拔考试制度。近几年我国每年参加考研的大学生数量在170万～200万人，录取比例在32%左右。

（二）报考国家公务员

　　我国每年都要从大学毕业生当中招收一定数量的优秀毕业生充实各级党政机关的公务员队伍。自身素质好的学生，可以在毕业前参加国家公务员资格考试。在取得公务员资格后，各级党政机关通过双向选择实现就业。由于公务员职业的稳定性，所以每年报考的人数都很多，竞争十分激烈。

　　中央、国家机关的公务员考试包括笔试和面试。从2006年开始，无论什么岗位，都需要经过《行政职业能力测验》和《申论》的考试，不同的岗位《行政职业能力测验》的试题有所不同。

（三）国有企事业单位（应聘或报考）

国有企事业单位历来是大学毕业生就业的一条主渠道。在用人方面，国有企业实行所有权与经营权的分离以后，全面推行全员聘用制，企业具有自主招聘职工的权利。事业单位也采取了一系列改革措施，增强用人自主权，按照择优录用的原则，试行聘用制度。因此，"自主择业、双向选择"的就业体制为企事业单位和毕业生双方都带来了机遇，提供了广阔的选择和就业空间。

（四）应聘民营企业和合资、外资企业

《中共中央关于完善社会主义市场经济体制若干问题的决议》指出，要鼓励和支持非公有制经济发展，扩大非公有制经济的投资领域，表明民营企业的发展面临着大好的发展机遇。外资企业的用工体制都是采用劳动合同制，员工和企业之间存在雇佣劳动关系。近年来，这两类企业的快速发展，为高校毕业生实现人生价值提供了更为广阔的舞台。

（五）自主创业

我国经济的快速发展、产业结构的调整、非公有制经济迅速崛起，为高职生自主创业、施展才华提供了良好机遇。一些学生毕业后不是向社会寻求工作，而是运用自己的知识和能力进行创业。他们不仅解决了自己的就业问题，在为社会创造财富的同时，还带来了更多的就业机会。自主创业已经成为高职生就业的一种新形式，也对高职生综合素质提出了更高的要求。不必为人打工，自己的事业自己做主；全方位锻炼个人的能力；最大限度地激发个人的潜质；培养系统性的思维能力；创业成功的成就感无可取代。

（六）参军或参选士官

近年来，为了加快军队现代化建设的步伐，部队加大了接收地方高职生的工作力度，越来越多的高职生走进军营。专科生参选士官成功的属于士官身份。此外，我国还从高校招收未毕业高职生参军。在校高职生，不论入学时间长短，都可以报名参军，保留大学学籍，服务期限届满可以回到大学继续学习。如果在部队表现良好，有过立功记录，回到大学后将视立功等级给予减免学费、免试推荐"专升本"、攻读研究生等。

（七）自由职业等其他形式

自由职业者是指跟体制或者出资人不存在法律效力合作关系而拥有合法收入的个体，多为从文从艺人员，如自由撰稿人、美术人、音乐人、电脑精英、策划人等。当然，随着社会的发展、体制的放宽、技术的进步，自由职业者也正在向其他领域不断扩展。学者指出，医生、律师等将会成为最大的自由职业者群体。

二、高职生到基层就业

（一）农村教师特岗计划

农村教师特岗计划是中央实施的一项对西部地区农村义务教育的特殊政策，通过公开招聘高校毕业生到西部地区"两基"攻坚县、县以下农村学校任教，引导和鼓励高效毕业生从事农村义务教育工作，创新农村学校教师的补充机制，逐步解决农村学校师资总量不足和结构不合理等问题，提高农村教师队伍整体素质，促进城乡教育均衡发展。

（二）"三支一扶"计划

2006年2月，中央组织部、人事部（现人力资源和社会保障部）、教育部、财政部、农业部（现农业农村部）、卫生部（现国家卫生健康委员会）、国务院扶贫办、共青团中央决定，联合组织"三支一扶"。实施高校毕业生"三支一扶"计划，引导和鼓励高校毕业生到西部去、到基层去、到祖国最需要的地方去，为促进农村基层教育、农业、卫生、扶贫等社会事业的发展、建设社会主义新农村和构建社会主义和谐社会做出贡献。

（三）大学生志愿服务西部计划

大学生志愿服务西部计划，是共青团中央、教育部根据国务院常务会、国务院办公厅《关于做好2003年普通高等学校毕业生就业工作的通知》和2003年全国高校毕业生就业工作电视电话会议精神的要求而实施的，财政部、人社部给予相关政策、资金支持。该项计划从2003年开始实施，按照公开招募、自愿报名、组织选拔、集中派遣的方式，每年招募一定数量的普通高等学校应届毕业生或在读研究生，到西部基层开展为期1～3年的教育、卫生、农技、扶贫等志愿服务。

（四）大学生村官

大学生村官工作是国家开展的选派项目。大学生村官岗位性质为"村级组织特设岗位"，系非公务员身份，其工作、生活补助和享受保障待遇应缴纳的相关费用由中央和地方财政共同承担。大学生村官的工作管理及考核比照公务员有关规定进行，由县（区、市）党委组织部牵头负责、乡镇党委直接管理、村党组织协助实施；人事档案由县（区、市）党委组织部管理或县（区、市）人力资源和社会保障部门所属人才服务机构免费代理，党团关系转至所在村。

案例 5.4

国家鼓励高校毕业生到基层就业的政策

按照《国务院关于进一步做好普通高等学校毕业生就业工作的通知》（国发〔2011〕16号）、《国务院办公厅关于做好2013年全国普通高等学校毕业生就业工作的通知》（国办发〔2013〕35号）、《国务院办公厅关于做好2014年全国普通高等学校毕业生就业创业工作的通知》（国办发〔2014〕22号）、《国务院关于进一步做好新形势下就业创业工作的意见》（国发〔2015〕23 号）、《中共中央办公厅、国务院办公厅印发〈关于进一步引导和鼓励高校毕业生到基层工作的意见〉的通知》（中办发〔2016〕79 号）、《中共中央办公厅、国务院办公厅〈关于进一步引导和鼓励高校毕业生到基层工作的意见〉的通知》（国发〔2017〕6 号）等文件规定：

（1）完善工资待遇进一步向基层倾斜的办法，健全高校毕业生到基层工作的服务保障机制，鼓励毕业生到乡镇特别是困难乡镇机关事业单位工作。

（2）对高校毕业生到中西部地区、艰苦边远地区和老工业基地县以下基层单位就业、履行一定服务期限，按规定给予学费补偿和国家助学贷款代偿。

（3）结合政府购买服务工作的推进，在基层特别是街道（乡镇）、社区（村）购买一批公共管理和社会服务岗位，优先用于吸纳高校毕业生就业。

（4）落实完善见习补贴政策，对见习期满留用率达到 50% 以上的见习单位，适当提高见习补贴标准。

（5）将求职补贴调整为求职创业补贴，对象范围扩展到已获得国家助学贷款的毕业年度高校毕业生。

（6）艰苦边远地区基层机关招录高校毕业生可适当放宽学历、专业等条件，降低开考比例，可设置一定数量的职位面向具有本市、县户籍或在本市、县长期生活的高校毕业生。

【分析】毕业生应熟悉上述政策，并响应国家号召，到基层去就业，寻找自己的新发展机会。

三、高职毕业生就业求职的主要途径

（一）学校推荐就业

学校推荐是高职毕业生就业的主要途径，一般包括学校举办校园大型招聘会和企业专场招聘会等形式。学校推荐的用人单位一般来讲是可靠的，在企业来学校招聘前，学校会通过各种途径对用人单位进行查证，有时学校还会派人到用人单位进行实地考察和洽谈，以确保学校推荐给大学生的用人单位福利待遇是真实有效的。

（二）参加社会招聘会

社会招聘会是由政府组织或人事、劳动部门的人才市场组织用人单位和求职者双方在同一时空直接进行交流洽谈的一种集市式招聘形式。招聘会上供需双方直接见面洽谈，双向交流，反馈及时，省略了许多不必要的中间细小环节，增加了洽谈的成功率，节省了宝贵的时间，提高了应聘的效率。另外，招聘会上就业信息集中、便于收集，应聘者在招聘会上可以同时和多家招聘单位见面洽谈，选择余地较大。

（三）网上求职

网上求职、网上招聘的就业方式目前已经成为一种时尚。对高职毕业生来说，网上求职既省钱又省事，将会越来越成为就业的主流方向。

（四）利用亲友等社会关系求职

利用自己的亲友、同学、同乡等社会关系搜集就业信息和进行求职也是高职毕业生就业的一个重要途径。许多用人单位尤其中资企业也愿意录用经熟人介绍或者推荐引进的求职者。高职毕业生在求职的过程中，如果关键时刻有关键人物帮自己引荐，无疑效果会更好。

（五）自荐求职

在没有其他关系的介绍和推荐的情况下，高职毕业生可以带着自己的简历直接到一些自己选定的公司登门造访，勇敢地把自己介绍给对方，赢取用人单位的赏识和青睐。职业指导专家认为，求职中的主动表现在两个方面：一是主动为自己寻找机会，主动登门拜访来推销自己；二是在面试后主动做一些适当的工作。此外，在拜访时要表现出自己对该用人单位有极高的热情、兴趣及相当的了解，给招聘负责人留下深刻的印象。

（六）通过中介机构求职

人才交流实行市场化之后，人才中介机构一直扮演着"媒介"的重要角色，许多高校应届毕业生通过人才中介机构的渠道来寻找工作。高职毕业生可以到就业中介机构专设的委托招聘部门去办理就业代理登记，投放简历，委托推荐。在选择代理求职的中介机构时，高职毕业生要警惕那些操作不规范的"伪中介"和"黑中介"。此外，还要注意了解该中介机构的一些具体情况。

四、利用大学生就业市场

就业市场是在市场经济条件下人力资源的配置市场，是按市场运行规律对人力资源进行配置。大学生就业市场可以分为两类：有形市场和无形市场。

（一）有形市场

有形市场是指有固定的场所、具体的时间和地点、特定的参与对象的市场形式。有形市场按不同的分类标准，主要有表5-1所示的几种形式。

表5-1　大学生就业市场的类别及其特征

分类依据	具体类别	具体形式
举办单位	单个学校举办的大学生就业市场	针对本校大学生的专业特点和服务行业，邀请相关的用人单位参加，主要为本校大学生就业服务举办的招聘会、洽谈会 优势：高校通过产学合作的方式使供需双方建立经常性的联系，与用人单位共建一批稳定的实训和就业基地，学校对大学生就业指导和服务的作用得以充分发挥，从而使这类就业市场签约率较高，市场效益较佳。此种形式因其高效、可靠、真实、规范而深受大学生和用人单位的欢迎

续表

分类依据	具体类别	具体形式
举办单位	学校联办的大学生就业市场	指两所或两所以上的高校联合举办的大学生就业市场 优势：强弱联合或强强联合，避免了就业市场规模小、单位少、效能差的问题
	企业自办的大学生就业市场	由大型企业和企业集团举办的以招聘本企业所需岗位为目的的就业市场
	政府主管部门或人才中介机构主办的大学生就业市场	一种是由省（自治区、直辖市）主管大学生就业的部门组织各高校所设立的大学生就业市场；另一种是由地方人事主管部门或人才中介机构设立的人才市场
举办区域	区域性大学生就业市场	由地方大学生就业主管部门举办的为本地区经济发展服务的就业市场和各大经济区联合举办的区域性大学生就业市场
	国际性大学生就业市场	由国内外人才中介组织举办的人才市场 优势：实现了大学生在国际上的流动。招聘的人才可在国内外大型企业或跨国公司就业，从而形成国际性的大学生就业市场
举办类别	分科类大学生就业市场	地方大学生就业主管部门从用人单位和学校两方面考虑，从市场细化的角度出发，把理、工、农、医、师等学科类的毕业生分别集中起来，与相应的用人单位双向选择
	分层次大学生就业市场	指招聘单位对学历层次的要求不同而形成的研究生就业市场、本科和专科大学生就业市场等
	分行业大学生就业市场	由中央部委主管大学生就业的部门主办的主要为本系统、本行业大学生和用人单位服务的就业市场

（二）无形市场

无形市场是指不受时间和空间的限制，高职毕业生可以按照自身择业意向来挑选工作单位的市场形式。这种市场一般没有具体的时间和地点，没有固定的场地，也没有一定的参加对象，但其存在是客观的，并且发挥着越来越大的作用。无形市场的主要表现形式是网络市场和新媒体市场（微信平台），如各级教育主管部门建立的"高校毕业生就业信息网"、各类高校建立的"毕业生就业网"及其他的"人才招聘网""求职网"等。

🌐 经典分享

关注就业政策，注重信息收集

江苏某高校毕业生小魏，一心想要留在大城市工作。从大学二年级开始，她就强烈地意识到自己的就业问题不能像一些有"背景"的同学那样靠家里帮忙了，只有依靠自己主动去争取。小魏对自己的状况做了以下客观的分析，认为自己虽已是大学二年级学生，但对就业问题一无所知，该从哪开始呢？听同学讲得神神秘秘，老师在就业指导课上也讲了许多，分析来分析去，小魏打定主意，先按老师说的从掌握就业政策入手，把长江三角洲一带的就业政策和就业信息调查研究一番，再做决定。她首先用一段时间到图书馆把长江三角洲各地的报纸找到，然后在学校就业网站和各市人才招聘网站上查询一番。再加上其他一些渠道，凡是有长江三角洲大城市的就业方面的信息，她都要收集起来分析研究。通过一段时间的努力，她的心中慢慢有底了，对上一年的就业形势和就业政策比较熟悉了。到了大学三年级，小魏参加了上海、南京、苏州、无锡等地的供需见面会。小魏看到很多教育单位"要求本科以上学历"的条件，对一般院校的毕业生主要接收本地生源。她及时调整了自己的求职方向，把眼光放到中小城市，参加了学校为毕业生顶岗实习和预就业举办的几场用人单位招聘会，发现在南通、张家港、常熟、昆山、江阴一带对自己所学专业的人才需求量较大，而且，那里的人事政策仍容许接受部分外地毕业生。结果，小魏在江阴找到了较理想的就业岗位。小魏回到学校后，在班会上她说了一段令学生印象很深的话。她说："政策就是信息，政策就是机会，对于就业政策及其他一些知识，我们一定要尽可能多地掌握。"

【分析】就业相关政策对于高职毕业生求职来说是非常重要的。就业市场对于高职毕业生而言还是一个陌生的环境，与我们所熟悉的校园生活截然不同。高职毕业生必须尽快熟悉就业环境，只有把个人就业需求和社会需求结合起来，才能提高就业成功率，少走弯路，能够顺利地实现自己的职业理想。

课 堂 活 动

查找就业市场

1. 活动目标

找到身边的就业市场。

2. 规则与程序

（1）6～8人为一组。

（2）查找隶属政府机关的大学生就业信息网址，至少10个。

（3）查找全国有口碑的综合就业信息网址至少10个。

（4）查找来自各自生源地的人力资源管理部门网站和联系电话至少5个。

（5）查找来自求学地的省级、市级人才市场网站和联系电话至少5个。

（6）查找本校校园网和同类院校校园网的就业网站至少5个。

（7）将上述查询资料用Excel表格整理记录。

活动时间30分钟。

3. 讨论

（1）比比看，哪一组查找到的信息最多、最完整？

（2）各组分享查到的信息并展开讨论如何应用这些信息。

单元三　创业选择和创业政策

📍 导入案例

整合资源获取第一桶金

小王是某高职院校一名学生，他看上了学校新建食堂四楼的一块闲置大厅。

小王想低价把这块场地拿下来。身为学校英语俱乐部部长的他，接受职业指导教师的建议，开始整合资源：一是与后勤部门负责人协商，组织学生到食堂四楼来吃饭，保证每个月给学校带来2万元的营业额，条件是免费使用这块闲置场地。二是将场地用于学生晨读。三是与英语培训机构合作，培训机构为晨读学生免费提供资料，英语俱乐部负责招生。四是动用学校英语俱乐部的力量招晨读学生。英语俱乐部成员可以免费参加，只需交纳35元的早餐费。

于是，一个多方借力、多方获利的创业计划产生了。一是小王通过英语俱乐部招到学生400人左右，定价为每人每天35元（含25元早餐费），按月收取费用，每人毛利35元，月毛收入为400人×35元×30天＝42 000元。二是英语俱乐部免费获得了活动场所，提升了形象。三是后勤部门每月多收入25元×400人×30天＝3万元，也带动了食堂四楼的生意。四是英语培训机构在一个月内招到46名学生，一学期招了近200名学生，相当于英语培训机构免费拥有了一个学生试听、试读的场所，不需要再额外做宣传推广工作。

通过一年时间的运营，小王赚了30多万元，真正运用自己的力量，通过资源整合，赚取了人生的第一桶金。

【分析】作为高职生的小王敏锐地发现了商机，借助自身作为学校英语俱乐部部长的优势，巧妙地整合资源，盘活了学校闲置的资源，服务了师生，也带动了校内多个部门和产业，获取了人生第一桶金。

一、创业是人生的一种选择

（一）什么是创业

《现代汉语词典》对"创业"的解释是：创办事业，而"事业"是指人所从事的，

具有一定目标、规模和系统并对社会发展有影响的经济活动。创办事业是创业的本质。

创业有广义和狭义之分。广义的创业是指人类的创举活动，或指带有开拓、创新并有积极意义的社会活动。这种活动可以是盈利的，也可以是非营利的，可以是经济方面的，也可以是政治、军事、文化、科学、教育等各个领域的。只要是人们以前没有做过的，对社会产生积极影响的事业，都可以说成创业。

狭义的创业特指个人或团队自主创办企业。我们将其定义为：创业个人或创业团队通过寻找和把握各种商业机会，投入已有的知识、技能和社会资本，调动并配置相关资源，创建新企业，为消费者提供产品或服务，具有创新或创造性的、以增加财富为目的的活动过程。

（二）创业的基本特征

创业活动具有自觉性、创新性、风险性、利益性、曲折性等基本特征。

（1）自觉性。创业是创业者自觉做出的选择，是其能动性的反映。

（2）创新性。创新是创业的主旋律。创业过程是一个不断创新的过程，创新人才首先要有创新动机、创新意识和创新精神。只有不断创新，企业才会有生命力。

（3）风险性。创业是有风险的，创业的过程充满成功和失败。一般来说，创业可能面临的风险有：政策风险、决策风险、市场风险、扩张风险、人事风险。

（4）利益性。创业以增加财富为目的，创业过程中获利的多少，往往也是人们衡量创业者成功与否的重要标志。

（5）曲折性。创业者往往要受到重重挫折，经过多年艰苦奋斗，在困难前面不屈不挠，倾注大量心血，才能获得成功。

二、创业的意义

（一）"济天下"——创业对社会的意义

创业可以增加社会财富，促进经济发展和社会繁荣；创业可以实现先进技术转化，促进生产力提高和科技创新；创业可以提供就业岗位，缓解社会就业压力；创业可以激发整个社会的创新意识和创业精神，有利于观念的转变。

只要简单回顾近二三十年间，创业者所创造出的新行业，诸如个人电脑、生物技术、电脑软件、办公自动化、手机服务、电子商务、虚拟技术等，我们不难想象出创业者是如何巨大地改变了世界的发展进程和人们的生活、工作和学习方式。如今的美国，创业革命使得"为自己工作的观念"深深扎根于美国文化中。在我国，近年来如火如荼的创业大潮使得无数个人进入了经济和社会的主流，对于形成创新、宽容、民主、公正、诚信等观念和文化具有积极作用。

（二）"善其身"——创业对创业者的意义

概括地说，创业可以主宰自己，充分发挥自己的才干；创业可以帮助个人积累财富，一定程度上满足个人对物质的追求欲望；创业能够使个人有机会和实力回馈社会，具有极高的成就感；创业使个人能够从事喜欢的事业并从中获得乐趣。

应该看到，创业是一个伟大的历程，是一个精彩的大舞台。创业起步可高可低，创业的发展空间无限。通过创业，才能有效实现人生价值，把握人生航向。例如，许多上班族不喜欢给别人"打工"，因为个人的创意、想法往往得不到肯定，个人的才能无法充分发挥，愿望得不到实现，工作缺乏成就感，往往感觉"怀才不遇"。而创业则可以摆脱这些羁绊，充分施展自己的才华，发挥最大潜能，使自己的人生价值得到更好的体现。又如，创业者选择创业项目，通常会从个人感兴趣的领域着手，将其与自己的知识技能、专业特长等结合起来。而做自己喜欢做的事本身就是一种享受。

总之，创业是当代青年学生实现人生理想和价值、获得自身全面发展的有效途径。

三、创业者的精神和特质

（一）创业者的定义

从词源上讲，"创业者"（entrepreneur）一词的原意是指买卖双方之间承担风险的人，或承担创建新企业风险的人。创业者可以聚集并整合所有的必需资源（金钱、人力、商业模式、战略和对风险的忍耐力等），以便将发明转化为可存活的企业。因此，创业者可以理解为不仅发明产品，还需将产品推广、运作并变成可运转形式的人。

（二）创业精神

哈佛大学商学院学者对创业精神的定义是，创业精神就是一个人不以当前有限的资源为基础而追求商机的精神。从这个角度来讲，创业精神代表着一种突破资源限制，通过创新来创造机会、创造资源的行为，而不是简单地体现在创办新企业或体制机制和技术在创新上。因此，创业精神可概括为"没有资源创造资源，没有条件创造条件，用有限的资源去创造更大资源"。创业精神的关键点在于"是否创造新的价值"，而不在于设立新公司，是一种追求机会的行为，这些机会还不存在于目前资源应用的范围，但未来有可能创造资源应用的新价值。

创业精神是促成新企业形成、发展和成长的原动力。一方面是精神层面，"创业精神"代表一种"以创新为基础的做事与思考方式"；另一方面是实质层面，"创业精神"代表一种"发掘机会，组织资源建立新公司，进而提供市场新的价值"。例如，专家们一致认为创业者需要具备42项特征：①自信；②有毅力、坚定；③精力充沛、勤奋；④机智多谋；⑤风险承担能力强；⑥有领导力；⑦乐观；⑧追求成功；⑨知识丰富；⑩有创新、创造力；⑪有影响力；⑫善于与人相处；⑬积极主动；⑭灵活；⑮聪明；⑯目标明确；⑰勇于迎接挑战；⑱独立；⑲开放的心态；⑳追求效率；㉑决策果断；㉒有责任心；㉓有远见；㉔执行认真；㉕有团队、合作精神；㉖利润导向；㉗从失败中快速学习；㉘有权力感；㉙性格开朗；㉚强调个人主义；㉛有勇气；㉜有想象力；㉝有洞察力；㉞能够容忍不确定性；㉟有进取心；㊱懂得享受；㊲追求效率；㊳全力以赴；㊴信任下属；㊵敏感；㊶诚实；㊷成熟、考虑周全。

四、我国创新创业政策的梳理

目前我国的创新创业政策，包括国家和各地政府对创业者优惠政策、创业者奖励补贴政策和创新创业空间（孵化器、众创空间）优惠政策三类。总体而言，我国的创业环境得益于各类政策的实行而日益宽松。

（一）创业者优惠政策和创业者奖励补贴政策

全国或某地的对创业者的优惠政策，可以从融资政策、人才政策、创业保障政策等几个方面进行分析。例如，2019 年政府工作报告在如何扶持中小企业方面明确了多项政策措施，实施了更大规模的减税，普惠性减税与结构性减税并举，重点降低制造业和小微企业税收负担；深化增值税改革，将制造业等行业现行 16% 的税率降至 13%，将交通运输业、建筑业等行业现行 10% 的税率降至 9%，确保主要行业的税负有明显降低；明显降低企业社保缴费负担；强化普惠性支持；落实小规模纳税人增值税起征点从月销售额 3 万元提高到 10 万元等税收优惠政策等。其他的政策诸如，大学毕业生在毕业后两年内自主创业，到创业实体所在地的工商部门办理营业执照，注册资金（本）在 50 万元以下的，允许分期到位；首期到位资金不低于注册资本的 10%（出资额不低于 3 万元），一年内实缴注册资本增加到 50% 以上，余款可在 3 年内分期到位。

1. 融资政策

一些新创企业在经营发展中也会遇到一些困难和问题，有民营企业家形容他们在创业过程中会遇到"三座大山"——市场的冰山、融资的高山、转型的火山。例如，《2017 年中国大学生创业报告》显示，缺乏创业资金、社会关系和管理经验是创业大学生们共同的难题，而 61.37% 的受访者认为缺乏创业资金是最大的困难。为了"搬掉"这几座大山，近年来，国家不断出台相关的创业融资扶持政策。这些政策包括以下几个方面。

（1）对大学生自主创业的融资支持政策。各地的创业融资支持政策略有差异，可具体咨询创业所在地有关部门。这些政策会涉及人员范围（一般规定为"高校毕业生"，但是否含大学生村官、休学创业大学生和留学回国学生，要看具体政策，有的地区还扩大到职业院校毕业生、技工院校毕业生）、贷款类型（如"贷免扶补"创业小额贷款、个人创业担保贷款、小微企业贷款）、贷款额度（如 2018 年起，国家鼓励各地对个人创业担保贷款额度从 10 万元上调至不低于 30 万元）、贷款期限（一般为两年）、还款方式（到期一次性还清、按时间节点分期偿还）、承办部门（一般有：就业中心、工商联、工会、共青团、妇联、个私协会、教育局等几个渠道申请）、贴息方式（超过贷款基础利率 3% 以上部分由国家财政补贴，要看各地具体政策）、申请条件、申请材料、申请流程等几方面。

（2）优化资本市场，支持创业的政策。例如，综合运用征信管理、账户管理、外汇管理等手段，支持具有良好发展前景的创业企业在证券交易所、全国中小企业股份转让系统、股权交易中心上市、挂牌。部分地区（如广东）则在进一步充分发挥创业板对创业创新融资的重要平台作用，积极探索特殊股权结构类创业企业到创业板上市的制度设计，研究推动符合条件但尚未盈利的互联网和科技创新企业到创业板发行上市。支持符合条件的创业企业在银行间发行超短期融资券、短期融资券、中期票据、企业债、资产支持票据等债务融资工具，募集资金用于创新项目建设。鼓励具备高成长性的创业企业，依托高新技术产业开发区、产业基地、科技企业孵化器，以"区域集优"的模式发行集合票据。支持符合条件的发行主体发行小微企业增信集合债等企业债券创新品种。

（3）创新银行支持方式方面的政策。例如，鼓励银行业金融机构针对创业创新企业资金需求和四众（众创、众包、众扶、众筹）特点积极创新信贷产品和服务模式，发展小额贷款、债务融资、质押融资等新业务。合理配置支持小微企业再贷款额度，适当向小微型创业创新企业信贷投放力度较大的城市商业银行、农村商业银行、村镇银行倾斜，引导地方法人银行业金融机构加大对创业创新活动的信贷投入。鼓励银行业金融机构在科技资源集聚区域设立专门从事创新金融服务的科技信贷专营机构，通过建立贷款绿色通道等方式，提高科技贷款审批效率。支持银行业金融机构利用互联网、大数据、云计算等新技术，构建金融公共云服务平台，积极向创业企业提供融资理财、资金托管、债券承销、信息咨询、财务顾问、并购贷款等一站式系统化金融服务。

（4）丰富创业融资模式方面的政策。例如，深入推进"互联网＋"众创金融示范区建设，鼓励互联网金融平台、产品和服务创新。升级建设创业创新金融街，引导互联网金融企业与创业创新资源无缝对接，实现集聚发展。鼓励互联网企业依法合规设立网络借贷平台，为投融资双方提供借贷信息交互、撮合、资信评估等服务。大力发展政府支持的融资担保机构，加大创业担保贷款支持力度，加强政府引导和"银担合作"，综合运用资本投入、代偿补偿等方式，促进融资担保机构和银行业金融机构为符合条件的创业企业和四众平台企业提供快捷、低成本的融资服务。探索开展二次担保贷款业务，支持有条件的地区开展"信用贷款"。加快完善科技保险市场，探索专利保险试点。实施知识产权金融服务促进计划，编制知识产权质押评估技术规范，完善知识产权估值、质押和流转体系，设立知识产权质押融资风险补偿基金，鼓励银行业金融机构推广专利权、商标权、著作权等知识产权质押贷款业务。

2. 人才政策

（1）支持大学生创业的人才政策。搭建高校创业信息交流平台，建设大学生创业创新示范基地、大学生创业创新教育示范校、大学生创业创新园、创业创新模拟实验室、创业孵化基地等创新实践平台。实施大学生创业素质提升、创业政策助推、创业服务优化和创业文化培育工程，提升大学生创业意识和能力，扩大大学生创业规模。鼓励高校成立创业创新俱乐部，聘请创业成功者、企业家、投资人等兼任创业创新导师，推行大学生创业校企双导师制，为大学生创业创新提供培训和辅导。全面推进高校学分制管理改革，实行弹性学制管理，支持大学生保留学籍休学创业。

（2）健全创业人才培养与流动方面的政策。支持高校推动创业创新教育与专业教育有机融合。大力发展现代职业教育，坚持产教结合，校企合作，积极推动现代学徒制试点，着力培育技术技能人才。加快推进社会保障制度改革，适应人才流动的需要，实现社会保险关系顺畅转移接续。健全职称评审分类评价制，完善激励科技成果转化的职称评审导向机制。对符合条件的创业失败者可认定为就业困难人员，按规定落实社会保险补贴、岗位补贴、培训补贴、费用减免、公益性岗位安置、职业介绍补贴、职业技能鉴定补贴等扶持政策。

3. 创业保障政策

（1）创新体制机制，实现创业便利化，包括优化市场准入制度，深化商事制度改革，完善公平竞争市场环境，健全市场监管机制，加强知识产权保护。

（2）优化财税政策，强化创业扶持，包括加大财政支持力度，落实普惠性税收政策，发挥政府采购支持作用。

（3）拓展城乡创业渠道，实现创业带动就业，包括支持返乡创业集聚发展，支持依托电子商务创业就业，完善基层创业支撑服务。

（4）促进线上线下融合，推动四众健康发展，包括全面推进众创，积极推广众包，立体实施众扶，稳健发展众筹，推动四众平台持续健康发展。

（二）创新创业空间（孵化器、众创空间）优惠政策

孵化器、众创空间是科技创业孵化育成链条中的重要环节。2018年，财政部、国家税务总局、科技部、教育部出台的《关于科技企业孵化器、大学科技园和众创空间税收政策的通知》（财税〔2018〕120号）明确了科技企业孵化器、大学科技园、众创空间有关税收优惠政策，鼓励创业创新。通知提出，自2019年1月1日至2021年12月31日，对国家级、省级科技企业孵化器、大学科技园和国家备案众创空间自用及无偿或通过出租等方式提供给在孵对象使用的房产、土地，免征房产税和城镇土地使用税；对其向在孵对象提供孵化服务取得的收入，免征增值税。

🌐 经典分享

互联网与我国创业的发展

1978年改革开放以后，创业企业如雨后春笋般不断涌现。在创业家的领导下，许多小企业一步一步发展成为中国著名企业。

从1984年我国正式接入国际互联网开始，创业又进入了一个飞速发展的阶段。1997年，丁磊创办网易公司；1998年，王志东成立新浪网；1998年马化腾创立腾讯网；1999年马云创立阿里巴巴网络技术有限公司；2000年，李彦宏创建百度……

进入互联网时代，创业的主角趋于年轻化，淘宝、天猫等电商的出现改变了人们的购物方式，可以满足消费者的多元化、多层次的需要，无论是图书、服装、化妆品还是电子科技产品等；支付宝、余额宝、财付通、微信钱包等改变了我们的消费方式与理财观念，通过"滴滴"等软件叫车，工作时通过视频会议实现远程交流；通过微信、微博浏览当天发生的"国家大事"，等等。互联网时代背景下的创业同样在改变我们的生活。

　　创业是我国新时代背景下的大主题。为了提高创业效率，政府颁布了一系列政策帮助创业者创业，进行商事制度改革，将工商、税务、质检的"三证三号"合并为"一证一号"，降低企业注册场所要求，简化企业登记和注销流程，原来办理这些手续需要30个工作日，现在压缩到了5个工作日。

　　大学科技园、孵化园、众创空间，年轻人的奇思妙想在这里汇集，相互交流，分享彼此的想法，志同道合的伙伴可以组建团队，一起将创业想法转变成现实。他们研发的产品适应时代的发展、带动市场的需求。在京、沪、穗这些大都市，创客的数目不断增加，为创客提供服务和支持的创客空间、孵化器等也日趋成熟。"大众创业、万众创新"不断激发全社会的创新潜能，让整个社会焕发创业活力。国家与地方也密集推出了推动"创新、创业"的系列举措，将创客们带入一个"黄金时代"。

　　【分析】随着我国经济的进一步发展，资源竞争日益激烈，环境约束日益强化，经济发展步入新常态，原来的要素驱动、投资驱动向需要驱动、创新驱动转变，所以国家鼓励支持各类市场主体不断开发新产品、开拓新市场，培育新兴产业，形成小企业"铺天盖地"、大企业"顶天立地"的发展格局，实现创新驱动发展，打造新引擎，形成新动力。

课堂活动

现在你具备创业的基本素质吗

1. 活动目标

考查自己是否具备创业的基本素质。

2. 规则与程序

阅读下列问题，并按实际思考进行回答。

以下每题都有四个选项：A. 经常；B. 有时；C. 很少；D. 从不。

①在急需决策时，你是否在想"再让我考虑一下吧"？

②你是否为自己的优柔寡断找借口说"得慎重，怎能轻易下结论呢"？

③你是否为避免冒犯某个有实力的客户而有意回避一些关键性的问题，甚至有意迎合顾客？

④你是否无论遇到什么紧急任务都先处理日常的琐碎事务？

⑤你是否非得在巨大压力下才肯承担重任？

⑥你是否无力抵御妨碍你完成重要任务的干扰和危机？

⑦你在决策重要的行动和计划时，常忽略其后果吗？

⑧当你需要做出很可能不得人心的决策时，是否找借口逃避不敢面对？

⑨你是否总是在晚上才发现有要紧的事儿没办？

⑩你是否因不愿接受艰巨的任务而寻找各种借口？

⑪你是否常来不及躲避或预防困难情形的发生？

⑫你是否拐弯抹角地宣布可能得罪他人的决定吗？

⑬你喜欢让别人替你做你自己不愿做而又不得不做的事儿吗？

记分：选 A 得 4 分，选 B 得 3 分，选 C 得 2 分，选 D 得 1 分。

活动时间 30 分钟。

3．讨论

（1）得分 50 分以上：个人素质与创业者相去甚远。

（2）40～49 分：不算勤勉。应彻底改变拖沓、低效率的缺点，否则创业只是一句空话。

（3）30～39 分：你在大多数情况下充满自信，但有时犹豫不决，不过没关系，这也是稳重和深思熟虑的表现。

（4）15～29 分：你是一个高效率的决策者和管理者，有望成为成功的创业者。

模块导读

　　对于求职者而言，就业成功与否不仅取决于就业者的知识水平和能力的高低，也取决于获取就业信息的多少，以及能否掌握科学、准确的就业信息。信息就是资源，信息就是财富，信息就是就业质量。就业信息对于每一位谋求工作的毕业生来说至关重要。择业决策的过程实质上就是一个与择业有关的信息搜集、处理和转换的过程。目前信息多样化给求职者获取信息、传递信息、利用信息提供了更大的选择空间。高职毕业生就业一般要通过就业信息收集、筛选、整理，求职材料的准备，简历制作，经过自荐、笔试、面试等几个阶段，最终获得就业岗位。

　　求职材料在很大程度上决定高职毕业生能否获得面试的机会，同时，高职毕业生的书面资料也是用人单位了解毕业生的窗口。通过这个窗口，用人单位可以了解高职毕业生的经历、能力、品行、特长，进而决定进一步的考核计划。所以，能够撰写有说服力和吸引力的书面材料，是赢得踏向求职成功之路的第一步。高职毕业生求职过程中，笔试成绩是高职毕业生个人能否脱颖而出的实证，而面试的成败则决定着高职毕业生能否参加复试、适用和签约录用。

　　本模块全面介绍就业信息的收集、处理，就业心理调适，准备求职材料，应对各类笔试考试、面试的内容及面试技巧等有关内容。

单元一　获取和利用就业信息

☞ 能力目标

（1）了解收集就业信息的渠道。
（2）了解就业信息的作用。
（3）掌握并能对各类招聘信息进行分析、鉴别、筛选和处理。

获取和利用就业信息

导 入 案 例

成功属于有准备的人

　　小刘，毕业于某高校的 2015 级多媒体动漫专业，在校期间他非常用功，对自己的学业有明晰的规划，得到老师和同学的赞美。他想应聘某公司的网站设计工作。

　　毕业前他就开始关注该公司的招聘信息动态。等该公司发出招聘信息后，小刘就上网了解该公司的发展状况、企业文化，并认真对照该职位的要求后，发现公司正在对原网站进行改版。他利用自己所掌握的专业知识，提出了网站改版的思路，并精心设计了网页，制作了精美的求职简历。当招聘人员看到小刘的简历时，很快判断出小刘具备所应聘岗位要求的能力、水平和职业意识，当即通知他来公司面试。

　　【分析】面对严峻的就业形势，小刘之所以能够得到该公司的面试机会。归其原因：一，由于他一直在关注该公司的招聘信息、能够及时投递简历；二，他仔细了解了该公司的发展前景、企业文化、职位需求，并精心设计了简历，做到了有的放矢。

一、就业信息的收集

　　就业信息是指通过各种媒介传递的有关求职就业方面的消息和情况，如就业形势、政策、就业机构、供需双方的情况及用人信息等。

　　对面临求职择业的高职毕业生来说，掌握就业信息是很有必要的，谁拥有更多、更有效的就业信息，谁就能赢得择业时的主动权，获得理想的就业岗位。

（一）就业信息收集的渠道

　　就业信息对于每一位谋求工作的高职毕业生来说至关重要。择业决策的过程实质上就是一个与择业有关的信息搜集、处理和转换的过程。高职毕业生可通过以下渠道收集信息。

1. 各级就业主管部门和就业指导机构

　　教育部、人力资源和社会保障部每年都要制定高职毕业生就业的有关方针、政策，各省、自治区、直辖市的主管部门也要相应地制定就业方面的法律、法规、决议、决定、规划、举措等，各级毕业生就业指导机构也要开展信息交流和咨询服务，帮助毕业生认清就业形势，把握就业时机，调整就业心态，理顺就业思路，这些都是高职毕业生获取就业信息的重要渠道。

2. 高校的就业主管部门

学校就业指导中心是毕业生就业的重要主管部门，与各省市的毕业生就业主管部门及有关用人单位保持着联系，能及时掌握国家有关就业政策的规定，地方的有关政策、各地举办的"双向选择"会信息，有关用人单位的需求信息等。用人单位信息库和就业网上都有大量的用人单位信息和招聘信息，此外，就业指导中心的就业指导教师具备专业的职业指导和职业规划知识，对毕业生有很大的帮助。

3. 各地人力资源服务中心

各地人力资源服务中心为了促进地方经济的发展，也发布来自全国各地的用人单位招聘信息，信息量大且集中可靠，能够帮助毕业生在较短的时间内获取各种职业信息，并与单位进行直接洽谈。

4. 各类"双向选择"供需见面会

各级各类供需见面会。省级联合举办、地市级之间联办、多个学校联合举办，行业间联合举办的见面会通过多种形式组织毕业生与用人单位联系。毕业生应特别要关注的是校园招聘会，因为无论是校园大型招聘会还是专场招聘会、宣讲会都带有明确的针对性，其信息的准确性和实用性非常强。

5. 有关新闻媒体

毕业生就业作为社会普遍关注的热点问题，近年来也引起新闻界的重视，毕业生可通过网络、报刊、广播、电视等新闻媒体了解就业市场动态，获得用人单位的信息资料，非常快捷。

6. 各种人际关系

通常由"熟人"推荐的就业机会，在同等条件下，成功率会更高。人际关系网络包括自己的亲戚、朋友、老师、同学及校友等。

7. 社会实践、毕业实习或业余兼职

高职生可通过实习或兼职与社会和用人单位加强联系，直接掌握就业信息，并通过实习或兼职时良好的表现获得就业的岗位。

8. 用人单位

毕业生开始求职时可以"普遍撒网"，向自己认为适合的用人单位写自荐信，确定重点目标后，可以通过电话预约，再亲自登门拜访。有的时候，毛遂自荐的方式也不失

为获取就业信息，获得就业成功的途径之一。

9. 通过网络获得信息

随着信息时代的到来，通过网络求职是近年来才兴起的人才交流方式，用人单位和毕业生可以通过网络互相选择、直接交流，实现跨越时空界限、打破单向选择的传统人才交流格局。

（二）就业信息的作用

（1）就业信息可有效地帮助毕业生分析当前的就业形势、就业创业政策、用人单位的情况，让毕生业尽早确定自己的就业目标，早定位，早行动。

（2）就业信息可给毕业生提供就业的机遇，每一条有用的就业信息都是一次就业的机会，在互联网信息时代，谁了解的就业信息面广，真实性高，谁就有机会找到理想的工作。

（3）就业信息可让毕业生对比用人单位的条件，及时补充知识，加强自身综合素质培养，增强就业竞争意识。

（4）就业信息有利于毕业生在今后的自主创业、职业发展中能更好地适应岗位需要，对那些延缓就业的学生来说更能了解社会、了解自我，以便更好地就业。

案例 6.1

常用的求职网站

（1）智联招聘网：http://www.zhaopin.com。

（2）卓博网：http://www.jobcn.com。

（3）528 招聘网：http://www.528.com.cn。

（4）中华英才网：http://www.chinahr.com。

（5）中国高校毕业生就业服务信息网文库：http://www.myjob.edu.cn。

（6）中国南方人才市场：http://www.job168.com。

（7）前程无忧：http://www.51job.com。

（8）中国人才热线：http://www.cjol.com。

（9）人才市场报：http://www.china91.com。

（10）中国易聘网：http://www.epchina.com。

（11）人才职业网：http://www.rencaijob.com。

（12）全国大学生就业公关服务立体化平台：http://www.ncss.org.cn。

（13）应届生求职网：http://www.yingjiesheng.com。

（14）易聘网：http://www.68hr.com。

（15）我的工作网：http://www.myjob.com。

【分析】上述网站，高职生可保存备用。

二、就业信息的分析、鉴别、筛选

（一）用人单位信息的分析

掌握用人单位的信息，不仅指在招聘广告和职业信息中选择出最适合自己的求职机会，而且应包括在初步确定了自己想应聘的职业或岗位后，对该招聘单位及应聘岗位工作要求有所了解。对招聘信息多掌握一点，求职的选择机会就多一点，对招聘单位多了解一点，求职的成功希望则会多一点。掌握和了解用人单位的信息量越大，判断准确率越高；反之，则越低。

对于用人单位的信息，可以从单位介绍资料中获得，也可以到当地的工商管理部门或企业的主管单位那里了解到。当然，如果能认识一些已在该单位就职的人员，从他们那里也许能获得更多、更有价值的信息。亲自到企业去社会实践、生产实习与参观考察将会对企业有更多的感性认识，以便做出适合自己的职业抉择。高职毕业生可建立个人就业信息管理库（表6-1）、供需见面会信息管理库（表6-2）、用人单位基本情况数据库（表6-3）等表格。

表 6-1　个人就业信息管理库

收集时间	单位名称	单位性质	招聘专业	招聘人数	所在地或网址	联系部门和联系人	联系电话	E-mail	备注

表 6-2　供需见面会信息管理库

举办时间	见面会名称	主办单位	举办地点	联系人	备注

表 6-3　用人单位基本情况数据库

单位名称				所有制性质	
所在地					
总体概况	经营范围	经济状况	福利待遇	发展前景	

（二）就业信息的鉴别

一条比较好的就业信息应该包括以下几个要素。

（1）用人单位的全称、性质及上级主管部门名称。

（2）用人单位的实力、远景规划、在行业中及社会上的地位。

（3）对求职者年龄、身高、相貌、性别、体力等生理条件方面的要求。

（4）对求职者敬业精神、工作态度等方面的要求。

（5）对求职者学历、职业技能和其他才能的特殊要求。

（6）对求职者价值观、兴趣、气质等心理特征方面的要求。

（7）个人发展的机会、工资收入、福利待遇等。

对就业信息进行鉴别的目的主要是辨别其真伪及可靠性、实用价值等，鉴别对象主要是前面阶段加工整理的资料。通常从真伪性、权威性、相对性、适合性进行鉴别。

（三）就业信息的筛选

高职毕业生在搜集求职信息的基础上，要结合自己的实际情况，依据国家、地区的政策和法规，对获取的原始信息进行归纳、整理、分析和选择。筛选求职信息的步骤主要是鉴别信息、按照求职需求将信息排序、重视信息反馈。

1. 准确鉴别

信息的价值在于真实性。因此，从不同的渠道收集到的大量的需求信息，首先要对其进行分析，以确定它的真实可靠程度。信息既蕴藏着机会，又可能包含着陷阱。有的用人单位真心求才，所发布的就业信息也真实可靠；有的用人单位因实力不济，又想招到优秀人才，于是浮夸粉饰、真假掺和；还有一些中介机构利用毕业生涉世未深、求职心切的心理，以诈骗毕业生钱财为目的，发布虚假信息。这就要求每一位毕业生在求职过程中必须提高警惕，分析和鉴别所收集就业信息的真伪性，通过一切可能的知情人，从不同角度分析和澄清疑点，识别其真伪，去伪存真，全面了解就业信息的内容，尽可能地掌握更多的情况，避免上当受骗。

2. 合理排序

筛选信息时，可草拟一个职业选择提纲，确定择业标准，再按标准进行初选，去粗取精、去伪存真，把自己需要的信息选出来，最后进行精选。进行信息排序的关键是毕业生在求职择业时对自己应该有一个全面而准确的评价，不但要清楚自己想干什么，更要弄明白自己能干什么。要清楚自己的兴趣爱好、气质特点、性格特点、基本素质、专业知识、技术能力等，在此基础上才能判断就业信息是否适合自己。

三、就业信息的处理

（一）正确选择

择业的成败在很大程度上取决于对就业信息如何进行选择。选择是一门政治性、思想性、科学性、综合性的学问，其中也包括方法论科学。要选择得好，首先必须能在较短的时间内查阅大量的信息，以便从中迅速发现最有用、最重要的信息；其次，要进行鉴别、判断，善于识别信息的准确性、有效性和可行性。

（二）挖掘完善

许多就业信息的价值往往不是直观的，必须经过求职者深入思考，加以印证之后才能发现。经过最初的收集、筛选的信息在很大程度上具有简明扼要的特点，有限的文字不包括逆向深入了解的细节。所以当缩小了范围之后，就应该尽快针对目标单位主动地、有意识地寻找更多的相关资料。例如，可以通过亲朋好友、宣传书籍、网络等多种方法了解求职单位的背景、文化、精神等，还可以针对具体的职位做进一步的实地调查。

（三）迅速反馈

信息有很强的时效性，及时用之是财富，过期不用则变成垃圾。当求职者收集到广泛的就业信息并加以分析处理之后，就应该尽早决断，并向用人单位及时反馈信息。一是因为招工、应聘都有一定的时限，一旦超过用人单位的招聘时间，信息则会毫无用处；二是因为条件比较好的岗位人人都会被吸引，但是录用指标却是有限的，所以，犹豫不决往往会使求职者错失良机。

（四）适当分享

当有些信息对自己不一定有用，但对他人也许十分有用时，应该将这些信息与他人进行沟通分享。他人的顺利就业不但减少了求职竞争对手，而且也增强了自己与他人的交流，从中获取对自己有用的就业信息。

🌐 经 典 分 享

等不来的就业机会

小赵，22岁，刚从某网络信息学院毕业，看着周边的同学都已找到了满意的工作，自己几个月来却一直还是处于失业的状态，心中十分着急。应聘了多家单位，单位均以没有工作经验为由而婉拒他。他总觉得刚毕业的大学生在劳动力市场"矮人一截"。

上个月，他看到了某网络公司招聘网络管理员岗位，并在介绍中说明"无经验也可"，小赵不假思索就到这家公司填写了登记表，并对招聘公司的背景一概不问，面试人员跟他提任何要求他都答应，面试人员在面试过程中便提出要收取报名费、培训费等一系列费用，小赵由于急于想得到这份工作，便交了钱，也没留下任何票据，听从面试人员的安排，回家等消息。

但等了一个月该公司仍然没有给他任何回信，他来到公司要求退钱，但由于拿不出任何凭据，只能无奈走人，工作没找到，还被骗去钱。

【分析】少数用人单位利用高职毕业生担心没有工作经验的弱势，岗位描述中打着无须工作经验的幌子吸引这些毕业生前来应聘，由于高职生求职心态迫切，应聘时一般不对单位的背景等情况进行了解，并对单位提出的要求（包括收费要求）不经考虑便全部应允。因此，在此提醒广大高职毕业生，求职心切也须擦亮双眼，不能对企业要求照单全收，以免被不法企业利用，从而上当受骗。

🦠 课 堂 活 动

筛选招聘信息

1. 活动目标
通过互联网查找企业招聘信息。
2. 规则与程序
（1）至少以三家企业为调研对象，最好和本专业相关。

（2）获取企业基本信息（如属于何种行业、发展概况、发展前景等）、了解企业用工情况（用工需求、学历要求、技能要求等）。

（3）信息筛选后，请完成表6-4。

活动时间20分钟。

3. 讨论

（1）收集企业招聘信息的内容有哪些？

（2）如何遴选有效招聘信息？

表6-4　企业信息调查表

企业基本信息	何种行业	发展概况	发展前景	企业文化
企业用工情况	用工需求	岗位设置	岗位用工标准	岗位职责

单元二　调适就业心理

能力目标

（1）了解就业过程中的心理误区。

（2）掌握心理调适的常用方法。

（3）掌握塑造积极就业心态的方法、步骤。

调适就业心理

导入案例

小倩的困难

小倩是某高职院校三年级学生，她的专业是艺术设计，即将毕业的她也和其他毕业生一样忙于找工作，也跑了很多单位，参加了招聘会，可是都没有结果。尤其是在毕业前的一次大型人才招聘会上，小倩递交了很多份个人简历，但都是石沉大海。转眼间就要毕业了，小倩的工作还是没有着落。她身边的同学，有的参加了专升本考试，有的已经找到了工作，有些同学甚至还收到了好几个单位的面试通知。随着毕业的时间越来越近，她感到异常烦躁、焦虑，食欲也随之下降；甚至开始怀疑自己大学三年所有的努力是否值得，觉得对不起父母和学校的老师，感觉自己一事无成。

【分析】严峻的就业形势，父母的期盼，同学之间的攀比，用人单位的歧视……一连串的因素汇聚成一股合力，一次又一次地考验着高职毕业生的心理防线。从某种意义上来说，求职与其说是一场技术战，倒不如说是一场心理战。作为一名即将毕业的高职生，需要了解影响就业的心理因素，自觉加强就业心理准备，努力提高自我就业心理调适的能力，塑造积极的就业心态，为顺利就业做好准备。

一、高职生求职择业的心理误区

毕业生是个特殊的群体，梳理、分析高职生求职就业时常出现的心理问题，可以帮助广大毕业生更好地为就业做好心理准备，以便遇到问题时能够及时进行心理调适。

（一）期望值过高

近年来随着国家经济的发展，毕业生择业期望值过高成为普遍的心态。据调查，90%以上的毕业生希望选择经济发达、工作环境好、效益好、工资高的单位。毕业生对自身在社会中的定位没有正确的认识和分析，造成高不成、低不就的现状。一味地追求大城市、热门单位、热门职业，一味地追求高薪、舒适、名气，就造成了"有的工作没人做，有的人没有工作"的结构性失业状况。

（二）焦虑恐惧

焦虑在心理上会产生危机感、迷茫感，甚至是恐惧感。许多高职生在焦虑之下产生虚幻的心理，这是由于心理冲突或害怕挫折引起的。他们既希望能尽快走上社会，谋求到理想的职业，又担心被用人单位拒之门外，怕自己在择业上的失误会造成终身遗憾，有一种就业恐惧感，对走上社会感到心中无底，更有甚者竟然患了"择业焦虑症"。

（三）自卑胆怯

高职生在择业前，往往踌躇满志，很想一显身手。而一旦受到挫折后，容易产生自卑心理，自信心减弱，自尊心受损，从而对自己全盘否定。有自卑心理的学生往往会伴有胆怯心理，不敢向用人单位推销自己，这在毕业生面试中表现尤为明显。自卑感强的学生最主要的问题是对自己的个性特点缺乏准确、客观的了解，因而缺乏自信心，求职时很容易产生消极心理。例如，在择业中自己总是拿不定主意，过分退缩，对自己能胜任的工作，也不敢说"行"，总说"试试看"，显得很不自信。

📖 案例6.2

小佳的问题

小佳是个腼腆的女孩，每次去应聘，都输在面试上。她见了面试官，如履薄冰，手脚不知往哪儿放，头不敢抬，眼睛也不看人，低着头在那等着过关。小佳这样不知所措的表现，导致本来平时应该能回答的问题都回答不上来，脑子一片空白，还出现所答非所问的现象。面试回来后，小佳总是懊恼不已，自惭形秽。越是这样，就越是严重影响下次面试的心态，产生自卑心理，形成了恶性循环，慢慢失去了求职的自信心。

【分析】小佳的心理问题属于自卑畏怯、信心不足、蛇咬怕生、心态不佳。所以第一步要解决她的心态问题，让她充满信心去参加面试。好的心态可以决定正确的思维，思维可以决定行动，行动可以改变结果，结果便可构成命运。

在激烈的择业竞争中，这种心理障碍是走向成功的大敌，必须认真加以克服。经过求职，每个人都会变得勇敢很多、成熟很多。其实，心理上的最大障碍是自己，阻碍成功的最大敌人也是自己。

（四）盲目从众

从众心理是指一个人的观念或行为，由于群体压力的影响，在认知、判断、信念与行为等方面与群体多数人保持一致的现象。对自己的职业能力缺乏信心，在求职就业时就会产生随波逐流的盲从心理。从众心理在求职择业中常常会遇到，部分高职生缺乏社会实践锻炼，独立性不强，容易接受暗示，在困难和矛盾面前不知所措，不敢果断地做出选择和决定，在压力下觉得还是"随大溜"有把握些。这种人云亦云的做法在一定程度上给高职生求职增加了难度，也影响了高职生个人的发展。求职择业是一件严肃、郑重的事情，一定要认真考虑，谨慎从事，绝不能跟着感觉走，盲目从众。

（五）攀比心理

攀比心理是指高职生在求职过程中，不从自身实际出发，不考虑新形势下用人单位对毕业生专业、能力、层次等方面的要求，盲目追求起点高、薪水高、职位高的工作岗位；也不考虑所选单位是否适合自己，而是盲目攀比。

（六）依赖心理

一些高职毕业生缺乏独立意识，就业时存在过分依赖的心理。过分依赖学校，观念还停留在当初的统招统分上，不主动寻找工作单位，等着学校给他们介绍工作单位。依赖家人和亲友，面试需要父母、朋友陪同，否则信心不足。在择业过程中，一些高职生信心和勇气不足，在机会面前顾虑重重，不能主动地参与就业市场的竞争，向用人单位展示自我、推销自我，真正依靠自身的努力去赢得竞争、赢得用人单位的青睐，而是期望依靠外部条件或力量促成顺利就业，从而使自己在就业中处于劣势。近年来，大学校园中出现了"漂一族"和"慢就业"等现象。

（七）挫折心理

挫折心理是指在从事有目的的活动时遇到障碍所表现出来的情绪反应。当一个人产生心理挫折后，就可能陷入苦闷、焦虑、失望、悔恨、愤怒等多种复杂的情绪体验之中，甚至产生悲观情绪。高职生由于一直囿于校园，生活经历比较简单，没有经受过挫折的考验，所以心理承受能力和自我调节能力较差，情绪波动性大，情感较为脆弱，缺乏对待挫折的准备。

（八）嫉妒心理

嫉妒心理的主要特征是把别人的优越之处视为对自己的威胁，因而感到心里不平衡，甚至是恐惧和愤怒，于是借助贬低、诽谤甚至报复的手段来求得心理的补偿或摆脱恐惧和愤怒的困扰。有些学生常常会拿自己身边同学的择业就业标准来定位自己的择业就业标准，看见别人留在了大城市，找到了好工作，就觉得自己的各方面条件也不错，也应该找个更好的工作才行，否则很没有面子。

（九）躯体化症状

躯体化症状是由于心理压力和生活方式而导致的异常的生理反应。毕业前的高职生由于心理应激水平高、心理冲突强度大、挫折体验多，加之部分高职生性格上本来就不十分健全，所以容易导致某些躯体化症状，如头痛、头昏、血压不正常、消化紊乱、背痛、肌肉酸痛、口干、心慌、尿频、饮食障碍或睡眠障碍等。这些症状若不及时排除，就会危及学生的身体健康和心理健康。

（十）法律意识淡薄

在选择用人单位的过程中，部分高职毕业生抱着"骑驴找马"的心理，即不管用人单位的好坏，先签约再说，然后再继续应聘其他单位，一旦有更理想的工作岗位就毁约。有的毕业生虽然在签订协议时是真心诚意的，一旦找到更好的单位又欲毁掉先前已签好的协议，法律意识淡薄，在求职过程中不懂得运用法律手段来维护自己的合法权益。

二、就业心理的调适

职业选择是每个高职毕业生面临的一次重要抉择，社会的变革、就业制度的改革，为即将走向社会的高职生提供机遇的同时，也提出了严峻的挑战。因此，要使自己在择业竞争中处于良好的"竞技状态"，充分发挥自己的主观能动性，自如地应对择业中遇到的各种问题，就必须保持良好的就业心态。

（一）求职心理调整策略

1. 更新就业观念，正视社会现实

尽管我国目前的经济、教育结构仍存在不合理的现象，社会为高职生提供的工作岗位不可能令每一个人都满意，但随着毕业生就业制度的改革，高职生职业选择的机会也在增加。因此，高职生必须从实际出发，更新就业观念，正视社会现实。毕业生的眼光不能仅仅停留在用人单位的待遇方面，而应该结合自身特点，考虑用人单位是否具备发挥个人潜能的空间。正视社会现实是高职生求职阶段必备的健康心态之一。

2. 积极参与竞争，坦然面对挫折

双向选择的就业制度为高职毕业生和用人单位提供了双向选择的机会。因此，高职生应珍惜机遇，积极参与竞争，在竞争中寻找自己的位置，实现职业理想。在竞争日益激烈的今天，优胜劣汰早已被引入了职场，求职失败、遭遇挫折也是正常的事情。因此，对于职场上的得失，要以平常心对待，理性看待失败。面对求职过程中的挫折和困难，高职毕业生应该冷静分析，做到能屈能伸，学会化解求职的心理压力，以积极的态度面对求职中的挫折。

3. 克服依赖心理，实现真正自立

目前的高职毕业生大多都是独生子女，在父母无微不至的关爱下成长，父母常常会解决其生活中的一切困难。因为缺少应对挫折的历练，高职生在毕业前大多仍在依赖父母、老师的帮助，没有实现真正意义上的自立。因此，有些高职生在择业过程中缺乏自信，把希望寄托在"拉关系""走后门"上；有的毕业生甚至是由家长出面与用人单位洽谈就业事宜。实际上，毕业生应该意识到现实社会是一个竞争激烈的社会，是一个需要每个社会成员积极参与的竞争社会，应该充分认识到自己才是求职的主体，要发挥自身的积极主动性，树立起强烈的主体意识。

4. 调整就业心态，促进人格完善

在求职时，自己或身边的同学出现一些不健康的心态是正常的，没有必要过度担心、害怕自己也有心理障碍。当然，对于这些不良心态也要学会主动调适，必要时还可以寻求有关心理专家的帮助。进行自我心理调适的方法有很多。

（1）可进行积极的自我心理暗示，鼓励自己、相信自己，帮助自己渡过难关。

（2）可以向朋友、教师倾诉，寻求他们的安慰与支持。

（3）还可以通过体育锻炼、听音乐、郊游等方式转移自己的注意力，排解心中的烦闷，放松自己的心情。

5. 开拓进取，勇于创业

高职生是青年中的佼佼者，思维活跃，创新意识强，在政府多项优惠政策的激励下，完全可以走自我创业的道路。"大众创业、万众创新"目前成为社会发展的主流，因此高职生要有自主创业的打算，这既可以在毕业后马上实现，也可以通过一定的社会积累后再实行。据不完全统计，大学生创业在美国高达25%，在日本有10%，我国大学生自主创业也呈快速上升的势头。作为新时代的高职生，应有敢闯敢干的精神，树立自主创业的意识。高职生一定要有开拓自己事业的信心与勇气。当前的一些高职生创业公司虽然遇到了一些困难，但也不乏相当成功的案例。高职生创业肯定是值得鼓励的，关键是要有准确的观念与思路，要对自己有一个合理的规划与定位，要与有经验的人合作，摆脱学生公司的意识，实行科学化、职业化的管理。

（二）自我心理调适的方法

所谓自我心理调适，就是根据自己的发展及环境的需要对自己的心理进行控制调节，从而最大限度地发挥个人的潜力，维护心理平衡，消除心理困扰。高职毕业生学会自我心理调适，能够在就业遇到困难、挫折和心理冲突时，进行自我调节和控制，解决问题，排除困扰，改善心境，寻找最佳途径实现自己的就业目标。

1. 自我激励法

自我激励法主要指用生活中的哲理、榜样的事迹或明智的思想观念来激励自己，同各种不良情绪作斗争，坚信未来是美好的。因为失败、挫折已经成为过去，要勇敢地面

对下一次机会，尽可能地把不可预料的事当成预料之中的事，即使遇到意外事件或就业受挫，也要鼓励自己不要冲动、急躁，而应开动脑筋、冷静思考、寻找对策。高职生在就业过程中，要相信自己的实力，通过自我激励，增强自信心，消除自卑感，保持良好的情绪和心态。

2. 注意力转移法

注意力转移法即把注意力从消极情绪转移到积极情绪上，当不良情绪出现时，可以采用转移注意力的方法激活新的兴奋中心，以抵消或冲淡原来的兴奋中心，使不良情绪逐渐消失。例如，听音乐，参加体育运动，到大自然中放松，参加有兴趣的活动等，使自己没有时间沉浸在因各种原因引起的不良情绪中，以求得情绪平稳。

3. 适度宣泄法

当遇到各种矛盾冲突、引发不良情绪时，应尽早进行调整或适度宣泄，使压抑的心境得到缓解和改善。较好的宣泄方法是向挚友、师长倾诉自己的忧愁、苦闷，使不良情绪得到疏导。在倾诉烦恼的过程中，可以获得更多的情感支持和理解，获得认识和解决问题的新思路，增强克服困难的信心。也可以通过打球、爬山等运动量较大的活动，消除压抑的心理，恢复心理平衡，但应注意场合、身份、气氛、适度，宣泄应是无破坏性的。

4. 自我安慰法

自我安慰法又称自我慰藉法，关键是自我忍耐。在就业过程中，高职生常常会遇到挫折，当经过主观努力仍无法改变时，可适当地进行自我安慰，以缓解内心的矛盾冲突，消除焦虑、抑郁、烦恼和失望情绪，这样有助于保持心理平衡。在遭受挫折时，可用"亡羊补牢，犹未为晚""塞翁失马，焉知非福"等话语来自我安慰，解脱烦恼。总之，在就业的过程中要保持平常心，排除诸如不满、愤懑、妒忌、焦虑、恐惧等负面情绪对正常思维、决策的干扰。

5. 合理情绪疗法

人们的情绪困扰是由于不正确的认知即非理性信念所造成的。因此，通过认知纠正，以合理的思维方式代替不合理的思维方式，就可以最大限度地减少不合理的思维给人们情绪带来的不良影响。

三、培养积极的就业心态

就业心态就是个人在求职过程中对自己、对单位、对同学、对问题的看法和观点。心态决定人生的成败，以积极的心态面对人生，会使自己充满自信。因为积极的心态可以使自己赢得心仪的工作单位，赢得幸福和财富，让自己知足常乐，激励自己和他人，消除心理障碍，正视挫折。一个人通过积极的心态付诸行动，便可获得充实向上的人生。

1.　被动变主动

心态是紧跟着行动的，一个人从言谈举止上变得积极起来，才能感染自己的内心，成为一个心态积极者。而消极的人，永远是等着感觉把自己带向行动，那他永远也积极不起来。

2.　充满信心

美国著名的成功学大师卡耐基说过："一个对于自己的内心有完全支配能力的人，对他自己有权获得的任何其他东西也会有支配能力。当我们开始用积极的心态并把自己看成一个成功者时，我们就开始收获成功了。"

3.　影响他人

人们总是喜欢和积极乐观者在一起，一个心态积极的人有一种吸引力，他能很好地感染周围的人。这种良好的心态会体现在他的每一个行动中，让人在行动中获得对于生活的满足感，有了这种满足感，就会信心倍增，人生目标也越来越明确。别人靠近你，能从你身上感受到一种力量，那就是积极的心态带给人的信心和目标感。

4.　彼此需要

当别人认为你把他看得重要的时候，他同样会增加你在他心中的分量。人与人之间是相互的，你怎样对别人，通常别人就会怎样对你。每个人都希望自己是最重要的、受人关注的。而这种自我满足感通常来自他人对自己的需要。当我们被需要、被感激，我们就会意识到自己的作用，从而产生一种自我认同感，这时候就会建立起一种无比积极的心态。

5.　心存感激

一双流泪的眼是看不见满天星光的，一个心怀仇恨和抱怨的人不可能发现人生中美好的东西。在日常的工作中有很多的不顺利，可能满腹才华得不到赏识，自己尽力尽责却得不到理解。当你怀着感恩之心时，你会发现自己拥有的很多，不要等到失去后再悔恨。学会珍惜自己所拥有的，你会是一个幸福的人，这样的人生才会美好许多。

6.　学会称赞他人

赞美还可以让人怀着积极的心态去改变自己，去做一种快乐的蜕变，更有利于事业的成功。在对方收获愉悦心情的同时，更加深了你们之间温暖美好的感情。在帮助别人的同时，你的内心也会分享到喜悦和生活的乐趣。美国心理学家威廉·詹姆斯曾说过："人性最深切的需求就是渴望别人的欣赏。"

7.　在求职过程中学会微笑

英国有一句谚语说："一副好的面孔就是一封介绍信。"一张微笑的脸就如同一幅赏心悦目的画，让人心情愉快。我们的面孔生来如此，是父母的恩赐，我们自己是没有办法改变的，但是表情却是由自己支配的。一个面带微笑的人，传达的是一种自信和友好、乐观和坚强，它能以最简单、最快捷的方式感染人。微笑含义深远，它是一个人智慧和品格的沉淀。

8. 不计较小事

一个人的精力是有限的，我们每天有数不尽的大事小事要做，如果在无关紧要的事情上浪费时间，就会偏离大的目标，得不偿失。一个有着积极心态的人，绝不会允许这种偏离产生，他懂得轻重缓急，从来不会无缘无故地小题大做。一个优秀的人，总是把最重要、最能创造价值的事情排在前面，把一些无所谓的事情丢弃掉，这样他才能保证自己有限的时间和精力被充分利用。

经典分享

手机引起的魔怔

某高职院校应届毕业生小孙满怀信心地将自己的简历投递给一家心仪已久的大型企业，没想到等到的却是不予录用的答复。之后，小孙又向多家单位投递过自己的简历。在等待中，小孙就像着了魔一样，每天不停地翻看手机，并不断上网刷新电子信箱查看有无新邮件。他说，现在最怕手机上有未接来电，一发现就如临大敌，急忙回电话，生怕是用人单位打来的。在公共场所一听到手机响，总怀疑是自己的，虽然手机铃声的类型明显与自己的不相符。小孙说，他常常知道自己的手机根本没响，可还是忍不住去看，不看心里就特难受。

"自从2周前递交第一份简历起，我就把手机24小时开着，一天得看五六十遍，生怕错过招聘单位的电话。就是洗澡或上厕所时，我也把手机放到自己能听见的地方，走在路上总觉得手机好像响了……"

被折腾得不轻的小孙在同学建议下求助于心理专家，被告知存在心理障碍，是"特定环境、特定条件下的心理条件反射"，需要进行心理调节。

【分析】毕业生在找工作时，应摆正心态、放松心情，不要让身心长时间处于高度紧张的状态中。一旦出现上述问题，可想些美好的事物分散注意力，必要时可寻求专家的帮助。

课堂活动

腹式呼吸法

1. 活动目标

舒缓心理压力。

2. 规则与程序

（1）做法：边听一些舒缓的音乐，边做腹式呼吸。

（2）深吸气3～5秒，吸气深长而缓慢，腹部慢慢鼓起。请注意一定用鼻吸气。

（3）屏息 1 秒。

（4）慢慢呼气 6～10 秒，同样深长而缓慢，腹部逐渐凹进去。呼气可以用鼻也可以用口。

（5）再次屏息 1 秒。

（6）如此循环，每次进行 10～15 分钟。

活动时间 30 分钟。

3. 讨论

这样反复做以后你的感觉如何？

单元三　准备求职材料

👉 能力目标

（1）了解求职材料的构成和装订规则。
（2）掌握求职信的写作格式、方法和技巧。
（3）掌握个人简历的内容、制作原则和方法。

准备求职材料

📍 导 入 案 例

诚 信 求 职

小张是某高职院校计算机专业的毕业生。上学期间各方面表现得都不错。临近毕业，他也像其他同学一样，从各个方面收集就业信息，将从学校主管部门的网站上、院系，还有自己网上收集到的信息，也进行了整理和筛选。当得知学校近期要举办双选会时，他也积极准备相关就职材料，还花高价找了广告公司制作了精美简历。

招聘会十分热闹，单位也比较多，可谓人山人海，小张拿着简历，穿梭于招聘会现场，一会就将简历投递完了，正当他准备返回时，却又发现一家传媒公司招聘信息上的职位就是他想要的，这家公司以前他也了解过，待遇各方面都不错，就是有一项特殊要求：需有在校期间获得过计算机方面技能竞赛的奖励。虽说小张学习成绩优秀，但他平时喜欢独自钻研，不喜欢参加集体活动，也没有这方面的奖项。此时，他非常想去这家公司，他就走了过去，负责招聘的人员笑着问："同学，你的简历呢？"小张这才意识到手里一份简历都没了，匆忙把姓名、学校、专业、特长填在一张空白纸上递给招聘人员，当招聘人员特别强调要有竞赛获奖证书时，小张果断地说"有"，招聘人员表示让他尽快补一份简历送来，小张也来不及再找公司制作简历，就草率地自己打印了份简历交给了招聘人员。

还好，等了 1 周，公司通知他来面试，他非常高兴地来到面试现场，谁知面试官一见面又向他要获奖证书。他一时懵了，因他根本就没有证书，他只好遗憾地离开了。

【分析】现在公司招聘特别注重学生的社会实践、技能和综合素养方面的经历。一份好的简历应精心设计，简单明了，突出重点和自己的优势。小张求职失败说明了以下几点：一是投简历时不要盲目，要有针对性，应注意专业对口；二是递简历后经过双方交流，若对方明确表示出专业不对口不提供面试机会或自己对对方公司不感兴趣时，可把简历要回；三是简历内容要实事求是，切忌弄虚作假。

一、求职材料的组成

一般情况下，一份完整的求职材料包括毕业生就业推荐表、求职信、个人简历、附件及其他相关材料。求职者可根据不同的求职岗位、不同的单位对求职材料的不同要求来决定材料的组合和取舍。

（一）毕业生就业推荐表

毕业生就业推荐表是由学校为帮助毕业生就业，专门向用人单位出具的一份正式的推荐函。该表一般由三部分组成：一是毕业生本人的情况介绍；二是毕业生所在院系的推荐意见；三是毕业生所在学校就业主管部门的推荐意见。一般来讲，这个表格是学校正式向用人单位推荐毕业生的书面材料，因此具有较大的权威性和可靠性。用人单位往往对该表比较重视，因此，要求毕业生认真填写，妥善保管。

毕业生就业推荐表供毕业生向用人单位推荐时使用，要求用钢笔（签字笔）如实填写，字迹要端正清楚。"成绩表"栏附上由学校教务部门提供的"成绩单"，并加盖教务部门公章方有效。"学校意见"栏要提出推荐范围。

（二）求职信

求职信也称自荐信，是求职者有目的地向用人单位做自我介绍。求职信要针对特定的用人单位乃至特定的人而写，主要表述求职者的主观愿望、自身具备的素质和特长，以求吸引招聘者的注意力，进而取得面试的机会。求职信在求职过程中具有极其重要的作用，是高职生进行书面自我推销、展示公关能力的重要途径。

（三）个人简历

通常情况下，用人单位通过简历了解求职者的经历，并对其受教育程度、兴趣和特长等留下一个初步的印象。一份成功的简历，应紧扣用人单位的需求，赢得一个面试的机会。关于个人简历的写作见下文详细介绍。

（四）成绩单

成绩单是毕业生学习成绩的证明，应由学校教务部门出具并盖章。

（五）参加社会实践、实习的鉴定材料

参加社会实践能让毕业生体验社会生活，为毕业后踏进社会做好充分的准备，积累

相关经验，提高自身的实力。鉴定材料是社会实践单位和实习单位给予的评价，对日后就业有一定的帮助。

（六）封面

封面是简历的门面，就像一个人的脸面，它折射出一个人的喜好和素养。一份精心包装的简历封面可以起到吸引招聘者眼球的作用，从而大大提高求职的成功率。

（七）其他材料

其他材料包括院系教师的推荐信、公开发表的论文、文章及其他成果复印件或证明等。

二、求职材料的装订

（一）装订顺序

用人单位翻阅求职材料的时候，因为求职者数量多，不一定会对每份求职材料中的每一页都认真仔细阅读，因此在求职材料的装订中，需考虑用人单位对求职材料各种信息的需求，按照求职材料所反映的信息的重要程度来确定装订顺序。常见的装订顺序为：封面、求职信、个人简历、就业推荐表复印件、成绩单、其他证明材料（包括各种证书的复印件、各种作品或成果的复印件）。

（二）装订要求

（1）求职所有材料切忌歪斜。
（2）求职材料所有纸张应该整洁干净。
（3）求职材料中的纸张大小尽量一致。
（4）求职材料中的字体应该一致，排版的行距应该一致。
（5）切忌用松动的透明文件夹，以免求职材料脱落，造成散页、掉页。

三、求职信（自荐信）

求职信是简历的附信，属于商业信函，可放在简历的前面，也可放在简历的后面。求职信能够很好地补充简历本身缺乏描述性词语的不足。

（一）求职信的格式与内容

（1）称呼，要顶格写，如"尊敬的招聘主管""尊敬的单位领导"等。
（2）开头，以问候语开头，引言的主要作用是尽量引起对方的兴趣看完你的材料，并自然进入主体部分。
（3）正文，简明扼要地概述自己，突出自己的特点，努力使自己的描述与所聘职位要求一致，切勿夸大其词或不着边际。简历中的具体内容不应在求职信中重复。

（4）结尾，强调自己的愿望并致敬对方。

（5）附件，选用的证明材料要有盖章和签名。

（二）求职信的写作技巧

语气自然：写信就像说话一样，语气可以正式，但不能僵硬。

通俗易懂：写作要考虑读者对象的知识背景，不要使用生僻词语、专业术语。

言简意赅：要尽可能简明扼要，切忌面面俱到。

具体明确：不要使用模糊、笼统的字眼，多使用实例、数字等具体的说明。

1.　开头

在求职信的开头部分，除了称呼和问候语外，还需要自我介绍、是从什么渠道得知该招聘信息的及所要应聘的具体职位等内容。求职信的第一句话很重要，如果写得好，甚至会在第一时间给他人留下极佳的印象。很多人认为，求职信的第一句话最难写，其实，有很多写法，归纳起来，主要有以下几种形式。

（1）概述式：用一句话概述自己所具备的任职资格及工作能力。

（2）提名式：如果条件允许的话，可以提及一位建议自己到用人单位求职并且为该单位所熟悉或尊崇的人。

（3）提问式：针对用人单位的需要，先提出一个设问或是假设，然后用一句话表述自己能够帮助对方实现目标。

（4）赞扬式：先赞扬用人单位最近一段时间所取得的显著成就或发生的明显变化，然后再表示自己愿意为其效力。

（5）应征式：先说明自己通过什么途径了解到用人单位的招聘信息，并肯定自己的条件符合用人单位的要求。

（6）独创式：可以用一个比较新奇的，能表现自己在某些方面过人才华的语句开头。但是，这种开头只能用于申请需要丰富想象力的职位。

2.　正文

求职信的正文部分一般分为三方面内容：自己对招聘单位的认识和理解、你的综合能力（即求职资格）、自己能为招聘单位做出什么样的贡献。

（1）描述自己对招聘单位的理解和认识。这方面内容通常是说招聘单位有什么好的方面吸引自己，对他们进行适当的赞赏，让他们知道你很愿意在此服务。如果对方是一家大公司，那么可以说说他们的名声、销售业绩、影响力、公司文化或其他任何让他们感到骄傲的地方；如果对方是一家中小企业，那么可以说说所处行业及公司前景。

（2）描述自己的综合能力。这是求职信的核心部分，需要有的放矢地说明自己的个人技能和个性特征如何能满足公司的要求，要让招聘方明白为什么你是最好的人选。

对于自己的教育背景、知识技能、工作经验等，通常在简历中会做翔实的介绍。为此，在求职信中，只需要针对与招聘单位及所应聘岗位的应聘要求，围绕自己简历中的两三个要点进行发挥，突出知识技能和工作能力，以引起招聘单位的兴趣。

（3）强调自己能为招聘单位做出什么贡献。上面所描述的能力是从自身情况而言的，而招聘单位更为看重的是能为公司做出什么样的贡献。这里有一个误区，很多求职者为了表示自己的谦虚，在求职信中大书特写自己的不足，并表示希望能够在将来的工作中得到学习提高的机会。事实上，这种谦虚是没有必要的，每个公司都会对自己的员工进行培训，但是这并不是公司招聘员工的初衷，他们招聘你，是看重你能为公司带来的贡献。

3. 结尾

求职信结尾部分的内容可以包括以下几个方面：

（1）再次强调你对于此职位的兴趣。在求职信的结尾，可以再次强调你对于此职位的兴趣，不过点到为此，不必啰唆，语气也不必太过于"乞求"。

（2）表明你希望得到面试机会。呈递求职信和简历只是为了能得到面试机会，而并非为了马上就能得到工作机会。没有一个招聘单位会因为求职信和简历写得好就免去面试环节直接签约。

（3）向对方表示谢意和祝福。如同书信的最后要向对方表示敬意和祝福一样，在求职信的结尾，也可以写上一些诸如"顺祝愉快安康""深表谢意""顺颂商祺"之类的通用祝福词语。

（4）别忘了署名。国外一般都会在名字前加上"你诚挚的、忠诚的、信赖的"等之类的形容词，但在国内，这种方式还是不要效仿为好，以免不伦不类。按照中国人的习惯，在求职信的右下角直接写上自己的名字即可。

（5）日期。写在署名下方，应用阿拉伯数字书写，年、月、日都要写全。

（6）写上联系方式。尽管你的联系方式在简历上已经注明了，但还是建议你在求职信的结尾也写明自己的详细通信地址、邮政编码和联系电话，以让招聘人员在繁忙之中能够快速找到你的联系方式。

案例 6.3

求职信的范文

尊敬的 ×× 先生：

您好！

非常感谢您在百忙之中翻阅我的材料，希望给我一个机会。

我很庆幸能在贵公司的网站上面看到这个能充分发挥自己专业特长的工作岗位，能得到你们的关照是我的期盼。得力的助手有助您工作顺心，合适的工作单位有助于我施展才华，因此冒昧地给您写了这封自荐信。

我叫 ××，是 ×× 学院的应届毕业生，专业是数控技术。主修课程有数控编程及操作、数控工艺与装备、数控机床结构、机械制图、机械技术基础、AutoCAD、CAXA 制造工程师等。

本人大学三年来对本专业的知识学得比较扎实，而且还多方涉猎，在数控车铣床进行过特别培训，懂得一般的零件编程、加工及数控加工工艺。掌握 AutoCAD、CAXA 等绘图软件及自动编程，可以进行数控系统 FANUC 及其他系统的手工编程。懂得机械制图和识图，熟练数控车床机的操作，了解工作和设计及机床的基本维护等知识。其他方面，如掌握一定程度的基本钳工操作，熟练 Word、Excel 等办公软件的使用，普通话流畅沟通等。

　　诚然，虽然大学三年的学习生活中有一定的社会经历，使我养成了冷静自信的性格和踏实严谨的工作作风，并赋予我参加社会竞争的勇气。然而，所学知识是有限的，大学培养的仅仅是一种思维方式和学习方法。因此，我将在今后的实践中虚心学习，不断钻研，积累工作经验，提供工作能力。热切期望能加入贵公司，请给我一个机会，我会用行动来证明自己。

　　为了方便您的审查，随信附有我的简历一份，希望贵公司能给我一个发挥能力的机会。

　　祝事业蒸蒸日上！

　　此致

敬礼

××

××××年××月××日

　　【分析】这是一封中规中矩的求职信，简短的开头后，就介绍了获知招聘信息的渠道，然后对个人基本情况做了介绍，并说明求职者对大学学习的总结，表明了要在工作中继续学习、努力成长的愿景。最后，附上简历。

四、个人简历的制作

　　众所周知，在求职中，个性突出、特色鲜明的高职毕业生容易在竞争中取胜。而与众不同的简历，容易吸引招聘人员的目光。一份好的简历，对于找到工作至关重要，有时甚至起到决定性的作用。通过对众多单位招聘毕业生的调查，简历最好能在 15 秒内给阅读者留下深刻印象。

　　一般常用个人简历的格式有三种：表格式、时间顺序式、学习工作经历式。表格式是用表格的形式列出自己的基本情况和学习、工作经历，使人一目了然；时间顺序式是按年月顺序，列出自己的学习工作经历，条理清楚；学习工作经历式则是根据需要有选择地列出自己的学习、工作经历，充分表现自己的技能、品德。对于刚从高职院校毕业的求职者来说，宜采用第一种格式。

（一）个人简历的内容

1. 个人的基本情况

　　个人的基本情况主要指姓名、年龄、性别、籍贯、学历、政治面貌、联系方式（电话号码和电子邮箱）等。个人信息模块的写作应该简单、直观、完整、无冗余信息。

2. 教育背景

　　教育背景就是要按照次序写清所读学校名称、专业、学习年限及相关证明等，让招聘单位迅速了解求职者的学习背景，以判断与应聘职位的相关性。

3. 工作或社团经验

高职生一般都没有工作经验，但经常会利用假期勤工俭学、兼职或积极参加各类性质的社团活动，可充分提供在校期间的打工经历、社团经历，说明自己担任的工作、组织的活动及特长等，供招聘单位参考。

4. 爱好特长

无论是所学的专业还是单纯的个人兴趣发展出来的特长，只要与工作性质有关的才艺，都应在简历上写明。这将有助于招聘单位评估求职者的所长与应聘工作的要求是否相符。

5. 知识、技能水平

知识结构（主要课程和从事的科研活动）、外语和计算机水平及其他技能方面的证书等。

6. 求职意向

求职简历上需清楚地表明自己倾向就业的地域、行业、具体岗位等，以便招聘单位了解求职者的志向与追求，从而做出正确的选择。

7. 联系方式与备注

同上面所要突出的内容一样，一定要清楚地表明求职者的电话（固定电话应加上长途区号）、E-mail 地址、邮政编码、传真电话等。总之，要确保招聘单位能通过简历中的联系方式迅速联系到求职者。

（二）简历的撰写原则

写好一份简历是求职的关键，对于招聘单位方面来说，在没有看到人的情况下，简历实际上就是第一道选关。事实上，很多人都知道简历的重要性，却一而再、再而三地犯一些低级错误，以致发几十份简历还收不到一份面试通知。一份格式完美、内容翔实、重点突出的简历，会让你得到更多的面试机会。

1. 真实性原则

简历是对自己大学生活的全面总结和反映，在内容上必须真实，切忌为赢得用人单位的好感而弄虚作假。

2. 规范性原则

这一原则的确立，是对毕业生所有文字材料的基本要求，简历不仅格式要规范，而且填写术语要规范。

3. 富有个性原则

这一原则主要要求简历体现求职者的个性，不能"千人一面"，更不能"张冠李戴"，而且，由于不同的用人单位对求职者的要求不尽相同，简历的准备也应根据不同的招聘要求有所差异。

4. 突出重点原则

简历必须简明扼要、突出重点，使人能很快地、明确地看到你的基本情况。有些简历做工精巧、设计美观，但就是没有突出重点，这会影响你的求职成功率。

5. 全面展示原则

好的简历突出重点且全面展示自己。

6. 设计美观原则

准备简历的目的之一是吸引用人单位对求职者的注意力，或者让用人单位对求职者感兴趣。因此，简历的设计就显得尤其重要。一般来讲，简历无论是文字的，还是表格的，都应用 A4 纸打印或复印，复印件不要放大或缩小，并进行必要的版面设计。

7. 杜绝错误原则

所有的材料要杜绝一切错误，无论是语言逻辑、错别字还是打印错误。就像你每天都能见到形形色色的广告一样，招聘单位在招聘季每天也能收到成百上千份简历。你的简历如何才能够脱颖而出，让招聘者注意，并且相信你有可能是他们正需要的合格、合适的人选，产生了把你叫来面试、进行一番"试用"的想法。这就需要你在制作简历时，运用合适的"营销组合"，对自己加以营销。

五、其他求职材料的准备

（一）简历封面

简历的封面应当含有：学校名称、专业名称、学历、姓名、联系方式等内容。按照人们长期形成的阅读习惯，文章的头和尾通常是阅读的焦点，因此在这两部分务必体现出最为重要的数据。而一旦用人单位选中你，如何与你取得联系就成为主要的问题。因此，在整份简历的一头一尾（或头或尾），务必将本人的联系方式突显出来。

（二）学校就业推荐表与成绩单

就业推荐表是"毕业生双向选择就业推荐表"的简称，是学校向用人单位推荐毕业生的书面材料，表中所填内容反映了学生个人信息、学习成绩、奖惩情况、社会实践经历等方面的情况，是用人单位选择人才的重要依据，直接关系毕业生的切身利益。成绩单是由学校的教务部门出具并盖章的成绩证明，在应届毕业生求职时是必须具备的。用人单位可以通过成绩单了解毕业生的学业水平和具体科目的学习情况。

（三）各种获奖证书和技能证书材料

各种获奖证书和技能证书材料包括：外语水平和计算机水平证书；技能证书与职业资格证书。

（四）获奖证明

获奖证明包括在校期间参加各种比赛或活动的获奖证明、奖学金证明或优秀学生干部证书等。

（五）推荐信

推荐信是高职生求职过程中不可忽视的环节。这里所指的推荐信并不是那种找关系、托人情"走后门"的"条子"，而是权威人士的实事求是、认真负责的推荐信。有的单位是比较重视推荐信的，而写推荐信的权威人士也是十分珍惜自己的声望的，真正的学者、教授或某一领域的权威不会滥用别人对自己的信任做不负责任的推荐。

🔵 经 典 分 享

小红的个人简历

小红是某高职院校文秘专业的毕业生。她性格活泼、热情大方，担任学生会干部，在系里深得领导和老师的喜欢，她也把系里的各项活动开展得非常好。

这天，系领导告知她，有一家学校合作的单位下午要来学校招聘，单位非常不错。招聘职位无论是专业要求、岗位要求等都很适合她，看她是否愿参加招聘。

小红得到这个消息后非常高兴，就开始把原来的简历和求职材料找出来进行整理。她把学院统一发的毕业生就业推荐表复印了一份，又把曾经获奖的证书、英语等级证书、专业技能证书等复印并附加上去。由于时间仓促，她的推荐表上的公章都是复印的，黑色的。因临时找不到照片，她就把借书证上的黑白照片撕下来贴在推荐表上。

小红想，这份工作既然是系领导介绍的，那么简历也是走走过场，关键是面试时候的表现。所以，她精心准备了自己的着装，把本来就很漂亮的自己收拾得更加光彩照人。

下午，面试室前排着长龙。小红把简历递交上去后，就跟着大家一起等着面试了。可是，面试都结束了，也不见叫她的名字。小红有点慌了，恰好这时候系领导来了，她赶紧请系领导去询问。过了一会儿，系领导皱着眉头出来了，摇着头说："哎呀，小红啊，你是怎么搞的？平时你做事都很认真、很仔细的，为什么在自己的事情上这么大意、这么糊涂呢？简历就这么几张纸，还都是复印件，毫无特色。人家大单位没办法，面试那么多人的，都是先看简历，然后挑一些他们认为优秀的人员来面试，你看你……"

小红后悔得眼泪都差点流出来了。还好，系领导告诉她，赶紧再准备一份简历，在复试的时候，再由系里推荐上去。

这一回，小红不敢再大意了。她上网查阅了别人的做法，又参考了其他同学的简历，花了许多心思在自己的简历上：挑选了一部分自己在各种活动和比赛中的精彩照片，集合成一张彩图，做成了简历封面；然后结合这家大公司的背景和岗位要求，写了一封针对性很强的求职信，信中将自己的特长结合该岗位发展的需要做了进一步的介绍。

该公司的人事主管对小红的简历赞不绝口，马上让她来面试。参加面试的小红思维敏捷、口齿伶俐，表现十分突出，她如愿以偿地得到了这份工作。

【分析】几乎所有的人力资源部门负责人表示："我们确实不欢迎'万金油'式的简历。"切勿小看简历的作用，特别是平时表现突出的高职生，提前做好各项准备，是一个习惯，更是一种态度。精心设计自己的个人简历，让你的简历在求职中发挥作用，是每一个毕业生都应该注意的。

课 堂 活 动

分析你所参加的一项实习工作 / 兼职工作

1. 活动目标

通过分享实际工作，学会工作经历的写作技巧，了解用人单位的招聘特点。

2. 规则与程序

（1）工作经历在求职简历中的展现要点。

（2）你的工作情况：组织或公司名称、工作名称及角色、工作职责和目标任务等情况。

（3）你曾经处理过的问题。

（4）你对工作的投入程度。

（5）你取得的工作业绩。

（6）你在公司的价值体现。

活动时间 30 分钟。

3. 讨论

（1）实习工作 / 兼职工作的重要性。

（2）为什么简历制作需精心设计？

单元四　准备笔试与面试

☞ **能力目标**

（1）了解笔试应掌握的内容、原则和方法。

（2）掌握面试的类型和内容。

（3）了解面试的流程、技巧和方法。

准备笔试与面试

导入案例

笔试可以天马行空吗

　　小张，某高职院校 2015 届管理专业毕业生，他是一位品学兼优的学生。一次，某颇有名气和规模的乡镇企业前来招聘管理人员，待遇比一般企业要高，小张前去应聘，笔试的题目是"我眼中的乡镇企业"。小张在文中写道："我眼中的乡镇企业，环境恶劣、设备落后、员工素质低下。学校的老师一再教导我们要树立到乡镇企业工作的思想观念……我们这一代人是承前启后、继往开来、与时俱进的一代，我们要树立雄心壮志，到乡镇企业去工作，乡镇企业的明天要靠我们去开创。"

　　笔试后，小张对自己的表现比较满意，但遗憾的是，三天后该公司通知小张没有被录用。

　　【分析】笔试不同写作文，应实事求是，针对所应聘的岗位，相应作答才是正确选择。不同类型的职业有着不同的笔试要求。因此，应聘者笔试前应做好充分的准备，掌握笔试的方法和技巧。

一、笔试

　　笔试是一种与面试对应的测试，是用以考核应聘者特定的知识、专业技术水平和文字运用能力的一种书面考试形式。这种方法可以有效地测试应聘者的基本知识、专业知识、管理知识、综合分析能力和文字表达能力等素质及能力。许多知名企业在招聘时，都对应聘者进行笔试，只有通过笔试，才能进入面试。

（一）笔试的内容

　　（1）知识测试，内容包括一些通用性的基础知识和担任某一职务所要求具备的业务知识。

　　（2）智力测试，主要测试应聘者的记忆力、分析观察能力、综合归纳能力、思维反应能力及对于新知识的学习能力。

　　（3）技能测试，主要是针对应聘者处理问题的速度与质量进行的测试，检验其对知识和智力运用的程度和能力。

　　（4）性格测试，通过一些精心设计的心理测试题或一些开放式的问题来考查求职者的个性特征。

（二）笔试的准备

　　良好的笔试成绩来自平时的努力学习，只有在大学期间刻苦学习，熟练掌握所学的专业及基础知识，在笔试时才能信心十足、得心应手。

1. 笔试前应进行简单的复习

　　复习已学过的知识是准备笔试的重要方式。一般说来，笔试都有知识点的范围，可围绕这个范围翻阅一些有关的图书资料。有些课程内容，因学习时间已久，可能淡忘，经过简单的复习，有助于恢复记忆。知识可分为主要靠记忆掌握的知识和必须通过不断地运用掌握的知识。从用人单位的角度看，主要目的是为考核应聘者对所学知识的运用能力。因此，在复习过程中一定要善于将所学知识运用到解决实际问题中，学以致用。

2. 保持良好的身心状态

参加笔试前，应聘者要适当减轻思想负担，保证充足的睡眠，适当参加一些文体活动，从而使高度紧张的大脑得到放松休息，以充沛的精力去参加考试。

3. 做好临场准备

应聘者可提前熟悉考场环境，有利于缓解笔试时的紧张心理。还应仔细了解考场注意事项，除携带必备的证件外，一些笔试必备的文具（笔、橡皮等）也要准备齐全。

二、面试

面试是用人单位招聘时最重要的一种考核方式，是供需双方相互了解的过程，是一种经过精心设计，以交谈与观察为主要手段，了解应聘者信息和能力的一种测评方式。多数高职生因为面试经历少，不懂面试技巧，信心不足，常常不知所措。掌握面试技巧，是高职生求职择业面临的新课题。

（一）面试的主要类型

根据面试的实施方式，可将面试分为五类。

（1）一对一的个别面试。常用于第一轮面试，主要目的是排除一些素质相对较差者。

（2）多对一的面试团面试。由多个部门组成面试团，考核应聘者的人格素养、业务素质、行为风格等。

（3）多对多的小组面试。应聘者有多个，便于面试者对应聘者进行比较。

（4）小组讨论面试。由应聘者组成一个临时工作小组，讨论给定的问题并且做出决策，目的是考核应聘者的领导能力、组织能力、口头表达能力、说服力、洞察力、处理人际关系的技巧等。

（5）评估中心面试。专业化程度高的外企通常会用一两天的时间通过评估中心进行人才选拔。评估中心将进行一系列综合性的考核，包括在公众人物前发表演讲、无论题的讨论、团队面试场景创建游戏、辩论等，目的是考核应聘者的适应能力及在一个全新的、毫无准备的情境中处理问题的能力。

（二）面试的内容

因为面试者不同、职位不同、时间不同、地区不同，针对应聘者的测评内容并非完全一样，而且偏重的方面也不同。主要包括以下几个方面。

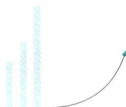

1．仪表仪态

仪表仪态是指应聘者的体型、外貌、气色、衣着举止、精神状态等。应聘者应仪表端庄、衣着整洁、举止文明。

2．专业知识

面试对专业知识的考查更具灵活性和深度，所提问题也更接近空缺岗位对专业知识的需求。以了解应聘者掌握专业知识的深度和广度，其专业知识是否符合所要录用职位的要求，作为对专业知识笔试的补充。

3．工作实践经验

一般根据查阅应聘者的个人简历或求职登记表的结果做些相关的提问，以补充、证实其所具有的实践经验，考查应聘者的责任心、主动性、思维能力、口头表达能力及遇事的处理能力等。

4．口头表达能力

口头表达能力是考查面试中应聘者是否能够将自己的思想、观点、意见或建议顺畅地用语言表达出来。考查的具体内容包括：语言表达的逻辑性、准确性、感染力等。

5．综合分析能力

综合分析能力是考查面试中应聘者能否对面试者提出的问题通过分析抓住本质，条理清晰地回答的能力。

6．反应能力与应变能力

这项考查主要看应聘者对所提的问题理解是否准确贴切，回答的是否迅速、准确等；对于突发问题的反应是否机智敏捷、回答恰当。

7．人际交往能力

在面试中，通过询问应聘者经常参与哪些社团活动，喜欢同哪种类型的人打交道，在各种社交场合所扮演的角色，可以了解应聘者的人际交往倾向和与人相处的技巧。

8．求职动机

了解应聘者为何希望来用人单位工作，对哪类工作最感兴趣，在工作中追求什么，以此判断用人单位所能提供的职位或工作条件等能否满足应聘者对工作的要求和期望。

9．工作态度

一是了解应聘者对过去学习、工作的态度，二是了解其对现应聘职位的态度。

10. 上进心、进取心

有上进心、进取心强烈的人，一般都能确立事业上的奋斗目标，并为之而积极努力。上进心不强的人，一般都是安于现状，无所事事，不求有功，但求能敷衍了事，因此对什么事都不热心。

11. 自我控制能力与情绪稳定性

自我控制能力与情绪稳定性对于即将走入职场的高职生显得尤为重要。一方面，在遇到上级批评指责、工作有压力或是个人利益受到冲击时，自己能够克制、容忍、理智地对待，不致因情绪波动而影响工作；另一方面在工作遇到瓶颈时要有耐心和韧劲。

12. 业余兴趣与爱好

通过询问应聘者休闲时间喜爱从事哪些运动，喜欢阅读哪些书籍及喜欢什么样的电视节目，有什么样的爱好等，可以更加全面地了解一个人的性格，这对应聘者录用后的工作安排非常有宜处。

13. 其他

面试时招聘者还会向应聘者介绍用人单位及相关职位的情况与要求，讨论有关薪酬、福利待遇等应聘者比较关心的问题，以及回答应聘者可能要问到的其他一些问题等。

（三）面试前的准备

面试是求职的关键环节，需要事先做好准备，主要包括以下几个方面。

1. 研究用人单位

俗话说："知彼知己，百战不殆"，面试前应对用人单位进行充分的了解，应聘者要通过多种渠道（如宣讲会、网站、社会关系等）了解用人单位和职位的情况，如公司所在地、规模、背景、经营状况和发展前景，公司对员工的工作要求、待遇、培训情况。

2. 审视自己

面试最重要的还是充分了解自己，面试前要梳理一下自己的情况，对照应聘岗位的招聘要求，问一问自己：我是否对这个岗位感兴趣？我参与竞争的优势是什么？劣势是什么？如果被问到劣势方面，应如何应对？

3. 物品准备

面试前，应把自己准备带去参加面试的文件包整理好，带上必需用品。带好求职简历、求职信、各种荣誉证书和成绩单的复印件等，可多带一份简历，有备无患。

4. 面试训练

应届毕业生缺乏面试经验，在面试前有必要进行面试的学习和训练，可先了解各种面试的形式，学习他人的经验，也可向学长请教，还可以 3～5 人一组，轮流扮演面试官和应聘者，模拟面试的过程，锻炼展示自我的能力，积累面试的实战经验。

5.　心理准备

面试的过程，是一个复杂的心理变化过程，成功的关键在于自己优秀的素质及良好的临场发挥。择业前要进行心理调适，克服紧张情绪，并排除心理干扰。面试时要放松，这样才能发挥出最佳的水平，取得理想的面试效果。

案例6.4

面试前的准备工作

小黄是应届毕业生，学的又是热门专业，还当过学生会干部，他完全可以去比较理想的公司，然而因为平时大大咧咧惯了，做事又毛糙，结果在一次面试中，他被一些细节击败了。

小黄看中一家合资公司销售经理的职位，经过笔试、两轮面试后，他顺利进入最后的面试阶段。为此，小黄进行了精心准备，还特意买了一套西服。面试时，小黄回答的问题也让考官比较满意。这时考官要看他一次实习鉴定的资料，由于资料提前没有归档装订，加之心中无数，小黄心里一慌，资料散了一地，好不容易找到后，慌乱中又将考官的茶杯碰倒了，心中一惊，一句脏话就出来了。

这时，主考官面露愠色，总算等到面试结束，小黄长吁了一口气，可马上又慌了，原来离开时过于匆忙，竟将毕业证落在考场。小黄只好硬着头皮回到房间拿回了自己的毕业证。这时主考官再也受不了，大笔一挥，便将小黄的名字从录用的名单中划掉了。

【分析】面试一定要注重自己的仪表风度。除了外在的衣着，主考官更注重应聘者的内在素质。尤其在面试过程中，应聘者不可出现精神状态不佳、粗心大意、丢三落四等现象。

（四）面试的一般程序

1.　面试开始阶段

在这段时间里，应聘者应该确定面试的总体语调和气氛。这是面试中最重要的一个阶段，因为第一印象很可能决定用人单位是否录用应聘者。所以要记住：必须面带微笑，信心百倍。看着对方的眼睛，真诚地与其握手。

2.　正式面试阶段

在这段时间里，面试双方的主要任务是互相了解情况。招聘者在这段时间里要同时对应聘者做出三种估价：一是你的能力和性格是否适合这项工作。二是如果你成为用人单位中的一员，能为用人单位做出什么贡献。三是如果决定聘用你，你能否与用人单位人员合作融洽。

应聘者必须让招聘者觉得你热情、友好，使他相信你完全符合上述三个条件。应聘者还可用这段时间主动地打听一些关于公司及工作的情况，这样做一方面表示你对用人单位非常关注，另一方面可以从招聘者的介绍中了解到用人单位想招聘什么样的人。

3. 面试结束阶段

此时应聘者应该做的事情如下：

（1）表现出你对用人单位的兴趣。

（2）对用人单位表示感谢。

（3）如果结果还没有确定下来，那你还可以问："我哪些地方符合你们的要求？哪些地方不符合？"或者"我有希望被录用吗？"

这些问题表达了你对用人单位的意愿，效果就像"我有希望成为主要候选人吗？"一样，以增加用人单位对你的印象。

（4）要善于觉察招聘者暗示面试结束的种种迹象，如招聘者开始整理纸张或不再继续提问，这就是告诉你面试已经结束了，你应及时且有礼貌地告辞。

（五）面试着装

服装和外貌同交谈一样，是招聘者了解应聘者的重要内容。从某种程度上说，这绝不亚于面试中的语言对白。如果一个应聘者能镇定自若，注意仪态，穿着得体，面试时就能脱颖而出。应试者衣着服饰要注意以下几个方面。

（1）男生应穿深色西装，打领带，衬衣袖口要注意清洁。

（2）女生忌讳服饰过于繁杂、鲜艳，应该避开大红、橙色、紫色等颜色。

（3）尽量减少佩戴首饰，要突出高职生年轻、有朝气一面，以清新的形象示人。

（4）皮鞋要擦去灰尘和污痕，男生的鞋子颜色一般不要比裤子颜色淡，女生不要穿鞋跟过高的鞋子。

（六）面试礼仪

众所周知，礼仪是一个人素质与教养的具体表现。良好的礼仪能向招聘者传递这样的信息：我非常尊重您，也很希望获得这份工作，同时我对自己面试成功充满自信。

1. 赴约守时

守时是职业道德的一个基本要求，如果你面试迟到，那么不管你有什么理由，也会被视为缺乏自我管理和约束能力，即缺乏职业能力，给招聘者留下非常不好的印象。提前10分钟到达面试地点效果最佳。

2. 进入用人单位直接到面试地点

对于应聘者，必须明白你的面试是从你一踏入用人单位的大门就开始了，到了招聘单位，最好直接到面试地点。

3. 安静等候面试

参加应聘者应在等候区安静等候，而不要来回走动显得急躁不安，也不要与别的应试者聊天。

4. 礼貌进入面试现场

无论门是敞开还是关闭的，应聘者进入面试房间之前一定要敲门。连续敲两次门是较为标准的，敲门时千万不可敲得太用力。进门后应用手轻轻将门合上，然后面带微笑走向面试者，亲切地道一声"您好"，等招聘者示意你坐下时方可坐下。

5. 面试过程中礼仪得当

在面试中，应聘者应上身正直，微向前倾，目光注视招聘者的眼部和脸部以示尊重，双手放在扶手上或交叉于腹前，双腿自然弯曲并拢，双脚平落地面；注意力要集中，认真听招聘者所提的问题，有条理地进行回答，切忌答非所问。在面试过程中，如果工作人员向你发放资料或索要资料，一定起身接受或递送，并说声"谢谢"。

6. 问题回答简练、完整

对用人单位提出的问题面试者要逐一回答，对方给你介绍情况时，要认真聆听。为了表示你已听懂并感兴趣，可以在适当的时候点头或适当提问、答话。回答招聘者的问题，口齿要清晰，声音要适度，答话要简练、完整。不要打断用人单位的问话或抢问抢答，否则会给人急躁、鲁莽、不礼貌的印象。招聘者问话完毕，听不懂时，可礼貌地要求重复（尽量不要出现这种情况）。当不能回答某一问题时，应如实告诉用人单位，含糊其词和胡吹乱侃会导致面试失败。对重复的问题也要有耐心，不要表现出不耐烦。

7. 致谢退场

面试结束时，应聘者应站起来对招聘者表示感谢。在走出面试室时先打开门，然后转过身来向招聘者鞠一躬并再次表示"感谢，再见"，然后轻轻将门关上。

8. 面试结束后回函致谢

面试结束后可分析一下自己在面试中的得与失，然后写封信寄给用人单位表示感谢，这样可以在他们心目中留下深刻的印象。

🌐 经 典 分 享

情 景 面 试

高职生小强参加一个企业的招聘会。面试的时候，应聘者一个个走进招聘办公室。招聘者身后的墙壁上贴着一张醒目告示，"每人面试只有五分钟的时间，请你配合"。

许多应聘者一进办公室，面对如此短的时间要求，都倍感紧张。为抓住有限的时间向招聘者滔滔不绝地介绍自己的情况和经验，即使招聘者的办公室电话响起，也不愿轻易中断介绍。

轮到小强时，当他进到办公室时，发现地上有一张用过的白纸，他便随手捡起放到桌子上，然后恭恭敬敬地站在那里等待招聘者的问话。在谈话进行约2分钟时，办公桌上的电话便响了起来。小强心想：虽然面试时间很短，但是万一公司有重要事情要处理，不能因此而耽误了。于是小强在铃声响过两遍后，拿起电话递给了招聘者。这时，面若冰霜的招聘者露出了难得的笑容："恭喜你，你被录用了！"

之后，当小强与那位招聘者成为同事时，小强问起自己当初为什么会被录用时，那位招聘者笑着说，面试中地上散落的纸和电话是我们故意安排的现场测试。我认为能够主动捡起纸和暂停面试而不影响接电话的人，一定是位认真、顾全大局的人。

【分析】考场虽然有形，但考查却无时不在。大部分高职毕业生在面对正式的考试时都能很好地表现自己，因此，现在不少用人单位除采用常规的面试之外，更重视从面试场外的一些场景设置、暗中考查来寻找公司想用的人才。因为在一个自然随意、没有约束条件的环境下，处于非应试状态中应聘者的表现才接近其真实状态。

课堂活动

模 拟 面 试

1. 活动目标

了解面试的程序，力求达到真实的面试效果。

2. 规则与程序

（1）前期准备：分组（6～8人），不少于10家企业的招聘信息、岗位信息、面试问题15个、面试评价表等。

（2）按小组进行模拟面试（要求表现出真实面试的场景）。

（3）选出2个小组进行现场模拟（招聘者、应聘者、设计问题15个）。

（4）第一小组面试展示，按模拟面试流程完成面试任务。

（5）第二小组进行评价。

活动时间30分钟。

3. 讨论

（1）面试过程中应注意的事项。

（2）如何博得招聘者的认可？

模块七　就业程序与就业权益

模块导读

就业作为高职毕业生需要亲自完成的过程，不仅受到国家法律、就业法规与政策的约束，还必须遵循一定的原则和程序。职业院校的毕业生应按照国家规定办理相关手续，同时可享受有关优惠政策。

就业协议书是明确毕业生、用人单位、学校三方在毕业生就业工作中的权利和义务的书面表现形式，能解决应届毕业生户籍、档案、保险、公积金等一系列相关问题。就业协议书的签订，意味着求职找工作过程的结束。就业协议在毕业生到用人单位报到、用人单位正式接收后自行终止。就业协议书由教育部统一制定式样。就业协议具有法律效力，一经签订，各方就必须严格履行。

落实了工作或与用人单位确定了工作意向，并不意味着就此完成就业流程。对于初入职场的毕业生来说，与用人单位签订劳动合同是一个关键环节，它是劳动者合法权益得到有力保障的重要举措之一。

本模块主要介绍国家和地方政府关于大学生就业、创业手续办理的政策与规定，以及近几年出台的大学生就业、创业的相关优惠政策，以指导大学生掌握并遵循国家政策，顺利实现就业、创业。

单元一　就业协议和就业程序

> ☞ **能力目标**
>
> （1）了解就业协议书签订与解除的程序。
> （2）了解毕业生派遣、档案和户口迁移的相关知识和办理程序。
> （3）了解人事代理等基本的就业常识。
>
> 就业协议和就业程序

📍 导 入 案 例

违反就业协议需付违约金

　　小冯是某高职院校 2018 年毕业生，在毕业前 2 个月，小冯从激烈的竞争中脱颖而出，被广州某电梯工业公司录取。此时，经亲戚介绍，小冯得知广州某数控设备公司也在招聘，于是他匆匆和电梯工业公司签订了就业协议后又应聘了数控设备公司。他认为反正就业协议不是劳动合同，对自己没有约束力。随后，小冯又被数控设备公司录取，当他兴冲冲地跑到电梯工业公司请求解除就业协议时，该公司告知小冯，解除就业协议可以，但小冯必须按照就业协议的约定向公司交付违约金。初出校门的小冯为自己法律意识的缺乏懊悔不已。

　　【分析】 就业协议是毕业生和用人单位关于将来就业意向的初步约定，对于双方的基本条件及即将签订劳动合同的部分基本内容大体认可，并经用人单位的上级主管部门和高校就业部门同意和见证，一经毕业生、用人单位、用人单位主管部门签字盖章，即具有一定的法律效力，是编制毕业生就业计划和将来可能发生违约情况时的判断依据。

　　就业作为高职毕业生需要亲自完成的过程，不仅受到国家法律、就业法规与政策的约束，还必须遵循一定的原则和程序。毕业生要了解各就业部门的工作程序及就业流程，以便顺利地完成就业中各个环节。

　　一般来说，毕业生就业要经过以下几个流程，如图 7-1 所示。

一、就业协议

　　就业协议，又称三方协议，属于格式协议。全国普通高等学校毕业生就业协议书（简称"就业协议书"）如图 7-2 所示。它是明确毕业生、用人单位、学校三方在毕业生就业工作中的权利和义务的书面表现形式，能解决应届毕业生户籍、档案、保险、公积金等一系列相关问题。就业协议在毕业生到用人单位报到、用人单位正式接收后自行终止。就业协议书由教育部统一制定式样。就业协议具有法律效力，一经签订，各方就必须严格履行。

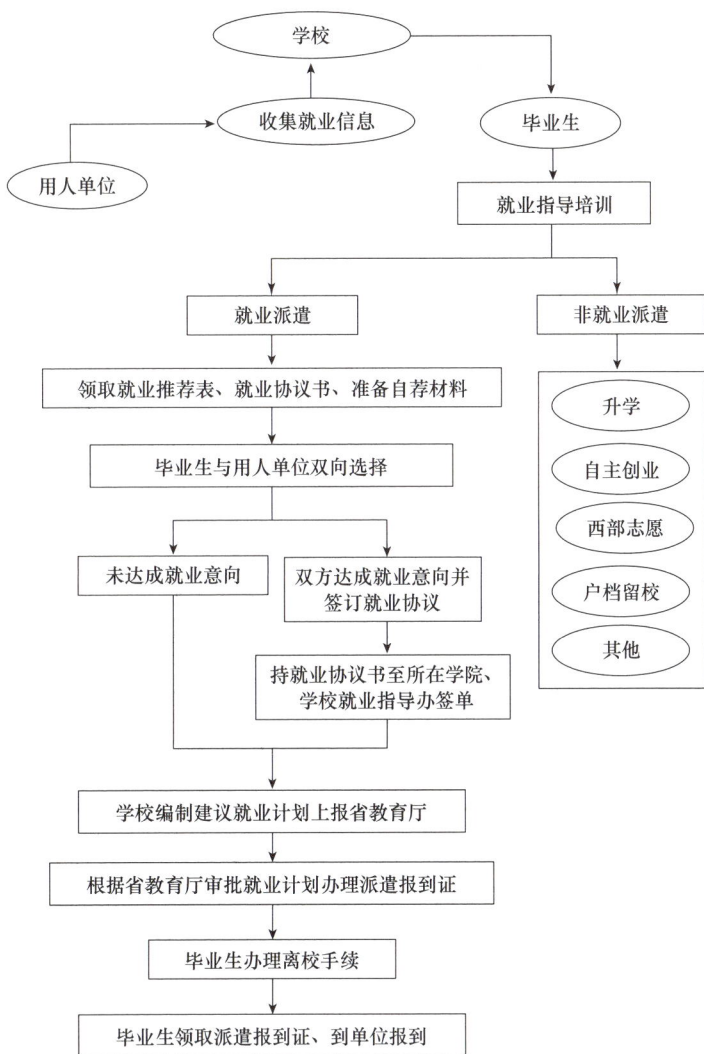

图 7-1　毕业生求职、毕业、就业流程图

（一）签约须知

就业协议是依据教育部颁布的《普通高等学校毕业生就业工作暂行规定》制定的。其第二十四条规定："经供需见面和双向选择后，毕业生、用人单位和高等学校应当签订毕业生就业协议书，作为制定就业计划和派遣的依据。"由此可见，毕业生就业必须签订就业协议书，否则，国家或省（区、市）级毕业生就业主管部门就不能办理毕业生就业报到手续，签发毕业生就业报到证。

（二）签署意见与签字盖章

签署意见与签字盖章部分包括了毕业生的情况及意见、用人单位的情况及意见、学校意见三个方面的内容。

编号：

条 码 区

全国普通高等学校毕业生就业协议书

毕业生姓名：＿＿＿＿＿＿＿＿＿＿

用人单位：＿＿＿＿＿＿＿＿＿＿＿

学校名称：＿＿＿＿＿＿＿＿＿＿＿

国家教育部高校学生司制表

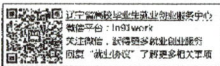

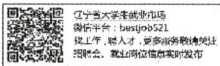

（二维码区）辽宁省高校毕业生就业创业指导中心 数据平台：ln91work 关注政策，获得更多就业创业指引 回复"就业协议"了解更多和文字项

（二维码区）辽宁省大学生就业市场 招聘平台：busijob521 找工作、找人才，更多政务服务请关注 招聘会、就业岗位信息实时发布

签 约 须 知

根据国家规定，普通高校毕业生（以下简称"毕业生"）就业实行"市场导向、政府调控、学校推荐、学生与用人单位双向选择"的就业机制，为维护国家就业方案的严肃性，规范毕业生、用人单位、学校三方在毕业生就业工作中的权利和义务，特制定本协议书：

一、本协议书的使用范围：国家计划内统招非定向毕业生（含高职（高专）毕业生、本科毕业生、毕业研究生）；定向生、委培生按定向委培协议就业，不使用就业协议书。

二、签约各方必须遵守国家的有关法律、法规和教育部的有关规定，坚持公开、公平、公正和诚实守信原则。

三、毕业生应按国家和省毕业生就业政策规定就业，向用人单位如实介绍自己的情况，了解单位的用工意图，表明自己的就业意向，在规定时间内到用人单位报到。

四、用人单位要如实介绍本单位的情况，明确对毕业生要求及使用意图，做好各项接收工作。凡取得毕业资格的毕业生，用人单位不得以学习成绩为由提出违约；未取得毕业资格的结业生若与用人单位签订本协议，用人单位应同时出具同意接收结业生的证明。

五、学校要如实向用人单位介绍毕业生的情况，做好推荐工作，用人单位签订协议后，由学校审核汇总并报省毕业生就业主管部门鉴证或国家教育部批准，列入就业方案下达执行，学校负责到省毕业生就业主管部门办理派遣手续。

六、毕业生、用人单位如有其他约定，必须在"双方约定"中明确，并视为本协议书的一部分。

七、毕业生、用人单位、学校中有一方要变动协议，需征得另外两方同意，由违约方承担毕业生、用人单位双方约定的违约责任及政府有关部门规定的违约责任。

八、本协议一式四份，毕业生、用人单位、学校各执一份，省毕业生就业主管部门留存一份，复印件无效。

用人单位情况	单位名称		组织机构代码	
	通讯地址		单位所在地	
	主管属地/单位所属行业	毕业所属行业	邮 编	
	联系人		E-mail	
	单位性质	国有企业/其他企业/机关事业单位/医疗卫生/教育/科研/其它		
	毕业生档案、户口、党团关系接收	档案接收单位名称	联系人	
		档案转寄详细地址	邮编	
		户口接收单位	接收单位电话	
		党、团组织关系接收单位		
毕业生情况	姓 名	身份证号	性 别	民 族
	政治面貌	学 号	专 业	
	毕业时间	学 历	学位类别	
	联系方式		E-mail	
	家庭地址		QQ	
	应聘方式	学校招聘会/政府举办招聘会/人才市场/网络签约	应聘时间	
	应聘意见：			
			毕业生签名： 年 月 日	
用人单位意见		用人单位上级主管部门或所属地人社局意见		
	签章 年 月 日		签章 年 月 日	
院（系）意见		校（院）就业部门意见		
经办人： 签章 联系电话： 年 月 日		经办人： 签章 联系电话： 年 月 日		

双方约定

毕业生对用人单位的约定

签章：
年 月 日

用人单位对毕业生的约定

签章：
年 月 日

图 7-2 就业协议书

1. 毕业生的情况及意见

这部分内容是由毕业生本人填写，毕业生的情况包括姓名、性别、年龄、民族、政治面貌、培养方式、健康状况、专业、学制学历和家庭地址。在上述各栏中，特别注意在"培养方式"一栏中，对属于国家计划招收的毕业生要填写"统招"。在毕业生意见一栏中，由毕业生填写自己的应聘意见，要求毕业生对是否愿意到用人单位就业表明自己的意见，同时也应将与用人单位在洽谈中达成的基本条件写明，以避免日后发生争议。

2. 用人单位的情况及意见

这部分内容由用人单位填写，用人单位的情况包括单位名称、单位隶属、联系人、联系电话、单位性质和毕业生档案转寄详细地址。在用人单位意见一栏内包括两方面的内容：用人单位的意见和用人单位上级主管部门的意见。

3. 学校意见

学校意见中主要包括两级意见：学院（或系部）意见和学校就业主管部门意见。学院（或系部）意见是毕业生所在单位的基层意见，学院（或系部）在签署意见时除进行初步审核外，还要了解毕业生具体的就业去向。学校就业主管部门签署意见是代表学校一方在就业协议书上签字盖章。

（三）毕业生与用人单位双方约定

双方约定栏是为毕业生、用人单位、学校三方共同约定的其他条款所设计的。在双方约定中，毕业生与用人单位约定的条款如果不涉及学校的有关规定，不违反政策，并只在毕业生与用人单位之间约定，学校是不予干涉的。

（四）签订协议时应注意的问题

1. 查明用人单位的主体资格

签订就业协议的当事人必须具备合法的主体资格，一般而言，用人单位必须具有从事各项经营或管理活动的能力，单位应有录用指标和录用自主权。

2. 按规定的程序签订就业协议

毕业生凭学校发放的就业协议书，在与用人单位签约后交学校就业部门盖章。此程序由学校最后把关，更有利于维护学生的合法权益。

3. 有关条款的内容必须明确

毕业生与用人单位签约时，尽量采用示范条款。如确有必要进行变更或增加，亦应在内容上明确。

4. 注意与劳动合同的衔接

由于毕业生就业协议签订在先，为避免日后订立劳动合同时产生纠纷，应尽可能将劳动合同的主要内容体现在就业协议的约定条款中，并明确表示在日后订立劳动合同时应予以确认。

5. 对合同的解除条件做事先约定

毕业生就业协议一经订立，就对当事人具有约束力，不得随意解除，否则应承担违约责任。

（五）就业协议订立的步骤和签订的程序

1. 就业协议订立的步骤

就业协议的订立要经过两个步骤，即要约和承诺。用人单位收到毕业生材料、对毕业生进行考查后，表示同意接收毕业生，即为要约。毕业生持学校统一印制的就业推荐表或复印件参加各地供需洽谈会（人才市场招聘会），进行双向选择或向用人单位寄发书面材料，应为要约邀请。签订就业协议时要约是法定程序。毕业生收到用人单位的用人邀请后从中做出选择，与用人单位签订协议，即为承诺。

2. 就业协议签订的程序

（1）毕业生本人填写就业协议书。

（2）用人单位签署意见并加盖单位公章。

（3）用人单位或毕业生本人将就业协议书交至学校院系，由学校院系签署意见并加盖公章，纳入就业计划派遣。

（4）用人单位或毕业生本人将就业协议书交至学校就业中心，由学校就业主管部门签署意见并加盖公章。

（5）毕业生、用人单位各留一份，学校留两份（其中一份交至学校所属毕业生就业主管部门）。

（六）无效就业协议

无效就业协议是指欠缺就业协议的生效要件而导致就业协议无效。

1. 一方采取欺诈手段签订的就业协议无效

如果用人单位不如实介绍本单位情况，或根本无录用指标而与毕业生签订就业协议，或毕业生在订立就业协议时对个人情况有重要隐瞒等情况，此种情况下签订的就业协议书视为无效。无效协议产生的法律后果由有欺诈行为的一方承担责任。

2. 就业协议未经学校审查同意时无效

就业协议未经学校审查同意时无效，学校将不予列入就业方案，不予办理就业报到手续。学校经审查认为该协议对毕业生显失公平，或违反公平竞争、公平录用的原则，或不符合国家有关政策规定，学校有权拒签。就业协议被确认为无效的法律后果由责任方承担违约责任，并赔偿经济损失。

案例 7.1

录用通知书不是就业协议

在招聘录用工作中，高职毕业生经常会听到"offer"一词，offer即"录用通知书"，是用人单位向被录用者发出的一种工作邀请函，其中说明了毕业生的上班时间、薪酬和福利等情况，一般是在劳动者通过用人单位面试、用人单位决定录用后发出的，要求劳动者在上面签字，劳动者签字即表明接受对方的录用意向，愿意到用人单位工作。这种情形在外企中比较常见。

录用通知书是毕业生和用人单位达成的一个录用意向，并不涉及学校。因此，对于毕业生而言，除了与用人单位签署录用通知书外，还应与其签订就业协议，以更好地维护自己的合法权益。

在北京和上海等对户口要求较严的城市，如果毕业生与用人单位之间只签录用通知书，而没有签订就业协议，则会导致用人单位无法帮助毕业生落户或接收档案。当发生这种情况时，毕业生可在毕业前找一家单位挂靠户口和档案（如人才交流中心），也可将户口迁回原籍。

【分析】要切记，录用通知书是毕业生和用人单位达成的一个录用意向，是双方的行为，不涉及学校。因此，对于高校毕业生而言，除了与用人单位签署录用通知书外，还应与其签订就业协议。

（七）就业协议的解除

1. 就业协议的解除分为单方解除和三方解除

（1）单方解除。单方解除包括单方擅自解除和单方依法或依协议解除。单方擅自解除协议，属违约行为，解约方应对另两方承担违约责任。单方依法或依协议解除，是指一方解除就业协议有法律上或协议上的依据，如学生未取得毕业资格，用人单位有权单方解除就业协议。

（2）三方解除。三方解除是指毕业生、用人单位、学校三方经协商一致，解除原订立的协议，使协议不发生法律效力。此类解除因是三方当事人真实意思表示一致的体现，三方均不承担法律责任，三方解除应在就业计划上报主管部门之前进行，如就业派遣计划下达后三方解除，还须经主管部门批准办理调整改派。

2. 毕业生违约的后果

毕业生违约，除本人应承担违约责任、支付违约金外，往往还会造成其他不良的后果，主要表现在以下几个方面。

第一，就用人单位而言，用人单位往往为录用毕业生做了大量的工作，有的甚至对毕业生将要从事的具体工作也有所安排。同时毕业生就业工作时间相对比较集中，一旦毕业生因某种原因违约，势必使用人单位的录用工作付诸东流，用人单位若选择其他毕业生，在时间上也不允许，从而给用人单位工作造成被动。

第二，就学校而言，用人单位往往将毕业生违约行为认为是学校的行为，从而影响学校和用人单位的长期合作关系。

第三，就其他毕业生而言，用人单位到校挑选毕业生，一旦与某毕业生签订就业协议，就不可能再录用其他毕业生，造成就业信息的浪费，影响其他毕业生的就业。

第四，就毕业生本人来说，既浪费金钱又浪费时间。

建议毕业生签约的时候要仔细考虑，减少违约。希望毕业生从我做起，注重诚信，共同维护毕业生良好的社会声誉：签约前要谨慎，签约后要信守承诺。

3. 解约手续的流程

毕业生一旦与用人单位签订就业协议，双方就已构成契约关系。毕业生如因故需要终止与原签约单位的协议，必须按所在学校规定办理解约手续。

（1）材料准备：①原签约单位书面同意解除协议的函件（原件）；②新单位同意接收的函件（原件）；③原签约的协议书；④本人要求违约的书面申请。

（2）从学校就业网站下载并填写解除就业协议申请表，由所在系部（或分院）主管毕业生就业工作的辅导员和主管领导签署意见。

（3）学校就业主管部门将对毕业生的申请材料进行审核批准。经审核同意的，发放新的就业协议书。对手续不全、材料有虚假、对学校声誉影响较大的违约申请，将不予同意或延期审核。

（4）曾经办理过解约的毕业生，与新单位签约后，学校不再受理该生的第二次解约申请；原则上不受理签约后一个月内递交的违约申请。

（5）到国内外升学及录取为国家公务员的毕业生，在征得原单位书面同意的前提下，不受解约受理时间的限制。

二、就业协议对毕业生权益的保护

就业协议本质上是一种合同，它是由毕业生与用人单位之间以平等的身份而签订的确立双方权利与义务的协议。就业协议反映的是一种民事法律关系。签订协议是一种民事行为，要想使这种民事行为成为民事法律行为，就必须遵循民法的具体规定。

（一）在订立附加条件的就业协议时，应重视备注

毕业生与用人单位签订的就业协议与报到后签订的劳动合同都是双方法律行为、双务法律行为、有偿法律行为、诺成性法律行为。协议中附带有特殊的条件，如住房待遇、科研待遇等，这种协议又称为附加条件的法律行为。就业协议及附加条件必须以书面的形式由双方签订。在具体就业过程中，毕业生签完主协议后，对附加条款不进行文字注明和双方签字，只接受口头承诺，这是非常不可取的。当毕业生进入工作单位，口头承诺无法兑现时，毕业生的合法权益就得不到有效保护。

（二）签订就业协议的违约责任形式

根据《中华人民共和国合同法》（简称《合同法》），签订就业协议的违约责任形式

有以下几种。

1. 继续履行的责任构成形式

继续履行的责任构成形式又称强制履行，指在违约方不履行合同时，由法院强制违约方继续履行合同债务的违约责任方式。其构成要件如下：

（1）存在违约行为。

（2）必须有守约方请求违约方继续履行合同债务的行为。

（3）必须是违约方能够继续履行合同。

2. 赔偿损失的责任构成形式

赔偿损失的责任构成形式即债务人不履行合同债务时依法赔偿债权人所受损失的责任。《合同法》上的赔偿损失是指金钱赔偿，既包括实物赔偿，也限于以合同标的物以外的物品予以赔偿。其责任构成如下所述。

（1）违约行为。

（2）损失。

（3）违约行为与损失之间有因果关系。

（4）违约一方没有免责事由。

3. 就业协议违约金责任的构成

（1）一方有违约行为发生，不按照原来约定聘用或应聘，至于违约行为的类型，应视当事人的约定或法律的直接规定而定。

（2）原则上要求违约方有过错，或者是故意，或者是过失。

（3）违约金约定的无效情况即订立的就业协议无效，违约金的约定也无效。

（三）就业协议违约责任的归责原则

根据《合同法》第一百零七条关于"当事人一方不履行合同义务或者履行合同义务不符合约定的，应当承担继续履行、采取补救措施或者赔偿损失等违约责任"的规定，可以看出《合同法》采取了严格责任原则，即当事人一方只要有违约事实，就要向对方承担违约责任，而不论其主观心态，即用人单位和毕业生一方只要违约，则应承担违约责任，而不问其是故意还是过失。签订就业协议只要一方违约，不论其主观心态如何，均应承担违约责任。

（四）签订就业协议违约的免责条件与免责条款

免责条件即法律明文规定的当事人对其不履行合同不承担违约责任的条件。我国法律规定的免责条件主要有以下几种。

（1）不可抗力。《合同法》第一百一十七条规定，因不可抗力不能履行合同的，根据不可抗力的影响，部分或者全部免除责任，但法律另有规定的除外。当事人迟延履行后发生不可抗力的，不能免除责任。本法所称不可抗力，是指不能预见、不能避免及不能克服的客观情况。在签订就业协议后，一方因为不可抗力的原因而违约，不承担违约责任。

（2）根据高校毕业生就业的有关规定，已与用人单位签订就业协议（合同）的应届高校毕业生，在毕业离校前升学、入伍或被录用为国家公务员的，不视为违约，用人单位不得收取违约金。所以，如果考上研究生、公务员、参军，都可以和用人单位解除合同关系。

（五）毕业生就业主管部门的保护

毕业生就业主管部门可通过制定相应的规则来确定毕业生的权益，并依据国家的法律和政策规定对侵犯毕业生权益的行为予以抵制或处理。例如，对不履行就业信息公开登记手续，侵犯毕业生获取信息权的单位，省（市）毕业生就业主管部门对其上报的协议书不予签证、不予审批就业方案和打印就业报到证，严重者将取消其录用毕业生的资格。保护毕业生的合法权益不受侵犯，对就业主体双方存在的争议和违约等问题进行协调处理，直至仲裁。

（六）高校的保护

学校对毕业生权益的保护最为直接。学校可通过制定各项措施来规范毕业生的就业指导和就业推荐，对于用人单位在录用毕业生过程中的不公平、不公正行为，学校有权予以抵制，以维护毕业生的公平受录用权。高等学校在毕业生签订就业协议的过程中应进行监督和指导。对于用人单位与毕业生签订不符合国家有关政策规定的就业协议，学校有权拒签，未经学校审核同意的就业协议不能作为编制就业方案的依据。

案例 7.2

毕业生违约的不良后果

从实际来看，高校毕业生擅自解除就业协议的情况较多。毕业生违约，除本人应承担违约责任，支付违约金外，往往还会造成其他不良后果：

就用人单位而言，一旦高校毕业生因某种原因违约，势必使用人单位的这一岗位空缺，用人单位若选择其他毕业生，不仅时间上不允许，也会浪费人力、物力和财力，从而给用人单位的工作造成损害。

对学校而言，用人单位往往将毕业生违约行为归咎于学校，从而影响学校和用人单位的长期合作关系。从历年毕业生违约情况来看，一旦某高校的毕业生违约给用人单位造成损失，则该单位在几年之内都不愿再到该高校来挑选毕业生，这影响了学校声誉，也会影响今后学校的毕业生就业工作。同时，毕业生的违约也影响到学校就业计划方案的制定和上报，影响学校的正常派遣工作。

对其他毕业生而言，用人单位到校挑选毕业生，一旦与某毕业生签订就业协议，就不可能再录用其他毕业生。若日后该毕业生违约，有些当初希望到该用人单位工作的其他毕业生由于录用时间等原因，也无法补缺，造成就业信息的浪费，耽误其他毕业生就业的机会。

【分析】毕业生擅自解除就业协议，对学校和毕业生本人都会造成不利的影响，要三思而后行。

三、就业工作流程

大学生就业管理机构大致由三部分组成：教育部负责制定全国毕业生就业的相关政策；各省、自治区、直辖市和中央有关部委的毕业生就业工作主管部门负责属地内所有高校毕业生的就业工作；各高等院校的毕业生就业工作主管部门负责本院校毕业生的就业工作。大学生就业主要的工作流程如下所述。

（一）核对毕业生资源信息

毕业生资源信息是指学校每年需要列入就业计划的毕业生的基本信息，如毕业生的姓名、身份证、学号、专业、入学时间、生源所在地、培养方式等。毕业生资源信息的准确性是非常重要的，录入时应注意以下几点。

（1）应届毕业生的生源地区是指入学前户口所在地，如在读期间家庭户籍变更的，需出示异地户籍部门证明和户籍迁移证复印件，才可更改生源地名称。

（2）毕业生资源信息中毕业生的姓名必须与高考录取通知书的姓名一致，如在读期间更改姓名的毕业生，需出示已有更改登记的户口本复印件及身份证复印件。

（3）毕业生的学号与身份证号将作为毕业生以后办理户口及档案转移等就业手续的识别号，因此，录入时需要保证其准确性。

（二）填写就业推荐表

1. 填写就业推荐表须知

就业推荐表是学校为帮助毕业生就业，专门向用人单位出具的一份正式的推荐函，该表对毕业生和单位都很重要：一个毕业生只能持有一份原件，若需联系不同的单位，请用复印件，待确定单位后，再将原件交就业单位。

2. 填写就业推荐表要规范

封面："学校名称"栏填学校全称，"学历"栏填"大学本科或专科"，"专业名称"栏以资源信息表上的名称为准。

内表一：姓名、出生年月的填写必须与户口簿、身份证相一致，不得有异，"生源地区"栏格式为"××省××市××县（区）"，"家庭地址"栏一般填父母居住地地址，家庭地址与生源地有出入者，应在家庭住址栏内注明。

内表二："自我鉴定"栏就本人在大学学习期间的思想、学习、工作、生活等方面的表现作自我评价，请勿过于简单。

内表三："本人求职意愿"栏填本人求职行业、岗位、地区及其他具体要求；"院系推荐意见"栏由院系详细填写，并签名盖章；毕业生和所在院系填写完相关内容后，以院系为单位统一到学校就业工作部门盖章。

（三）填写毕业生登记表

毕业生登记表是学生毕业档案材料之一，其内容包括了学生基本情况、学习经历、社会关系、自我鉴定、班委鉴定、院系意见及学校意见等，是就读大学的重要证明。毕业生登记表由毕业生本人按"填表说明"认真填写。自我鉴定内容是自己在学校期间思想政治、学习等方面的表现，必须如实填写。毕业生登记表填写后，由班委根据填写内容及"自我鉴定"情况对该学生学习期间的总体表现进行民主评议，并将结论写在"班委鉴定"栏中，班长签字后报院系审核并加盖公章后，由校级主管部门确认"学校意见"，盖学校公章后封入学生档案。

（四）户口迁移

学生在校的户口是临时户口，如果毕业时没有落实接收单位，必须办理暂缓就业手续或将户口迁回原籍。不办理暂缓就业又不将户口迁回原籍者，如被公安局注销其户口则责任自负。办理户口迁移手续的毕业生凭报到证到学校户籍管理部门领取"户口迁移证"，认真核实后交到接收单位。

案例 7.3

大意失"户籍"

小赵是某重点大学国际经济与贸易专业毕业生，他来自安徽，毕业后想到上海工作。大学四年，小赵专业成绩在班上名列前茅，年年获得奖学金，并担任学院学生会学习部部长。凭着漂亮的简历和过硬的专业功底，小赵在求职过程中并没有太多的悬念，上海张江工业园区一家国内著名的商贸公司于毕业当年 5 月向他发出了录取通知函。到公司报到后，老板对他非常器重，答应让他先实习 3 个月，每个月 3 500 元工资，实习期满后，工资每月 6 000 元。

当年 9 月，小赵与公司签订了正式协议，老板还让他参加了一个重要的与国外的合作项目，这样一忙就到了 12 月底，他也出色地完成了公司交给的任务。就在这时，一个他没有料到的事情发生了，小赵从同学处得知，外地毕业生在上海就业需要办理"蓝表"审批手续，他这才模模糊糊地想起学校还有一些手续，由于忙于公司的项目，一直拖延未办。于是，他向公司请了假，急急忙忙赶回学校办理相关手续。学校老师告诉他，按照当年的政策规定，进沪手续已经在 10 月底截止，而以后若想解决上海户口，就只能通过复杂的人才引进手续来办理了。听老师这么一说，小赵后悔不已。

【分析】毕业生要及时了解就业地的有关政策，及时办好户口、档案等迁移事项，关注社会保险等办理情况。

（五）党组织关系接转

毕业生党员离校前应与其签约单位党组织联系确定组织关系转移去向，各支部根据毕业生就业计划填写"毕业生党员组织关系转出情况登记表"，并安排专人到学校党组织办理相关手续。因组织关系转移去向不明，暂时无法统一办理的，由毕业生党员本人于毕业当年 7 月 10 日前到学校党组织办理相关手续；对毕业离校时未落实就业单位，户口转至入学前户籍所在地的毕业生党员，其组织关系则要转到入学前户籍所在地县（市）

级以上的党组织；凡属不就业继续升学或办理出国手续的毕业生党员，其党员组织关系原则上要及时转出。凡是将档案和户口转到各地县级以上人才交流服务中心的，其党员组织关系可以转到相应的人才交流中心党组织。

（六）升学深造

升学深造要以获得录取通知书为依据，不能以毕业生提出申请为依据。考取研究生和普通专升本的毕业生不签发报到证。免试推荐或考取研究生、普通专升本的毕业生，在学校就业方案上报后提出不再攻读的，省级毕业生就业主管部门不再授予其调整改派等手续。

（七）出国留学

符合国家规定申请自费出国留学的毕业生，必须在学校规定的时间内（一般为每年5月底或6月初）向学校就业工作部门提出书面申请。经批准后，学校不再将其列入就业方案及派发就业报到证，毕业时将其档案和户口直接转回生源地。超过规定时间，学校不再受理自费留学申请。申请自费留学不参加就业的毕业生，不能办理申请暂缓两年就业手续。办理了暂缓就业手续的毕业生，在暂缓就业期限内提出出国申请的，由省级毕业生就业主管部门办理派遣手续，将其派遣回生源地，到生源地有关部门办理申请出国手续。

（八）毕业离校

1. 需完成的事项

毕业生在毕业离校之前，须完成下列有关的事项：①接受毕业教育；②填写"高等学校毕业生登记表"；③归还所借图书资料和所借公物；④归还在校期间贷款；⑤上缴学生证、借书证；⑥办理党团组织关系转移证明；⑦领取户口迁移证、毕业证书；⑧领取报到证；⑨完成院校提出的其他事务。

2. 离校时间

根据教育部规定，结合学校实际，毕业生离校的时间一般定于6月底或7月初，以便让毕业生在7月底前到单位报到。

四、就业派遣及报到

（一）就业派遣相关原则

毕业生派遣将发放"全国普通高等学校本专科毕业生就业报到证"，以下简称"报到证"，如图7-3所示。

"报到证"是由省级毕业生就业主管部门单独签发，列入国家就业计划的毕业生才能持有的有效报到证件。用人单位以"报到证"为依据，接收安排毕业生工作，并接转毕业生的档案、户口等。就业派遣应遵循以下原则：

（1）有具体单位的毕业生直接派往具体单位。毕业生要认真核对单位名称及单位所在地。

注意事项

一、本证由中华人民共和国教育部及省、自治区、直辖市高校毕业生调配部门签发，毕业生凭本证到工作单位报到，其他证件无效。

二、毕业生应妥善保管本证，如有遗失，应立即向发证部门申请补发新证。

三、毕业生报到后，持本证及接收单位有关证明到当地公安部门报户口，本证交工作单位留存。

四、本证涂改无效。

全国普通高等学校本专科毕业生就业

报到证

中华人民共和国教育部印制

MMIV 0763882

全国普通高等学校本专科毕业生就业报到证		专 业			
		学 历		修业年限	
_____：		报到地址			
按照国家制定的 年高等学校毕业生就业方案，现有		档案材料			
（校）毕业生 性别 到你处报到。		报到期限	自 年 月 日		
			至 年 月 日		
		备 注			
高校毕业生调配部门章					
年 月 日		（ ） 毕字第 号			

图 7-3 "报到证"样本

（2）升学深造的毕业生需出示相关证明，不参与派遣，不发放"报到证"。

（3）毕业生出国学习、自主创业，派遣到生源地。

（4）没有落实就业单位的毕业生可以与地方政府的人事代理机构签订就业协议，办理人事代理，"报到证"发往人事代理机构。

（5）没有落实就业单位的毕业生按各省级毕业生就业主管部门要求，一律派回生源所在地。

（6）在校有学籍的学生，因其他原因中途退学者不予派遣；因行政处分取消学籍者，取消其派遣资格。

（7）结业生自荐就业，落实工作单位的可以派遣，但必须在"报到证"上注明"结业生"字样。

（二）"报到证"的相关问题

"报到证"用于用人单位办理毕业生的接收及人事关系迁转、档案接收等一系列事宜，用人单位所在地的公安部门凭报到证为毕业生办理落户手续，用人单位凭"报到证"为毕业生办理相关工作手续。"报到证"一式两联（正本和副本），正本为蓝色，由毕业生持有，到单位报到时交给单位；副本为白色，一般由学校放入毕业生的档案。"报到证"只允许一人一份，由其他部门印制或签发的"报到证"无效。毕业生要妥善保管"报到证"，凡自行涂改、损毁的"报到证"一律作废。

1. "报到证"的作用

"报到证"对于毕业生有以下作用：

（1）到接收单位报到的凭证，毕业生就业后的工龄由报到之日开始计算。

（2）证明持证的毕业生是纳入国家统一招生计划的学生。

（3）凭"报到证"及其他有关材料办理户口和人事档案等手续。

（4）是毕业生在工作单位转正和干部身份的证明。

2. 不签发"报到证"的情况

不签发"报到证"的情况，涉及以下人员：

（1）继续升学（专升本）的毕业生。

（2）申请出国留学不参加就业的毕业生。

（3）办理暂缓就业的毕业生。

（三）到就业单位报到

1. 毕业生到就业单位报到所需材料

①"报到证"；②毕业证；③户口迁移证；④党（团）关系介绍信；⑤毕业生个人档案（由学校负责寄送）。

2. 报到手续

①持"报到证"向单位报到；②办理落户手续；③查问档案去向（一般情况下，档案到单位后才能办理其他有关手续）；④用人单位签订劳动合同；⑤办理劳动手册。

五、关于毕业生档案

毕业生档案是学生毕业前家庭情况、学习成绩、政治思想表现、身体状况等情况的文字记载材料，是用人单位选拔、聘用毕业生的重要依据。用人单位往往根据毕业生人事档案中反映的德、能、才及专业特长，将其安排到适当的工作岗位上。因此，学生毕业后，其档案能否准确、及时、安全地到达用人单位是非常重要的。

（一）毕业生档案的作用

毕业生档案对毕业生有以下作用：

（1）确定本人身份、家庭情况、社会关系、学习经历等历史资料。

（2）评定职称、出国、升学等手续办理的凭据。

（二）毕业生档案包含的内容

①高考录取档案：②学生学籍卡；③高等学校毕业生登记表；④记录在校期间所学全部课程及实验、实习、设计、劳动等成绩的"学习成绩登记表"；⑤实习鉴定表；⑥大学期间的奖惩材料；⑦入团、入党志愿书；⑧大学体格检查表；⑨"报到证"（白色报到证副本）。

（三）毕业生档案的转递

1. 档案去向

已有就业单位的毕业生的人事档案由学校毕业生档案管理部门分别按"报到证"的去向或就业协议书上的档案交寄地址，填写档案投递地址，投寄到毕业生工作单位所归属的人事档案管理部门；专升本毕业生按学生考取所在学校地址投递档案；办理了暂缓就业的毕业生的人事档案由省级毕业生就业主管部门统一保管；已办理出国的毕业生按其生源地地址将其档案转回生源地人事档案管理部门；既没有就业单位，也没有办理暂缓就业的，则转回生源地就业主管部门保管。

2. 档案投寄方式

毕业生的档案根据学校就业工作部门的就业方案统一办理转递手续。毕业生离校后，学校一般在一个月左右的时间内将档案转递出去，用人单位也可以开具证明，派人到学校调取，毕业生本人不得携带档案。

3. 查询档案

毕业生在报到后3个月内，应向接收单位人事主管部门了解本人档案是否已交寄到单位。若单位未接收毕业生档案，毕业生可凭单位人事部门证明到学校查询，或由接收单位人事部门向学校毕业生档案管理部门查询。

六、关于人事代理

（一）人事代理

人事代理是指由政府人事部门所属的公共就业和人才服务机构，按照国家有关人事政策法规要求，接收单位或个人委托，在其服务项目范围内，为多种所有制经济尤其是非公有制经济单位及各类人才提供人事档案管理、职称评定、社会养老保险金收缴、出国政审等全方位服务，是实现人员使用与人事关系管理分离的一项人事改革新举措。

（二）服务项目

公共就业和人才服务机构可在规定业务范围内接受用人单位和个人委托，从事下列人事代理服务：①流动人员人事档案管理；②因私出国政审；③在规定的范围内申报或组织评审专业技术职务任职资格；④转正定级和工龄核定；⑤大中专毕业生接收手续；⑥其他人事代理事项。

🌐 经典分享

择业、签约阶段常见的几种侵权现象

（一）择业阶段

择业阶段是指大学生和用人单位还未形成合同关系、劳动关系的阶段，也就是通常所说的求职阶段。这个阶段的侵权主要表现为以下几个方面。

1. 对大学生平等权的侵犯

有的单位在招聘时通过擅自设置限制性规定，或者提高条件，对女学生设置就业障碍，实行就业歧视。遇到就业歧视，大学生应向用人单位力荐自己，必要时可向有关部门举报、依理依法力争。

2. 对大学生知情权的侵犯

有的用人单位为了能招到优秀的高校毕业生，在所提供的招聘信息中夸大其词、隐瞒自己单位的真实情况，致使一些大学生轻信上当，浪费了自己宝贵的求职时机，有的甚至误入不法企业精心设置的陷阱。毕业生在应聘时一定要保持清醒的头脑，不要轻信，可以通过实地走访、咨询师兄（姐）、询问员工、网络查询等多种途径全面客观地了解用人单位的真实情况。

3. 对大学生隐私权的侵犯

有的用人单位为了详细了解应聘者的情况，在面试时会问应聘者非常隐私的个人问题，如"有没有异性朋友"等无礼的问题。有的用人单位草率处理大学生的推荐资料，致使大学生的私人信息流失。大学生在应聘时一定要有保护隐私权的意识，要巧妙地回避用人单位侵犯隐私权的询问，推荐表的内容应当简洁明了，以客观介绍自己的基本素质和能力为主，不应当事无巨细，暴露自己的隐私。

4. 对大学生财产权的侵犯

有的用人单位巧立名目，向大学生收取报名费、培训费、考试费等不合理费用，借录取为名行乱收费之实。大学生应当依照法律法规和政策的规定，拒绝用人单位不合规的收费要求，并且向有关行政主管部门举报。

（二）签约阶段

签约阶段即大学生与用人单位签订就业协议的阶段，该阶段的侵权现象主要表现为以下几个方面。

1. 无主体资格的虚假签约

无主体资格的就业协议是无效的，这就意味着大学生的就业权益失去了保障。主体资格的无效问题有些是由于大学生自己的因素造成的，如在报到时未取得毕业资格，或者没有满足用人单位附带的生效条件，用人单位可以不予接收而无须承担法律责任。还有些是由于用人单位的过错造成的，如用人单位不具有从事各项经营或管理活动的能力，没有录用指标和录用自主权，而进行虚假签约。因此，大学生应当在审视自己的主体资格的同时，严格审查用人单位的主体资格。

2. 就业协议的内容不合法

内容不合法或损害公共利益的就业协议是无效的，大学生必须严格审查双方签订的劳动合同内容是否符合法律、法规和政策，不能无原则地迁就用人单位从事非法工作。

3. 违约金过高

用人单位刻意设置高额违约金，造成毕业生改派成本过高。因此，大学生在签订就业协议时，要与用人单位慎重协商违约金额，根据自己的职业生涯规划选择合适的用人单位，确定适宜的签约期限，对于那些违约金约定数额较高的企业，大学生应该考量自己承受的风险能力，量力而行。

【分析】上述择业、就业阶段常见的几种侵权现象，毕业生应有所了解，妥善应对。

课 堂 活 动

大学生就业手续办理模拟咨询活动

1. 活动目标

引导学生熟练掌握大学生就业手续办理的各项流程，锻炼口头表达能力和临场应变能力。

2. 规则与程序

（1）以班级为单位，将全体学生平均分为 A、B 两个大组，每大组又平均分为若干个小组，每个小组以 3～5 人为宜。

（2）以小组为单位，熟悉掌握大学生就业各项手续的办理流程，并拟定若干个准备咨询的问题。问题要联系实际，具体明确，避免过于宽泛。

（3）按照小组人数，准备椅子、桌子若干，排成咨询服务工作台。

（4）实施过程：

① 第一阶段（15分钟）。A组学生扮演学校就业办工作人员、就业指导教师；B组学生扮演应届高校毕业生，就大学生就业手续办理问题，向A组学生进行咨询。A组学生进行解答，咨询问题不少于5个。

② 第二阶段（15分钟）。角色互换，B组学生扮演学校就业办工作人员、就业指导教师；A组扮演应届高校毕业生，就大学生就业手续办理问题进行咨询。由B组学生进行解答，B组已咨询过的问题，A组不得重复提问，否则B组学生有权拒绝回答，同样，咨询问题不少于5个。

活动时间30分钟。

3. 讨论

（1）教师对各小组的表现进行点评、总结。

（2）小组内就业手续办理流程的重要性。

单元二　劳动合同和就业权益

🖝 能力目标

（1）了解劳动合同的必备条款及对毕业生就业权益的保护。

（2）识别和防范常见的就业陷阱。

（3）了解劳务派遣用工的有关情况。

劳动合同和就业权益

📍 导入案例

就业和实习的争议

　　2009年5月，河南某大学与某市某企业签订了实习协议，双方约定：该大学向这家企业提供实习学生58名，企业对实习学生进行实习教学，实习期限为2009年5月8日至11月7日。同年5月，郑某等3人被学校委派到该企业实习，从事技术员工作。7月1日，3名学生在学校正常领取了大学毕业证书。随后3人提出，他们已经属于毕业生，而不再是学校委派的实习生，企业应当给予他们正常劳动者的待遇，但此要求遭到企业拒绝。学校和企业都认为只有实习期满才能获得正式员工的待遇。9月24日，3名毕业生决定离开该企业，但该企业坚持不向3人发放9月份工资，双方为工资给付等问题产生了劳动争议。此后，3名毕业生向该市劳动争议仲裁委员会申请仲裁，该委员会认为此案不属于其受理范围，于10月23日发出不予受理通知书。10月26日，3人向该市人民法院提起诉讼。法院受理案件后，办案法官最终使双方达成调解协议。12月27日，郑某等3名毕业生拿到了应得的工资。

　　1995年原劳动部颁发的《关于贯彻执行〈中华人民共和国劳动法〉若干问题的意见》第十二条规定："在校生利用业余时间勤工助学，不视为就业，未建立劳动关系，可以不签订劳动合同。"这一条文实际上明确否认了实习生的劳动者地位，因此在我国，实习生不享受正式劳动者的地位，一般没有工资，这也就成了大家默认的一条"潜规则"。本案中，3名大学生从2009年5月到2009年6月30日属于实习生，企业不按正式员工为其发放工资并不违法。但自2009年7月1日3名大学生拿到毕业证之日起，他们就属于毕业生，不再是学校委派的实习生，如果他们继续为某企业工作，那企业就必须给予他们正常劳动者的待遇。

　　【分析】《中华人民共和国劳动合同法》（简称《劳动合同法》）第七条规定："用人单位自用工之日起即与劳动者建立劳动关系。"《劳动合同法》第十条规定："建立劳动关系，应当订立书面劳动合同。已建立劳动关系，未同时订立劳动合同的，应当自用工之日起一个月内订立书面劳动合同。"这一规定改变了以往以签订劳动合同作为建立劳动关系的标志，而以用工事实发生作为劳动关系的起始时间。因此，只要企业用工开始，即认为劳动者与企业已经确定了劳动关系，不管双方是否签订书面劳动合同，劳动者都享受正式员工的待遇。

一、劳动合同

　　劳动合同，是指劳动者与用人单位之间确立劳动关系、明确双方权利和义务的协议。订立和变更劳动合同，应当遵循平等自愿、协商一致的原则，不得违反法律、行政法规的规定。劳动合同依法订立即具有法律约束力，当事人必须履行劳动合同规定的义务。根据协议，劳动者加入某一用人单位，承担某一工作和任务，遵守单位内部的劳动规则和其他规章制度。企业、事业、机关、团体等用人单位有义务按照劳动者的劳动数量和质量支付劳动报酬，并根据劳动法律、法规和双方的协议，提供各种劳动条件，保证劳动者享受本单位成员的各种权利和福利待遇。

　　高职毕业生落实了工作或与用人单位确定了工作意向，并不意味着就此完成就业。对于初涉职场的高职毕业生来说，与用人单位签订劳动合同是一个关键环节，它是劳动者合法权益得到有力保障的重要举措之一。

（一）劳动合同的订立、履行、变更、解除和终止

1. 劳动合同的订立原则

　　（1）合法原则。合法原则包括劳动合同的主体合法、劳动合同的内容合法、劳动合同订立的程序和形式合法三个方面。

　　第一，劳动合同的主体合法即劳动合同的当事人必须具备合法资格，劳动者应是年满16周岁，身体健康，具有劳动权利能力和劳动行为能力的公民，可以是中国人、外国人、无国籍人。用人单位应是依法成立或核准登记的企业、个体经济组织、国家机关、事业组织、社会团体，具有用人的权利能力和行为能力。

　　第二，劳动合同的内容合法是指劳动合同期限、工作内容、劳动保护和劳动条件、劳动报酬、劳动纪律、劳动合同终止的条件、违反劳动合同的责任等必备条款，及试用期条款、保守商业秘密和技术秘密条款、禁止同业竞争条款等可备条款。除以上必备条款和可备条款外，《劳动合同法》还规定了禁止双方当事人约定的条款，即用人单位在与劳动者订立劳动合同时，不得以任何形式向劳动者收取定金、保证金（物）或抵押金（物）。对违反规定的，由公安部门和劳动保障部门责令用人单位立即退还给劳动者本人。

　　第三，劳动合同订立的程序和形式必须符合法律规定，未经双方协商一致、强迫订立的劳动合同无效。劳动合同的形式依规定应当采用书面形式订立。

　　（2）平等自愿、协商一致的原则。平等是指在订立劳动合同的过程中，双方当事人的法律地位平等，不存在命令与服从的关系；自愿是指劳动合同的订立及其合同内容的达成，完全出于当事人自己的意愿，是其真实意思的表示，任何一方不得将自己的意愿

强加于对方，也不允许第三者非法干预；协商一致是指经过双方当事人充分协商，达成一致意见，签订劳动合同。

案例 7.4

用假学历签订劳动合同的后果

2018 年 1 月，某高职毕业生史某应聘到某化工公司工作，双方于 2018 年 2 月签订了为期五年的固定期限的劳动合同。工作期间，史某因多次严重违反单位规章制度，收到公司发出的 3 份书面警告通知书，综合素质因此受到质疑。后经核实，史某入职时的学历系虚假的。化工公司做出解除劳动合同的决定，史某请求法院确认该决定违法，并要求支付赔偿金。法院经审理认为，史某入职时的学历虚假，被告是在被欺诈的前提下与原告建立并保持劳动关系的。《劳动合同法》规定，采取欺诈、威胁等手段订立的劳动合同系无效合同。因此，法院判决化工公司做出解除劳动合同的决定合法有效，无须向原告支付赔偿金，驳回了原告的诉讼请求。

【分析】持虚假学历证书、职业资格证书、获奖荣誉证书或其他伪造资历材料等应聘，有违诚实信用原则。一经发现，用人单位有权解除劳动合同，并无须支付经济补偿金。

2. 劳动合同的必备条款

劳动合同的必备条款包括：劳动合同期限、工作内容、劳动保护和劳动条件、劳动报酬、劳动纪律、劳动合同终止的条件、违反劳动合同的责任。此外，双方还可以协商约定劳动合同的补充条款。其中违反劳动合同的责任条款比较重要，因为《劳动法》和《违反〈劳动法〉有关劳动合同规定的赔偿办法》规定双方可以协商约定责任的认定、赔偿的范围、计算方法和承担方式，所以由用人单位提供的格式合同的霸王条款常见于此，一旦发生纠纷，用人单位常常持此条款提请仲裁，而使劳动者处于不利地位。

3. 劳动合同的履行

劳动合同的履行是指劳动合同的双方当事人按照合同规定，履行各自承担义务的行为。依法订立的劳动合同具有法律约束力，当事人必须履行合同约定的义务，任何个人或者第三方不得非法干涉劳动合同的履行。履行劳动合同一般应遵循以下原则：亲自履行原则、全面履行原则、协作履行原则。

4. 劳动合同的变更

劳动合同的变更是指双方当事人对尚未履行或尚未完全履行的合同，依照法律规定的条件和程序，对原劳动合同进行修改或增删的法律行为。劳动合同变更应遵循平等自愿、协商一致的原则，不得违反法律、行政法规的规定。任何一方不得擅自变更劳动合同，否则要承担相应的法律责任。

劳动合同的变更一般是协议变更，双方当事人就变更的内容及条件进行协商，达成一致意见，应签订书面协议。《劳动法》规定，提出变更劳动合同的一方，给对方造成经济损失的，应当承担赔偿责任。

5. 劳动合同的解除

劳动合同的解除是指劳动合同当事人在劳动合同期限届满之前依法提前终止劳动合同关系的法律行为。劳动合同的解除可分为协商解除、用人单位单方面解除、劳动者单方面解除及自行解除等。

6. 劳动合同的终止

劳动合同的终止是指符合法律规定或当事人约定的情形时，劳动合同的效力即行终止。《劳动法》第二十三条规定："劳动合同期满或者当事人约定的劳动合同终止条件出现，劳动合同即行终止。"

（二）签订劳动合同的注意事项

劳动者在与用人单位订立劳动合同时，应该注意以下几点。

1. 正确行使订立劳动合同过程中的知情权

《劳动合同法》第八条规定"用人单位招用劳动者时，应当如实告知劳动者工作内容、工作条件、工作地点、职业危害、安全生产状况、劳动报酬，以及劳动者要求了解的其他情况"。也就是说，在应聘时，应聘者有权了解用人单位的基本情况、自己的工作内容和劳动报酬等。此外，用人单位还应当根据劳动者的要求，及时向其反馈是否录用的情况。

2. 劳动合同应采用书面形式订立

劳动合同是劳动者与用人单位确立劳动关系、明确双方权利和义务的协议，也是维护劳动者和用人单位合法权益的法律保障。劳动合同可以对劳动内容和法律未尽事宜做出详细、具体的规定，使双方明了权利和义务，促进双方全面履行合同，防止因一方违约而给另一方带来损失；劳动合同在发生劳动争议时也是解决纠纷的重要证据，使用人单位和劳动者解决纠纷更为便利，降低争议解决成本和社会耗损费用。因此，签订一份完备、公平合理的劳动合同对于企业和员工来说都很重要。

3. 劳动合同中要约定试用期

一些单位为了逃避责任，在试用期内，往往不与劳动者签订劳动合同。一旦试用期满，就找种种借口辞退员工。根据劳动合同期限的长短，《劳动合同法》规定，劳动合同期限三个月以上不满一年的，试用期不得超过一个月；劳动合同期限一年以上不满三年的，试用期不得超过两个月；三年以上固定期限和无固定期限的劳动合同，试用期不得超过六个月。

用人单位违反规定与劳动者约定试用期的，由劳动行政部门责令改正；违法约定的试用期已经履行的，由用人单位以劳动者试用期满月工资为标准，按已经履行的超过法定试用期的时间向劳动者支付赔偿金。

4. 禁止设定担保和收取抵押金

《劳动合同法》中明确规定：用人单位招用劳动者，不得扣押劳动者的居民身份证和其他证件，不得要求劳动者提供担保或者以其他名义向劳动者收取财物。用人单位违反规定，扣押劳动者居民身份证等证件的，由劳动保障部门责令限期退还劳动者本人，并依照有关法律规定给予处罚。用人单位违反规定，以担保或者其他名义向劳动者收取财物的，由劳动行政部门责令限期退还劳动者本人，并以每人 500 元以上 2 000 元以下的标准处以罚款；给劳动者造成损害的，应当承担赔偿责任。

二、毕业生签订劳动合同后的法律保护

毕业生权益保护的另一个重要方面就是毕业生签订劳动合同后的法律保护。毕业生应了解目前国家和省、市关于毕业生就业的有关方针、政策和规则，熟悉毕业生在就业过程中的权利和义务，这是毕业生权益自我保护的前提。毕业生应自觉遵循有关就业规则，接受其制约，保证自己的就业行为不违反就业规则，不侵犯其他毕业生和用人单位的合法权益。根据《劳动法》等的有关规定，毕业生在签订劳动合同后发生劳动争议的，应注意以下的法律事宜。

1. 劳动争议的原因

（1）因确认劳动关系发生的争议。
（2）因订立、履行、变更、解除和终止劳动合同发生的争议。
（3）因除名、辞退和辞职、离职发生的争议。
（4）因工作时间、休息休假、社会保险福利、培训及劳动保护发生的争议。
（5）因劳动报酬、工伤医疗费、经济补偿或者赔偿金等发生的争议。
（6）法律、法规规定的其他劳动争议。

2. 劳动争议的解决途径

发生劳动争议后，当事人双方可以协商解决，也可以直接向劳动争议调解委员会申请调解。

当事人申请劳动争议调解，可以书面申请，也可以口头申请。口头申请的，调解组织应当当场记录申请人基本情况、申请调解的争议事项、理由和时间。调解劳动争议，应当充分听取双方当事人对事实和理由的陈述，耐心疏导，帮助其达成协议。经调解达成协议的，应当制作调解协议书。调解协议书由双方当事人签名或者盖章，经调解员签名并加盖调解组织印章后生效，对双方当事人具有约束力，当事人应当履行。自劳动争议调解组织收到调解申请之日起 15 日内未达成调解协议的，当事人可以依法申请仲裁。

3. 申请仲裁的程序

毕业生与用人单位发生劳动争议后应向劳动争议仲裁委员会提交仲裁申请。仲裁申请人应当提交书面的仲裁申请，并依照被申请人的数量提交副本。申请书应载明法定内

容，包括：

（1）劳动者的姓名、性别、年龄、职业、工作单位和住所，用人单位的名称、住所和法定代表人或者主要负责人的姓名、职务。

（2）仲裁请求和所根据的事实、理由。

（3）证据和证据来源、证人姓名和住所。

书写仲裁申请确有困难的，可以口头申请，由劳动争议仲裁委员会记入笔录，并告知对方当事人。仲裁委员会在收到申请后5日内做出是否受理的决定，不予受理或5日内不作出任何答复的，申请人可向人民法院起诉。决定受理的，应当制作受理决定并送达申请人，并在受理后5日内将申请书副本送达被申请人。被申请人应当在10日内提交答辩书，若是不提交答辩书的，不影响案件的仲裁。

4. 申请仲裁的时效

劳动争议申请仲裁的时效期间为一年。仲裁时效期间从当事人知道或者应当知道其权利被侵害之日起计算。毕业生与用人单位发生劳动争议的诉讼时效因当事人一方向对方当事人主张权利，或者向有关部门请求权利救济，或者对方当事人同意履行义务而中断。从中断时起，仲裁时效期间重新计算。因不可抗力或者有其他正当理由，当事人不能在规定的仲裁时效期间申请仲裁的，仲裁时效中止。从中止时效的原因消除之日起，仲裁时效期间继续计算。此外，法律还规定，劳动关系存续期间因拖欠劳动报酬发生争议的，劳动者申请仲裁不受一年的仲裁时效期间的限制。但是，劳动关系终止的，应当自劳动关系终止之日起一年内提出。根据法律规定，劳动争议发生后，必须经过仲裁，一方对仲裁结果有异议的可向人民法院提起诉讼。

案例7.5

就业协议书与劳动合同的区别

尽管就业协议书与劳动合同都是用人单位与毕业生签订的书面协议，但两者存在明显的区别。

1. 主体不同

就业协议书适用于应届毕业生与用人单位（或用人单位上级主管部门）、学校三方，它是学校编制就业方案和发放就业报到证的依据；而劳动合同只适用于劳动者（毕业生）与用人单位，学校既不是劳动合同的见证方也不是合同的签约方。

2. 内容不同

就业协议书的内容主要是毕业生如实介绍自身情况，并表示愿意到用人单位就业，用人单位表示愿意接受毕业生，学校同意推荐毕业生并将其列入就业方案，而一般不涉及毕业生到用人单位报到后所享有的权利义务；劳动合同的内容涉及劳动者的劳动报酬、劳动保护、工作内容、劳动纪律等，内容更为详尽，权利义务更为明确。

3. 签约时间不同

一般来说，就业协议书应在毕业生正式毕业之前签订，毕业生进入用人单位报到之后，作为签订劳动合同的依据。简而言之，就业协议书签订在前，劳动合同订立在后。

4. 签约目的不同

就业协议书是高校毕业生和用人单位按照国家毕业生就业政策规定，在双方平等自愿、协商一致的基础上达成的初步约定，并经用人单位的上级主管部门和高校就业部门同意，一经毕业生、用人单位、高校、用人单位主管部门签字盖章，即达成的初步约定，是编制毕业生就业方案、发放就业报到证和订立劳动合同的依据。劳动合同是劳动者和用人单位为了确定劳动关系，明确双方当事人的权利和义务而达成的约定。依法订立的劳动合同，经双方签字即具有法律约束力，用人单位与劳动者应当履行劳动合同约定的义务。

5. 适用法律不同

签订就业协议书后若发生争议或违约，主要依据现有的毕业生就业政策和法律对合同的一般规定来加以解决；而订立劳动合同后若发生争议，应依据《劳动法》来处理。

6. 纠纷解决方式不同

毕业生因就业协议发生纠纷，任何一方均可以向人民法院提起诉讼，不能提请劳动争议仲裁。若因劳动合同发生纠纷，任何一方均可向当地的劳动争议仲裁委员会申请仲裁，当事人对仲裁裁决不服的，可以向人民法院提请诉讼；仲裁是诉讼的前置程序，如当事人就劳动争议直接向人民法院起诉的，人民法院不予受理。

【分析】就业协议与劳动合同的签订主题、约定内容和签约时间不同，签约目的、适用法律、纠纷解决方式也不同，毕业生应注意辨识。

三、就业陷阱与防范

高职生就业陷阱是指招聘单位、其他机构或个人，利用高职生的弱势地位，以提供就业机会为诱饵，采用违法背德等手段，骗取高职生的钱财，或与高职生达成权利与义务不对等的各类就业意向（协议），以侵害高职生合法权益的现象。现实中，常见就业陷阱有以下六种。

（一）招聘陷阱

据一项调查显示，有70%的被调查者表示遇到过招聘陷阱。常见的招聘陷阱种类较多，主要包括以下两种。

（1）招聘会不合法。找工作时，一定要到正规的、信誉高的招聘会和专业人才网站应聘，对自己的个人信息要有必要的保留。

投简历前，一定要通过亲朋好友、学校就业中心、网络等核实单位的真实性，了解网上公布的企业"黑名单"，谨防上当。

（2）以面试为由，骗取求职者钱财。要提防在招聘求职中被骗取钱财，国家是明令禁止企业在招聘过程中以任何名义收取费用的。

（二）协议陷阱

高职毕业生找工作时，要与用人单位签订就业协议。就业协议是双方表示意愿的一种约定。在签协议时常出现的问题有以下三种。

1. 口头承诺

口头承诺因为口说无凭，缺乏法律依据而没有法律约束力，一旦发生问题，毕业生往往成为弱者一方，权益受到侵害。一些单位在和求职者谈条件的时候，常常口头承诺很多优越条件，吸引应聘者来单位工作，但在签协议时却不将这些承诺写入就业协议。当毕业生毕业后来到单位工作时，才发现与现实相差甚远，却因无法律依据而成为权益受害的一方。

2. 签订不平等协议

由于大学生劳动力市场存在着较为严重的买方市场性质，高职生就业压力较大，"强资本、弱劳工"的现象严重影响着高职生的求职心理，导致他们在求职中"低人一等"。再加上高职生维权意识较差，致使高职生对于签订的就业协议要么不知情，要么签约的时候根本没有留意上面的条款，无力反对，从而造成霸王条款的出现。

3. 以就业协议代替劳动合同

有些高职生因为不懂劳动法，以为就业协议就是劳动合同。大学毕业后，学生到单位报到，不知道要求单位与其签订合法有效的劳动合同，盲目认为就业协议的条款就是合同的内容。而用人单位也故意不与大学毕业生签订劳动合同，因为劳动合同受到法律的约束力较强，一旦发生劳动争议，就容易对用人单位不利。因此，一些不正规的公司最终在劳动过程中，以不合法的就业协议代替劳动合同。在这样的状况下，一旦双方发生劳动争议，对高职毕业生极为不利，双方的劳动关系也只能被认定为事实劳动关系。

针对协议陷阱，高职毕业生在与用人单位签订就业协议时，一定要认真仔细地识别协议是否存在陷阱。一是要看协议是否合法；二是要看协议是否全面；三是要对协议文本仔细推敲；四是正式报到上班后，一定要求在协议的基础上，与单位协商签订一份有效的劳动合同，防止发生争议而损害自身的合法权益等。

（三）试用期陷阱

试用期是劳动关系双方当事人相互了解的一个考查期。在这个过程中，毕业生可以考查用人单位是否符合自己的职业取向，而用人单位在这段时间也可以考查毕业生是否符合自己的录用标准。依据《劳动法》和《劳动合同法》，试用期是法定的协商条款，约定与否及约定期限的长短由双方依法自行协商。但现实中，关于试用期的陷阱一直困扰着毕业生，陷阱的类型主要有以下三种。

1. 单位不约定试用期

某些单位要求高职生报到时就立即签订劳动合同，不约定试用期，马上正式上岗。可当毕业生还在暗自庆幸单位不需试用时，却发现单位各方面情况都不尽如人意，和当时广告与承诺的情况大相径庭，工作内容和自己想象的也完全不同，于是决定另谋高就。这时，才发现自己在"无意"间放弃了试用期这一有利机会。在这种情况下，如果单方面解除劳动合同，一方面要提前 30 天通知，另一方面可能要付出违约的相应代价。

2. 只约定试用期，索取廉价劳动力

因为试用期的工资、福利待遇和正式录用之后差距较大，一些不法单位就利用"无休止"的试用，来降低自己的劳工成本。例如，有些单位以避免麻烦为由，只以口头或书面形式与大学毕业生约定几个月的试用期，声称试用期合格了，就直接正式录用，签订正式劳动合同。在试用期内，单位提供比正式员工低很多的待遇。而毕业生为了能留下来，往往工作非常努力，甚至不计较暂时的工资待遇。结果试用期结束，单位却以各种理由将应聘者拒之门外。

3. 试用期过长或无故延长试用期

有的单位与毕业生约定的试用期严重超过《劳动合同法》规定的标准，有的甚至长达 1 年以上。也有些用人单位约定的试用期虽在法律规定的范围内，但却以各种理由延长试用期，变相榨取毕业生的廉价劳动力。更有甚者，延长几次后，最终仍将求职者解聘。

（四）智力陷阱

在知识化、信息化高速发展的今天，"智力产品"成了企业的核心竞争力。而毕业生对知识产权的维护却存在着很大的空白。一些用人单位正是利用了毕业生的这些弱点，设计一个又一个"智力陷阱"。据有关调查显示，在接受调查的毕业生中，有 23% 的被访者遭遇过智力陷阱。智力陷阱是指用人单位以招聘考试为名、"召集"创意为实，无偿占有毕业生的程序设计、广告设计、策划方案、文章翻译等。很多应聘者笔试、面试后就没了消息，而自己曾经提供的策划方案、设计等却在该公司的产品、活动中出现。智力陷阱是近年来新出现的求职陷阱，但它的性质更为恶劣，毕业生要提高警惕，多加小心。

（五）劳务陷阱

高职生求职的时候，招聘单位明明说的是招聘合同制工人，结果录用后却发现自己变成了劳务工或派遣工。

1. 劳动合同与劳务合同

劳动合同与劳务合同虽然只有一字之差，但两者的法律依据却完全不同。签订了劳动合同，双方便形成了劳动法律关系，双方的权利义务关系要受到《劳动法》的调整和约束。而劳务合同却是一种民事协议，由民法来调整，劳务关系双方当事人是完全平等的民事主体，双方的关系是基于商品经济的财产关系，双方的争议不受《劳动法》的调整和约束。一些用人单位利用毕业生的无知，在招聘的时候一切条件承诺得很好，签合同的时候，却拿劳务合同让毕业生签字。而毕业生一方面警惕性较弱，另一方面维权意识不够强，再加上年轻人的粗心大意，草草签字了事。岂不知，一字之差，天壤之别，最终陷入"劳务工"的圈套。

2. 正式工与劳务派遣工

劳务派遣的用工方式是近些年在我国出现的一种较新型的用工方式。但由于相关的法律法规还未出台，给很多用人单位带来了可乘之机。

很多毕业生在求职的时候，面对心仪的单位做足了准备，通过一轮轮的初试、笔试、复试、面试，最后和单位签订了就业协议或劳动合同。签了合同之后才发现，协议（合同）中的甲方名称并不是该单位，而变成了人力资源公司，毕业生成了人力资源公司派遣到该公司的派遣工。

面对可能出现的劳务陷阱，一方面，毕业生在找工作，尤其是签协议的时候应小心谨慎，认真阅读协议内容，看清楚协议中的用工单位名称是否是应聘的公司，看清楚到底是劳动合同还是劳务合同。另一方面，毕业生应增强维权意识和维权能力，熟悉保护自己合法权益的法律、法规，以便在求职过程中有效识别求职陷阱，保护自己的合法权益。

（六）传销陷阱

根据《禁止传销条例》，传销是指组织者或者经营者发展人员，通过对被发展人员以其直接或者间接发展的人员数量或者销售业绩为依据计算和给付报酬，或者要求被发展人员以交纳一定费用为条件取得加入资格等方式牟取非法利益，扰乱经济秩序，影响社会稳定的行为。传销行为的特征主要有以下几点。

（1）经营者通过发展人员、组织网络从事无店铺经营活动。参加者之间，上线从下线的营销业绩中提取报酬。

（2）参加者通过交纳入门费或以认购商品（含服务，下同）等变相交纳入门费的方式，取得加入、介绍或发展他人加入的资格，并以此获取回报。

（3）先参加者从发展的下线成员所交纳费用中获取收益，且收益数额由其加入人的先后顺序决定。

（4）组织者的收益主要来自参加者交纳的入门费或者以认购商品等方式变相交纳的费用。

（5）组织者利用后参加者所交付的部分费用支付先参加者的报酬维持运作。

（6）通过发展人员、组织网络或以高额回报为诱饵招揽人员从事变相传销活动。

四、社会保险

（一）社会保险的项目

社会保险是指国家通过立法，按照权利与义务相对应的原则，多渠道筹集资金，对参保者在遭遇年老、疾病、工伤、失业、生育等风险情况下提供物质帮助（包括现金补贴和服务），使其享有基本生活保障、免除或减少经济损失的制度安排。

《中华人民共和国社会保险法》（简称《社会保险法》）第二条规定，我国建立基本养老保险、基本医疗保险、工伤保险、失业保险、生育保险等社会保险制度，保障公民在年老、疾病、工伤、失业、生育等情况下依法从国家和社会获得物质帮助的权利。其中，基本养老保险制度包括职工基本养老保险制度、新型农村社会保险制度和城镇居民社会养老保险制度。基本医疗保险制度包括职工基本医疗保险制度、新型农村合作医疗制度和城镇居民医疗保险制度。

（二）社会保险费的费率

1. 用人单位及其职工缴纳社会保险费的费率

根据《国务院关于完善企业职工基本养老保险制度的决定》（国发〔2005〕38号）、《国务院关于建立城镇职工基本医疗保险制度的决定》（国发〔1998〕44号）、《失业保险条例》（国务院令第258号）的规定，用人单位缴纳基本养老保险费、基本医疗保险费和失业保险费的费率，原则上为本单位工资总额的20%、6%左右和2%。用人单位缴纳工伤保险费按照《工伤保险条例》（国务院令第586号）规定实行行业差别费率和浮动费率，有关费率确定按照国家相应规定执行。用人单位缴纳生育保险费的费率按照《企业职工生育保险试行办法》（劳部发〔1994〕504号）的规定执行，由统筹地区政府根据实际情况自行确定，但不得超过用人单位工资总额的1%。职工本人缴纳基本养老保险费、基本医疗保险费和失业保险费的费率，分别为本人工资的8%、2%和1%。

2. 参保个人缴纳社会保险费的费率

根据《国务院关于完善企业职工基本养老保险制度的决定》（国发〔2005〕38号）的规定，无雇工的个体工商户和灵活就业人员参加职工基本养老保险缴费的费率为20%，其中8%计入个人账户；无雇工的个体工商户和灵活就业人员参加职工基本医疗保险缴费的费率，按国家有关规定执行，统筹地区可以参照当地基本医疗保险建立统筹基金的缴费水平确定。城镇居民参加居民医疗保险和农村居民参加新型农村社会养老保险及新型农村合作医疗，主要采取定额方式缴纳社会保险费。

🌐 经典分享

就业、报到和试用期阶段常见的几种侵权现象

1. 就业报到阶段

高职生毕业离校后应立即到用人单位报到，并且马上与用人单位签订劳动合同，使就业协议书和劳动合同有一个比较好的衔接。这一阶段就业权益的侵犯主要表现为以下几个方面。

（1）不签订劳动合同或者延迟签订劳动合同。有些用人单位在高职生报到后借口就业协议的法律的适用性，要么不签订劳动合同，要么声明就业协议就是劳动合同。高职生在签订就业协议时应当防范这种手段，在就业协议中明确高职生报到后与用人单位签订劳动合同，并通过补充条款尽可能地对劳动合同的内容进行约定。或者是在签订就业协议的同时就签订劳动合同，只是劳动合同暂时不生效，待所附期限到来即高职生到单位报到时方始生效。如果遇到拒签劳动合同的情况，高职生应当以就业协议的内容为参考，要求已经存在事实劳动关系的用人单位为自己的解

约行为承担责任。

（2）劳动合同不符合规范。《劳动法》《劳动合同法》等法律是调整劳动关系的重要依据，劳动关系的当事人应当依照上述法律规范地签订劳动合同。由于劳动关系所涉及的权利、义务复杂多样，关乎劳动者的切身利益，高职生在签订劳动合同时，一定要弄清相关法律的规定，要求用人单位对法定的必要条款必须明确，对于其他条款，也要进行适当的约定。

2. 试用期阶段

在试用期内的劳动纠纷主要表现为试用期过长、试用期辞职与辞退、以试用期合同代替劳动合同、劳动时间过长、强制加班、缺乏有效的劳动保护、限制婚姻生育等问题。高职生在接受用人单位的考查、尽快融入劳动集体的同时，要学会用法律的武器保护自己在试用期内的合法权益。对于明显侵犯自己权益的用人单位，可以选择解约辞职，并且要求用人单位依法承担经济赔偿责任。

【分析】针对上述就业、报到和试用期阶段常见的侵权现象，毕业生应有所思想准备，并妥善应对。

课 堂 活 动

如何看待"零工资"就业

1. 活动目标

了解常见求职陷阱及其应对措施。

2. 规则与程序

大家认真阅读以下材料。

"零工资"就业

"天下没有免费的午餐"，但一些地方却出现了高校毕业生分文不取、无偿工作的免费劳动力，即"零工资"就业形式。针对这个特殊的社会现象，不同人士有不同的看法。赞成者认为，劳动者主动申请无偿工作是不违法的，"零工资"就业是劳动力市场发展的结果。反对者认为，这会引起就业市场混乱，劳动者权利丧失；不法企业会乘虚而入，压榨和剥夺劳动者的成果；企业管理也会存在不少难题；关键是在法律上根本无"法"可依。

活动时间30分钟

3. 讨论

（1）运用所学的有关知识谈谈你对"零工资"就业现象的认识。

（2）教师点评、分析、总结。

第三部分
职场适应与发展

模块八　职场适应

经历了毕业前找工作的艰辛，高职毕业生跨出校门，迈向社会，走上向往已久的工作岗位。许多学生初涉职场，意气风发，满怀激情，正欲一展身手的时候，却发现自己的理想与现实差距很大。

从校园跨入社会的过程，是个体职业生涯发展的关键阶段，许多关乎未来发展的重大抉择，如学业发展、职业选择、人生价值定位等，都在此阶段做出选择。

本模块主要介绍学生角色和职业人角色的区别，如何成功实现角色的转换，职场适应中常见的问题，职场形象和职场礼仪等。当高职生踏入社会的时候，如果能客观地审时度势，顺利地度过这个转换的适应期，就能取得个人职业发展的良好开端，并不断适应以后的职业发展。

单元一　角色转变和职场适应

👉 **能力目标**

（1）掌握学生角色和职业人角色的转换。
（2）掌握顺利入职的要领。
（3）了解如何建立自己良好的人际关系。

角色转变和职场适应

📍 导入案例

拖延的代价

　　小李刚毕业不久，在一家设计公司负责图纸设计工作。他工作技术过硬，反应敏捷，但是就是做事喜欢拖延，并有一套自己的"拖延哲学"，他认为工作放一放，可以逼着自己在最后关头提高工作效率。有一次，经理交给他一个任务，要求他在三天内交出设计图纸。工作任务并不复杂，他完全可以在一天内完成，但是在他的"拖延哲学"的影响下，前两天他都若无其事，迟迟没有动手。到了第三天，当他准备加速工作的时候，领导要求他参加另外一个重要的培训活动。结果，他没能按时完成任务，也因此给经理留下了"不靠谱"的印象。在以后的工作中，又因为办事拖延影响了好几件重要工作的完成进度。组织进行职位晋升考查的时候，人事部门征求部门经理的意见，经理摇着头无奈地说："小李啥都好，就是办事拖延的毛病不好。部门员工都认为他办事散漫、拖延，靠不住。"

　　【分析】预先制定的职业生涯蓝图，如果不去努力，永远不可能自动地变成现实。只有用积极的行动来代替那些只想不做的幻想和理想，才能使规划、计划、目标具有现实意义。所以，无论是在工作还是在生活中，大事还是小事，凡是应该立即去做的事情，就应该立即行动，绝不能拖延。一个成功的人总是立即采取行动，从不拖延。

一、学生角色与职业角色的区别

（一）学生角色

　　大学阶段是人生中增长知识、发展智力、求学成才的关键阶段。高职生的中心任务是努力学习以专业知识为主的多方面知识，培养以专业能力为主的各种能力。因此，这是一个接受教育、储备知识、培养能力的重要阶段。高职生在校期间是以学习为主，经济上主要依靠家庭，所以其主要角色为学生，主要任务是在社会教育环境的保证下和家庭经济的资助下，学习知识，培养能力，全面提高自身素质，努力使自己成为社会的合格人才。

（二）职业角色

虽然职业角色的个性表现各有千秋，但千差万别的职业角色都有一定的共同特征：职业角色扮演者具有自己的社会职位和一定职权；具有相应的职业规范；一定的基础知识和业务能力；履行一定的义务；经济独立。因此，可以这样定义职业角色：在某一职位上，以特定的身份，依靠自身知识和能力并按照一定的规范具体地开展工作，在行使职权、履行义务、为社会做出贡献的同时，取得相应的报酬。

高职生完成学业，步入工作岗位，实际上就是一个由学生角色向职业角色转换的过程。这两种角色之间存在着很大的差异，主要体现在社会责任、社会规范、社会权利、面对的环境、人际关系、对社会的认识等几个方面，如表 8-1 所示。

表 8-1　学生角色和职业角色的区别

内容	学生角色	职业角色
社会责任	遵守纪律，勤奋学习，接受教育，储备知识，掌握本领，有限度地参与社会实践，逐步完善自己，成为对社会有用的人。在学校里为了学习，什么事情都可以去尝试，哪怕是错误的尝试，无须承担过多的社会责任	以特定的身份去履行自己的职责，依靠自己的本领或技能独立作业，为社会付出，服务于社会。如果在工作中犯了错误，是没有挽回的机会的，就要承担成本和风险的责任，承担相应的社会责任
社会规范	通过国家制定的《大学生行为准则》和各学校制定的《大学生手册》来规范。违反角色规范时，主要是以教育帮助为主	对职业角色的规范因职业的不同而不同，非常具体，而且要严格执行。一旦违背就必须承担相应的责任，扣减薪水，甚至追究法律责任
社会权利	主要是依法接受教育，并取得经济生活的保证或资助。也就是说，生活上遇到困难可以依赖家长，学习上遇到问题可以请教老师	依法行使职权，开展工作，运用自己的知识和能力，向外界提供自己的劳动，并在履行义务的同时取得报酬。脱离对家庭的依赖，处于完全的独立状态，自己支付生活所需的一切费用。有自己的社会交往圈子，独立面对和处理工作及生活中的种种问题
面对的环境	生活环境简单：宿舍—教室—图书馆—食堂四点一线；学习时间可弹性安排，有较长的节假休息日；学术上多鼓励师生讨论甚至争论	承受不同地域的生活环境和习惯；工作节奏紧张：规定上下班时间，不能迟到早退，经常加班加点，节假日少；领导通常对讨论不感兴趣，一切以经济利益为导向
人际关系	人际关系是比较简单的。可以保持个性，孤芳自赏，可以不和其他人来往。竞争只是促进学习的手段，没有太大的利益冲突	人际关系是较为复杂的。与同事关系不好，就会影响团队的合作和业绩，成为出局的人。竞争的胜败关系到利益的分配，谁能在竞争中取胜，谁就能获得相应的收益
对社会的认识	学生对社会认识和了解的途径是间接的，主要来自书本，来自课堂。认识的内容主要是理论性的，他们对社会的期望值很高，有完美的理想，充满着浪漫的色彩	从业者认识的途径是直接的，他们是通过亲身的实践来加深对社会的认识和了解的。认识的内容是具体的，带有现实主义的色彩

二、如何成功实现角色转换

如何适应社会，顺利完成角色转换，是每一个毕业生都无法回避的现实问题。由学生到职业人，需要一个过程。毕业生应聘来到用人单位，面对全新的工作环境，需要了解工作程序、熟悉单位的规章制度，建立新的人际关系，积极主动地开展工作，完成职业角色的转换。职业角色转换是一个艰苦的过程，需要坚持不懈的努力。进入新的职业角色，要获得单位领导和同事的认可，需要具备与职业角色相匹配的品质和才能，积极主动地承担岗位职责，并有效地完成工作任务。要想更好地实现学生角色向职业角色的转换，可以从以下几个方面来努力。

（一）树立良好的第一印象

毕业生就业后，在新的工作环境中树立的第一印象十分重要。第一印象好，人们与其交往的热情就高，就容易打开工作局面；第一印象不好，事倍功半。第一印象在人与人相互认识和交往过程中的作用十分重要。树立好的第一印象往往会"扩大"自己的优点，"弥补"自己的不足，即使出了点差错，也会得到别人的谅解；否则，树立了不好的第一印象，也可能会扩大自己的不足，要改变它，绝非一朝一夕。

（二）熟悉工作环境

有的毕业生工作后仍沉湎于大学校园生活，迟迟不能适应新的生活节奏和工作要求，无法安下心来做事，难以进入工作角色，这势必会影响角色转换的顺利实现。毕业生一旦进入工作岗位，就应该尽快熟悉用人单位的工作环境、工作流程和具体要求，扎扎实实、脚踏实地地工作。熟悉工作环境，安心本职工作是职业角色转换的基础。要在第一时间熟悉单位工作环境，包括记住上级的办公室、会议室、会客室、打印室和卫生间等的位置；通过通讯录等记住每一位与自己有关的上级、团队工作伙伴的名字，记住相关科室、部门办公室的门牌号和办公位置；熟悉公司组织机构，了解行业发展状况。

（三）安心做好本职工作

毕业生一旦进入工作岗位，就应该脚踏实地、扎扎实实地工作，并在工作之余不断充实自己，在工作中认真学习，虚心请教，切不可一入职就这山望着那山高，一心想换岗位。

案例8.1

同样的起点、不同的结果

有两个食品检验专业的高等职业院校毕业生，同时被当地一家知名的大型肉制品企业录用。两人同时被分配到屠宰车间。又脏又累的工作使毕业生甲感到苦不堪言，很快就打退堂鼓了。而毕业生乙则坚持下来，他不怕苦不怕累，认真负责，受到主管领导的赏识，试用期一过，就被调入专业对口的检验科工作。几年以后，毕业生乙已经是该企业检验科的科长了，而毕业生甲调换了几家工作单位后，还没有找到一份顺心的工作。该企业的人事部经理说："我们单位录用的毕业生，无论是什么学历，都要先在一线车间锻炼一段时间，这既是对他们是否具有吃苦耐劳精神的考验，也是让他们熟悉一线工作的特点，然后再量才使用。"

【分析】著名作家柳青说过，人生的道路虽然漫长，但紧要处常常只有几步，特别是当人年轻的时候。毕业生走上工作岗位以后的第一步非常重要。这个案例中，毕业生甲因为怕苦怕累，不能安心做好本职工作，没有走好关键的第一步；而毕业生乙则因为立足岗位，安心工作，适应了职业角色，成功地迈出了职业生涯的第一步。

（四）认真对待岗前培训

岗前培训对于新入职大学生的角色转变是非常重要和必要的。它不仅是让新员工了解用人单位的基本情况，熟悉规章制度和工作程序，更重要的是通过岗前培训帮助新员工树立集体主义观念、主人翁意识，培养人际协调能力和奉献精神。通常，岗前培训班的表现可以直接反映新员工素质的高低，用人单位都非常重视，并据此择优录用，分配岗位。毕业生一定要以认真的态度把握好此时充实自己、表现自己和提升自己的良机。

（五）注重培养职业兴趣

职业兴趣是人们对某种职业活动具有的比较稳定而持久的心理倾向。要做好自己的工作，首先要对这份工作感兴趣，要热爱这份工作。因此，培养对当前职业的兴趣非常重要。毕业生在选择工作时，应对工作的性质和内容有所了解，明确该工作的社会地位、工作责任，主动理解职业角色，一旦选择了这份职业，就应尽快确立职业角色，培养职业兴趣，做到爱岗敬业，立足岗位成才。

（六）虚心学习、乐于奉献

对刚刚步入社会的毕业生来说，试用期非常重要。在试用期间，毕业生必须认真学习相关的知识和政策，少走弯路，促进职业角色成功转变。进入工作岗位后，要把上级交办的每项工作任务都当成考验自己的机会。在新的工作环境中，技术人员、师傅、上级、同事在职业岗位上工作多年，具有丰富的专业知识和实践经验，都是自己最好的教师。新员工应虚心学习他们观察分析问题和解决问题的方法，学习实际工作中需要的真本领，不断提高业务水平，尽快实现角色转换。

（七）处理好各种人际关系

职场人际关系十分微妙复杂，稍有不慎，就会陷于被动。在职场上打拼，就必须处理好与领导、同事、客户、竞争对手等不同人的关系。有时需要自我保护，有时需要换位思考，有时还需要以德报怨。想要减少职场中的人际关系冲突，更多的要从自身进行提升，做到沉稳、细心、讲诚信、有胆识、有担当，这有助于更好地适应职场，顺利实现角色的转换。

三、职业适应中常见的问题

造成当前高职生就业困惑的原因不是单方面的，这里既有社会的原因，也有毕业生自身的问题。社会因素需要全社会的共同努力来改善，而自身问题则需要毕业生自己去发现并解决。所以，要改善就业状况，对于毕业生来说先要明白自身哪些因素导致了职业适应上出现了问题，并予以积极克服。大致来说，毕业生在职业适应能力方面的问题主要是定位问题、心态问题及经验问题这三个方面。

（一）定位问题

我国就业市场曾经爆出两条特别引人注目的新闻：2003 年，南方某高校毕业生号召成立"薪资联盟"，抵制用人单位压低薪资标准，拒签低于每月 2 500 元就业协议；与此同时，东北某高校毕业生为了挤进自己向往的单位，主动提"零工资就业"，即在见习期不要钱，经过考验认可后再建立劳资关系。这是两个截然相反的现象，但却同时反映了现今大学毕业生就业择业时在工作定位上的问题。前者体现了一些毕业生不切实际的一厢情愿，对社会现实缺乏基本的判断力，没能根据现实情况的变化及时调整自己的心理定位。因此即使之后进入了职场，也会因为期望值过高、优势心理作祟而影响其职业适应力。另外，"零工资"就业显得过于被动消极，同样是对自己职业定位的偏差，并不代表无底线的低姿态就能换来工作上的好结果。

（二）心态问题

据一项对 1 万多名学生的调查显示，其中 50% 左右的学生认为，35 岁前将达到自己职业生涯的顶峰。事实上，对于很多在职场上打拼多年的经验人士或成功人士来说，这样的想法不切实际。由于大多数高职生从未经历过社会的磨砺，心态容易浮躁，一方面，他们总是考虑自己能从社会从工作中得到什么，而很少思考自己为他人和集体所做的贡献。另一方面，很多高职生在就业时抱着"骑驴找马"的心态，总是想着先随便找到一个工作，随时都考虑是否能够跳槽或有更佳的选择，因此在工作的过程中不免会受到这种不安定心态的影响，不能踏实工作。这些心态上的偏差都会影响企业对毕业生的评价，从而致使毕业生的就业形势愈发不乐观。

（三）经验问题

工作经验一直困扰着高职毕业生。从现今许多单位招聘启事中不难看出，"具有相关工作经验"是企业非常看中的一个条件。某项问卷调查表明，60.09% 的高职生认为在择业中最缺乏的是实践工作经验。调查还发现，约有 27% 的人力资源主管认为应聘者的工作经验越实用越容易被录用，超过七成的跨国企业会根据具体职位的要求选择应聘者。对于没有任何经验的学生职员群体来说，企业需要花费很多人力、物力、财力对他们进行培养，同时还会担心培养后人才的流失问题。有时候培养的资本远远高于短时间内毕业生能够为企业所提供的价值。

四、职业适应的策略

（一）调整心态

1. 克服自傲心理，从小事做起

很多刚毕业的学生自以为是比较高层次的人才了，所以希望马上从事业务工作，不屑于从身边的琐碎小事做起，看不起基层工作。要知道年轻人刚参加工作，能力还未体

现，不可能马上担任重要的工作，领导往往会先安排一些普通的勤杂工作，这绝不是不重视人才，而是对年轻人素质的一种考验。年轻人要学会服从，遵守角色规范，在平凡小事中培养自己敬业、细致、耐心、认真的品质，切不可自傲自负，眼高手低。

2. 消除畏惧心理，放开手脚踏实工作

许多毕业生在角色转换过程中容易依恋学生角色，从而对全新的职业角色充满了畏惧。产生畏惧心理的原因不外乎以下几种：一是怕做不好工作让人讥笑，怕出事故，怕担责任；二是怕吃苦受累，对工作尤其是基层艰苦工作产生恐惧；三是怕领导不重用，同事不帮助。这些心理往往使他们在工作的时候放不开手脚，患得患失，最终限制了自己能力的发挥。年轻人只有克服这些恐惧心理，放下架子虚心学习，深入到实际工作当中去，不怕吃苦、不计较个人得失，努力承担岗位责任、主动适应环境，才能更好、更快地完成角色的转换。

3. 虚心接受批评，从容面对挫折

高职毕业生从进入工作岗位的那天起，必然会受到新群体对自己的评价，当然这里不乏批评。此时，高职毕业生正确的做法应当是接受批评、虚心求教，认真自省，积极调整，以实际的表现来改变别人对自己的评价，应善于从他人对自己的批评中更加清楚地认识自己，以此来提高自己的工作能力，切不可由此产生对立的情绪，拒绝接受批评。

（二）学会沟通

1. 正确处理与上级的关系

（1）尊重上级。下级服从上级是最基本的常识，但是却经常有人不能做到，原因常常是下级认为上级在某些方面比较弱（如年龄小于下属、技术能力不强、管理经验不足），不少人会因此对上级缺乏必要的尊重。

职场比拼的是综合素质，而不是专能。上级抓的是全局，不必样样精通。所以要尊重上级，主动去配合上级做好工作。不要抱怨上级，别跟上级怄气。注意维护上级的权威，不在背后贬低上级，不当众指责上级，愿意接受上级的批评指正。当然，尊重不是跟上级套近乎，不是庸俗地巴结奉承，一味地讨好献媚。

（2）懂"规矩"。不懂"规矩"，在不该说话的时候说话、不该做主的时候做主，这是刚入职的人常犯的错误。你必须知道，无论帮上级做了多少事，也无论上级多糊涂，他毕竟是你的上级，毕竟还得由他来做主，你不能自作主张、封闭工作信息，不汇报，在上级面前逞能等。

2. 正确处理与同事的关系

（1）尊重他人、平等相处。在新单位，虽然每个同事的职务、能力、才学、气质、性格、爱好等各不相同，但每个人都是自己的老师，因为他们有丰富的工作经验和娴熟的业务技能，要尊重他们的劳动和劳动成果，尊重他们的人格和感情，尊重他们的习惯和价值。

（2）少说多做，注意分寸。由于刚刚工作，与每个同事都不熟悉，而你的一举一动

都会深深印在同事的脑海中。所以，言谈举止要得体，对人讲话要彬彬有礼，并要注意分寸，不能想说什么就说什么，要多看、多想、多听、少说。对于与你看法不一致的，你应保持沉默，不要妄加评论。要抱着少说多做的心态，多从诸如打水、扫地、分报纸这样的琐事做起，这样容易和大家打成一片。

（3）开阔心胸，避免冲突。同事之间，是天然的合作者，又是客观的竞争者。这种微妙的关系，必然产生既渴望合作又警觉竞争的复杂心理。要处理好这种关系，就要以诚相待，互相支持；要严于律己，宽以待人，学人之长，补己之短；要在竞争中学先进，帮后进，领先时不骄傲自满，落后时不灰心气馁；面对冲突，应学会有效的沟通，如寻找合适的时间、合适的地点进行交流。最好以商量的口气提出自己的意见和建议，并要耐心地听取对方的意见和建议，然后在互相尊重、相互谅解中达成一致意见。

（4）保持距离，远离是非。在职业生活环境中，职位的升迁，工资、奖金的发放等都与个人的利益相关，因此，同事之间的关系比较微妙和复杂，要保持一段距离，凡事采取中道而行，适可而止。刚到单位的新人，不可能了解事情的来龙去脉，更没有正确分析判断的能力，因此要远离是非，不参与议论，更不要散布传言。不利于团结的话不说，不利于团结的事不做，不挑拨是非，不猜疑嫉妒，堂堂正正做人，因为你缺乏资历，最容易成为是非旋涡的牺牲品。

（5）参加活动，积累人脉。要培养自己的归属感，主动和同事打成一片，多参加集体活动。在闲暇之余，多与同事们一起出去吃饭和娱乐，如唱歌、跳舞、郊游、度假等，这不仅能彼此增进了解，也能让自己获得更多的快乐和放松，还能使你了解到在公众场合难以获得的信息，这样会更自然地与同事们融为一体，培养和谐的人际关系。

🌐 经 典 分 享

企业家谈如何面对第一份工作

如何对待第一份工作，听一听企业家们的建议。

1. 马云

第一份工作请干满5年，这个世界不缺机会。马云曾对杭州师范大学阿里巴巴商学院的毕业生说，你的第一份工作，绝大部分不会是你的最后一份工作。但第一份工作的坚持，比后面工作的坚持更为重要。不论你考研、出国、创业，不管什么工作，记住，短暂的时间内，向身边的每一个人好好地学。做的时候不要想离开，有一天等机会来了，再选择下一个机会。这个世界不缺机会。

2. 俞敏洪

做第一份工作时要有"只顾耕耘，不求收获"的心态。面对第一份工作时，就不要去想成败，而是应该去想我怎么样全力以赴地把这份工作做好。你全力以赴以后做成功了，那表明你做这件事情是合适的。如果说全力以赴以后，依然做失败了，也很正常，因为你没有工作经验，也许这份工作不适合你做。只顾耕耘，不求收获，是做第一份工作时最重要的心态。

3. 李彦宏

独立思考，明白自己适合干什么。李彦宏曾对在校大学生说："大学最重要的是独立思考，我回国创业是因为我看到了中国的机会。"李彦宏的第一份实习工作是在松下公司，在松下公司实习时，李彦宏发现，工业界搞研究和在学校搞研究不同，工业界研究的是实用的东西，学校研究的是宏观的、基础性东西。在实习工作中李彦宏逐渐感到，他的兴趣不在学术研究上，而在做实用的产品上。这也让李彦宏第一次开始思考：自己适合干什么。

【分析】企业家基于自身经历，提出了关于如何面对第一份工作的忠告，诸如：一份工作请干满 5 年、"只顾耕耘，不求收获"的心态、"独立思考、明白自己适合干什么"等，值得广大高职学生借鉴、参照。

课堂活动

职业角色模拟

1. 活动目标

让学生真实体验到学生角色与职业角色的不同，帮助学生更好地完成职业角色的转换。

2. 规则与程序

（1）将学生分组，每组 6～8 人。

（2）每小组从以下情景中选择一种情景进行模拟训练。

① 参加一个产品展销会，推荐自己的公司和产品。

② 在办公室接到客户投诉公司产品质量问题的电话。

③ 所在公司遭遇新闻的负面报道，但该报道与事实不符。

④ 面对一名挑剔、刁难，不好应付的客户。

⑤ 与同事因小事发生冲突。

⑥ 主持重要会议时，突然有人捣乱不配合。

活动时间 30 分钟。

3. 讨论

（1）在进行模拟训练时，应注意的问题是什么？

（2）如何尽快向职业角色转换？

单元二　职业形象和职场礼仪

👉 能力目标

（1）了解并掌握礼仪的基本内容。

（2）能根据具体场合设计自己的仪容和仪表。

（3）注重塑造良好的职场第一印象。

职业形象和职场礼仪

不拘小节的业务员

某照明器材厂的业务员金先生按原计划，手拿企业新设计的照明器材样品，兴冲冲地登上六楼，脸上的汗水未及擦一下，便直接走进了业务部张经理的办公室，正在处理业务的张经理被吓了一跳。

"对不起，这是我们企业设计的新产品，请您过目。"金先生说。

张经理停下手中的工作，接过金先生递过的照明器，称赞道："好漂亮啊！"并请金先生坐下，倒上一杯茶递给他，然后拿起照明器仔细研究起来。

金先生看到张经理对新产品如此感兴趣，如释重负，便往沙发上一靠，跷起二郎腿，一边吸烟一边悠闲地环视着张经理的办公室。当张经理问他电源开关为什么装在这个位置时，金先生习惯性地用手搔了搔头皮。虽然金先生做了较详尽的解释，张经理还是有点半信半疑。谈到价格时，张经理强调："这个价格比我们预算高出较多，能否再降低一些？"

金先生回答："我们经理说了，这是最低价格，一分也不能再降了。"

张经理沉默了半天没有开口。

金先生却有点沉不住气，不由自主地拉松领带，眼睛盯着张经理，张经理皱了皱眉。

"这种照明器的性能先进性在什么地方？"金先生又搔了搔头皮，反反复复地说："造型新、寿命长、节电。"

张经理托辞离开了办公室，只剩下金先生一个人。金先生等了一会儿，感到无聊，便非常随便地抄起办公桌上的电话，同一个朋友闲谈起来。最终这笔业务合作并没有谈成功。

【分析】在业务合作洽谈过程中，为表示对彼此的尊重，双方必须重视自己的仪容仪表和行为举止。而上述业务洽谈没有顺利地完成，在于产品研发员金先生在与张经理的交往中没有注意自己的穿着和行为。首先进入办公室之前并没有提前查看拜访者是否方便接待，门都没有敲，直接进入是非常不礼貌的行为。不仅如此，金先生来拜访之前，连脸上的汗水都未擦干，还在交谈过程中不断用自己的手抓挠头皮，这些也都是非常不恰当的行为。另外，金先生在与张经理商议价格时，没有注意运用语言的技巧，进而造成双方非常尴尬的局面。

礼仪贯穿于整个人类的始终，遍及社会各个领域，渗透到各种社会关系之中，只要有人和人的关系存在，就会有作为人的行为准则和规范的礼仪的存在。职业礼仪是各行业的职业人员在因为工作需要的人际交往中，必须要讲究的自尊敬人的行为规范，是职业人员应遵守的人际交往的艺术。

恰当地运用礼仪，能很好地起到以下作用：一是提升自身综合素质，塑造良好的职业形象；二是有效促进人际交往的和谐发展；三是适应激烈的市场竞争需求，提升企业形象。

案例 8.2

公司的新同事

某公司来了个新同事，第一天就跟旁边的同事抱怨说，大家互相都不说话，办公室太安静了。接着，他问一个同事，关于工作的一个问题。同事放下手中的工作，很耐心地解答了他的这个问题，他得到答案后，头也不回地就走了，连一声"谢谢"都没有。

中午就餐的时候，这位新同事四处打探同事的姓名、情况，刚刚开始还有人跟他谈话，慢慢地他周围一个人都没有了。而他自己孤独地站在那里，还不知道为什么同事都不愿意跟他接近。

【分析】作为职场新人，不应该把自己不好的习惯带进来。应该谦虚、谨慎，同时表现得有礼貌、有涵养，得到别人帮助应该说"谢谢"，早晚上下班应该和大家打招呼、问好。遵守职业礼仪规范，有助于自己的职场成功。

一、职场仪容礼仪

职业人的个人形象对于展现自身良好的工作态度、自尊自爱、获取他人尊重、塑造良好企业形象都有着至关重要的作用。当一名职业人在与客户面谈或参加展会时，除了商品外，其实自己也在被审视、被展览。我们的一举手、一投足、衣着打扮、仪容仪态都会在短短三至五秒钟之内给客户留下第一印象。在一定程度上说，外在形象是会说话的，学会有效地管理自己的形象，能够带来意想不到的效果，帮助自己走向成功。

（一）保持良好仪容的基本要求

仪容，通常指人的外观、外貌。在商务交往中，每个人的仪容都会引起别人的关注，并纳入别人对自己的整体评价中。打造仪容的最终目标是为了实现"美"的特质。仪容美的特征的主要包括三个方面的内容。一是自然美。它是指仪容的先天条件好，天生丽质。尽管以貌取人不可取，但先天美好的仪容相貌，无疑会令人赏心悦目，感觉愉快。二是修饰美。它是指依照规范与个人条件，对仪容施以必要的修饰，扬其长，避其短，设计、塑造出美好的个人形象，在人际交往中尽量令自己显得端庄大方，自尊自爱。三是内在美。它是指通过努力学习，不断提高个人的文化、艺术素养和思想、道德水准，培养出自己高雅的气质与美好的心灵，使自己秀外慧中，表里如一。

（二）仪容修饰

1. 整洁

整洁是对职业人仪容的最基本要求，要做到仪容整洁，重要的是需要长年累月坚持不懈地进行以下仪容细节的修饰工作。一是坚持洗脸、洗澡；二是保持头发干净；三是保持手部卫生；四是注意口腔卫生；五是保持衣服整洁。

2. 美观

漂亮、美丽、端庄的仪容是形成优美良好的社交形象的基本要素之一。要使仪容达到美观的效果，首先必须了解自己的脸形及脸的各部位特点，其次要清楚怎样化妆、美发才能扬长避短，最后要在把握脸部个性特征和正确审美观的指导下进行修饰。

3. 自然

自然是美化仪容的最高境界，它使人看起来真实而生动。有位化妆师说过："最高明的化妆，是经过非常考究的化妆，让人家看起来好像没有化过妆一样，并且这种妆面与本人的身份相匹配，能自然地表现出自己的个性与气质。"

4. 协调

仪容的协调包括以下几个方面。

第一，妆面协调：指化妆部位的色彩搭配浓淡协调，针对脸部特点，妆面整体设计协调。

第二，全身协调：指脸部化妆、发型与服饰协调，力求取得完美的整体效果。

第三，角色协调：指针对自己在社交中扮演的不同角色，采用不同的化妆手法和化妆品。

二、职场仪态行为礼仪

（一）站姿礼仪规范

周恩来总理早年在南开大学求学时，曾在大立镜旁糊了面"纸镜"，上书面必净、发必理、衣必整、纽必结；头容正、肩容平、胸容宽、背容直；气象勿傲、勿怠；颜色宜和、宜静、宜庄。铭如其人，周恩来的一生就是这样严格要求自己的，也成就了他享誉世界的美名。在人际交往中除了语言表达内在的情感之外，规范而优雅的仪态也能给予他人美好的印象。仪态是人的表情和行为举止，包括站姿、坐姿、走姿、蹲姿、手势和面部表情等方面。

标准站姿的基本姿势是头正，颈直，腰垂，两眼平视前方，嘴微闭，肩平并放松，挺胸收腹，两臂自然下垂，手指并拢，中指压裤缝，两腿挺直，小腿向内侧用力膝盖并拢，脚跟并拢，脚尖张开夹角成45°或60°的V形，身体重心落在两脚中间或靠前的位置。

（二）坐姿礼仪规范

正确的坐姿仪态给人一种端正大方的印象，而不良的坐姿则会让人觉得懒散且无礼。入座时要轻稳，入座后上体自然挺直，挺胸，双膝自然并拢，双腿自然弯曲，双肩平整放松，双臂自然弯曲，双手自然放在双腿上或椅子、沙发扶手上，掌心向下放在膝盖上面，头正、嘴角微闭，下颌微收，双目平视，面容平和、自然，保持微笑，坐在椅子上，应坐满椅子的 2/3，脊背轻靠椅背，离座时，要自然稳当。

（三）走姿礼仪规范

在行走过程中，要保持头正、肩平、挺胸收腹，双臂自然下垂并前后摆动，注意步幅要适度，保持 1.5～2 个脚长的距离，步速在行进时尽量保持匀速的状态。在行走过程中不要左顾右盼，抓耳挠腮；与多人走路时，或勾肩搭背，或奔跑蹦跳，或大声喊叫等都是不可取的。此外我们在行走过程中，有时需要变向行走，应通过后退步和侧身步来实现。

（四）蹲姿礼仪规范

标准的蹲姿为：站立在所取物品的一侧，蹲下屈膝去取，注意重心要稳，两腿合力支撑身体，臀部向下。此外蹲下时一定要保持上半身的挺拔，神态自然，面带微笑。

（五）手势礼仪规范

得体适度的手势不仅可以给对方以肯定、明确的印象和优美文雅的美感，还可以表现出对对方的尊重和欢迎。在使用手势礼仪时应庄重含蓄、自然优雅，其基本原则是简洁明晰、灵活调整、幅度适中和控制频率。常用的引导手势包括横摆式、斜下式、引领式和直臂式。

案例 8.3

你的姿态会说话

吴老先生是一个心理学家，喜欢研究他人的肢体语言，跟他接触多了也会受他的影响。有一次，吴老先生应企业朋友的邀请去参加一个派对，出席的都是行业内的人士。吴老又犯了职业病，附耳跟我说道："小王，你仔细地观察这里的人，根据他们的站姿，我大致可以猜出来他们的身份、地位、年龄、性格。""愿闻其详！"好奇心使然，我也加入这个游戏中去。他指着一位大腹便便的中年男子说："你看那位两手背后、挺胸仰头、两腿叉开站立的男士，他十有八九是小企业的老板，手中有点钱，但是眼光较为短浅。旁边不断点头哈腰、站都站不直的那位估计是他的手下，做事比较缺乏自己的主见，但是执行力较强。看到站在墙角边上的那位女士了吗？你看她双脚交叉而立就表示她对面前的男士所谈的话题没有兴趣，但又不好拒绝……"后来，经证实，吴老先生的准确率真是高得令人称奇。

【分析】不同的站姿能显示出不同的性格特征，也能折射出个人的内在气质。在商务场合中弯腰驼背会使你的合作伙伴对你公司的资信情况产生怀疑，也会怀疑你的专业能力；而两手叉腰或双手背后又会让人感觉高高在上，虽有充分的信心和精力，但也会让人误会是对合作伙伴的不尊重。

三、职场表情礼仪

在职场交往过程中，表情是一种无声的言语，是人际交往中相互沟通的主要形式之一。美国著名的心理学家艾帕尔·梅拉里斯认为：信息的效果＝7%的文字＋38%的语言＋55%的表情动作，因此表情礼仪就显得格外重要。

（一）表情礼仪遵循的原则

1. 待人谦恭

与人交往时，待人谦恭与否，人们可以从表情神态等方面很直观地看出来，同时，交往对象也会非常重视。

2. 自然友好

在生活和工作中，对待任何交往对象，皆应自然友好相待。这一态度，会自然而然地通过表情神态表现出来。

3. 表里如一

人们在相互交往时，既要使个人的表情神态谦恭、友好，更要使之出自真心，发乎诚意。这样做的话，才会给人表里如一、名副其实的感觉，才会取得别人的信任。

（二）眼神的运用

眼神通过不同的时间、部位和角度的运用，所传达的信息和情感是不一样的，因此得体的运用眼神礼仪是非常重要的。

1. 注视别人的时间长短不同，表示的态度不同

如果注视对方的时间占全部相处时间的1/3左右，则表示友好；如果注视对方的时间占全部相处时间的2/3左右，则表示重视；如果注视对方的时间不到相处时间的1/3，则表示轻视；如果注视对方的时间超过了全部时间的2/3以上，则往往表示敌意。

2. 注视的角度不同，表示的态度不同

正视对方需要正面相向注视，表示重视对方。平视对方用在身体与被注视者处于相似的高度时，平视被注视者，表示双方地位平等与注视者的不卑不亢。仰视对方用在注视者所处的位置低于被注视者，而需要抬头向上仰望，表示对被注视者的重视和信任。俯视他人指的是注视者所处的位置高于被注视者，它往往表示自高自大或对注视者不屑一顾。

3. 注视的部位不同，不仅表示自己的态度不同，也表示双方关系有所不同

一般情况下，不宜注视他人头顶、大腿、脚部与手部或是“目中无人”。对异性而言，通常不应该注视其肩部以下，尤其是不应该注视其胸部、裆部、腿部。关系平常的人一般只注视对方的面部。

（三）微笑礼仪

微笑是一种宽容、一种接纳，它缩短了彼此之间的距离，可以使人们心心相通。喜欢微笑着面对他人的人，往往更容易走入对方的心底。难怪有人说微笑是成功者的先锋。

四、职场服饰礼仪

（一）着装的礼仪规范

1. 着装要和职业协调

穿着除了要和身材、体型协调之外，还要与自己的职业相协调，不同的职业有不同的穿着要求。例如，教师、公务员一般要穿着庄重一些，不要打扮得过于妖艳，衣着款式也不要过于怪异，这样可以给人留下一个良好的印象；医生穿着力求显得稳重和富有经验，一般不宜穿着过于时髦给人以轻浮的感觉，这样不利于对病人进行治疗；而演员、艺术家则可以根据他们的职业特点，体现个人风格，穿着得时尚一些，甚至标新立异也不为过。

2. 女性职场着装的搭配技巧

女性在一般职场中主要选择丝绸、羊毛和棉麻质地的西服套裙和西裤。但是在衣服的版型、颜色和图案选择上可根据自己的身材特点进行挑选。人的体型没有完美无缺的，服装最大的意义在于美化体型。根据自己的体型选择服装，利用视觉上的错觉可以达到意想不到的效果。

3. 男性职场着装的搭配技巧

男性在正规场合要着西服。西服有正装和便装两种。男性在正规的商务场合必须身着西服正装，且全身上下不能超过三种颜色。西服正装：是指上下同质同料（质料一般要求为较高档的毛料）且颜色为深色（以深蓝和深灰系列为最佳）的两件套西服或三件套西服，三件套是指上衣里面多加一件同质同料的马甲。要做到保证自己皮带、皮包和皮鞋的颜色一致，即"三一定律"，一定要穿黑色或深色无花纹的中筒棉袜，保证在坐下时，裤脚下也不能露出袜口或腿部。

（二）饰品搭配的原则和技巧

男性和女性选择配饰的原则都是小而精致，不能过分夸张和张扬。女性配饰可以有耳钉、婚戒、项链、手镯和胸针等。而男性的配饰主要包括眼镜、领带、手表和婚戒等。女性在佩戴饰品时，一种饰品只能佩戴一个且尽量在颜色和材质上保持一致，如佩戴玫瑰金色珍珠耳饰，那么在其他饰品的选择上也应该尽量保持统一。此外，避免饰品太多，显得繁复杂乱，因此一般选择1～3件为最佳。男性在选择领带时，颜色和花纹除了要与西服搭配，还要根据参加的场合和即将面对的对象进行选择，如果场合比较严肃正式，可以选择条纹和方格图案；而场合比较轻松时，可以选择圆点和碎花图案。

五、典型职场情境的礼仪要点

（一）称呼礼仪规范

称呼看起来是小事，实际上却是一门手艺，但是有九成职场新人都遇到过"开口难题"，到底应该怎样称呼同事才最合适？

1. 职务性称呼

在职场交往过程中，根据职场交往对象的职务来称呼对方可以以示尊重，一般是在职务前加上姓氏（适用于正式场合），如"张董事长""王总经理""李助理""王处长""孟局长"等。

2. 职称（衔）性称呼

在职称前加姓，可以强调特定个体，赋予更多亲切和尊敬感，如"张教授""陈工"等。至于对某些职衔的简称，如"张局""李处""罗总"等，现下颇为流行。

3. 职业性称呼

在职场交往过程中可以根据对方从事的行业和具体职业相称，如"王老师""乔律师""赵会计""陈医生"等。

4. 一般性称呼

先生、夫人是国际范畴中对年纪较大、地位较高的人士使用的尊称。使用时可不带姓名。此称呼在我国商务场合也广为使用。

（二）握手礼仪规范

握手礼仪是职场交往中的基本礼节，也是适用范围最为广泛的见面致意礼仪，它可以应用在表达欢迎、亲近、友好、寒暄、祝贺、感谢、慰问和再见等场合。

1. 握手的正确姿势

握手时，双方都应该起身面对面站立，双方相距应1米左右，上身向前稍微倾斜，伸出右手，手掌高度约在胯骨位置，四指并拢伸直，大拇指向斜上方张开与四指成60°，手掌垂直于地面。

（1）一般情况下：
① 男士与女士：女士先伸手；
② 上级与下级：上级先伸手；
③ 长辈与晚辈：长辈先伸手；
④ 已婚女士与未婚女士：已婚女士先伸手。
（2）单位或公司接待客人：
① 客人到达时，主人先伸手，表示欢迎；
② 客人告辞时，客人先伸手，表示感谢。
（3）正式场合（职场）无长幼、无男女性别，只有上下级、身份职务高低之分。

2. 握手时的注意事项

在职场交往过程中握手致意看似简单，然而经常会忽略一些细节，从而造成尴尬的场面，对彼此交往产生不利的影响，因此，要避免在握手过程中出现以下错误。

（1）用左手与他人握手。

（2）戴手套、墨镜和帽子就与人握手。

（3）握手时将另外一只手插在衣袋里。

（4）握手时面无表情，心不在焉，没有寒暄，纯粹是为了应付。

（5）坐着与人握手。

（6）忌与他人交叉握手。

（三）接打电话礼仪

在职场当中，用电话沟通和交流工作是必不可少的。当你给他人打电话时，应调整好自己的思路。而当你的电话铃响起时，你应该尽快集中自己的精力，暂时放下手头正在做的事情，以便你的大脑能够清晰地处理电话带来的信息或商务。当然，上述过程应该迅即完成，如果你让电话铃响的时间过长，对方会挂断电话，你便会失去得到信息或生意的机会。以下几点是你在接电话时可以参考和借鉴的技巧。

1. 来电铃声不可超过三次才接

有时候电话响一次就接了，会给人以一种很唐突的感觉，但是当来电响了三次以后再接，会让对方等得不耐烦。如果是客户的话，可能会影响双方的合作，所以，在电话铃声响了两次以后接听是最佳的时机。

2. 接打电话的注意事项

接打电话时，应声音洪亮清脆，吐字清晰，表达准确，语言从容得体，自然恰当，态度热情大方，不卑不亢。打电话前要确认好对方的电话、姓名、职务及谈话要点；电话接通后，应立即尊称对方，自我介绍并说明去电主旨，倾听对方意见；如果对方不在，可以请代接电话的人代为转达，并真诚致谢。要注意通话时语气的用法。

3. 手机礼仪

工作场合不要大声打电话，重要会议时尽量关闭手机或将铃声调为振动；接听电话时不能一边和人讲话，一边编辑手机短信；不编辑或是转发思想内容不健康的短信；手机不使用的时候，应尽量放在包中或是上衣内袋，不要总是拿在手中。

（四）交谈礼仪技巧

1. 学会倾听

倾听对方的言谈是尊重对方的一种表现，善于倾听对方的言谈，会使你有更多机会了解对方，并从中获取自己需要的信息，除此之外你对对方的尊重会获得对方的好感，进而使彼此的交往更有效、关系更和谐。

2. 多使用谦辞敬语

在与人交往过程中要多使用"您""请",如见面多说"您好""非常高兴见到您";征询语"这样可以吗?""您还满意吗?";请托语:"请您稍候""对不起,让您久等了""劳驾您了";感谢语:"谢谢您""非常感谢您的关心与支持";致歉语:"对不起""真抱歉""请原谅""真不好意思"等。

3. 选择恰当的话题

寒暄在人际交往中的作用是十分重要的。在某些正式谈话很艰难的情况下,寒暄还可以对将要到来的紧张气氛做一些缓冲,使原本尴尬或沉重的对立气氛得以淡化。然而并不是任意的寒暄都能起到这种作用,不恰当的寒暄很可能会弄巧成拙,而寒暄的恰当与不恰当的关键在于话题的选择。以天气作为的主题是最为普遍的,或是询问他人学业、身体和工作情况都是比较好的寒暄形式。除此之外要适时切入主题,交谈者要把主题说清楚,这是职场交谈中最基本的要求。

🌐 经典分享

拜访客户七大黄金定律

1. 开门见山,直述来意

初次和客户见面时,在对方没有接待其他拜访者的情况下,我们可用简短的话语直接将此次拜访的目的向对方说明。

2. 突出自我,赢得注目

首先,不要吝啬名片。每次去客户那里时,除了要和直接接触的关键人物联络之外,同样应该给采购经理、财务工作人员、销售经理、卖场营业人员甚至是仓库收发这些相关人员,都发放一张名片,以加强对方对自己的印象。

其次,在发放产品目录或其他宣传资料时,有必要在显见的地方标明自己的姓名、联系电话等主要联络信息,并以不同色彩的笔迹加以突出;同时对客户强调说:只要您拨打这个电话,我们随时都可以为您服务。

以已操作成功的、销量较大的经营品种的名牌效应引起客户的关注。

3. 察言观色,投其所好

我们拜访客户时一定要学会察言观色,投其所好。例如:

业务员小李依约来拜访某公司韩总,可能是双方身份的悬殊,或者是因为韩总觉得小李是有求于他,所以韩总显得非常冷淡。

小李说:"听口音韩总不是北方人?""噢,四川成都人!""成都?成都是个好地方!我之前看《三国演义》的时候最崇拜的就是诸葛亮了,武侯祠是在成都,成都名胜古迹好多啊,好吃的也多!""是吗?我们成都确实有很多好玩的好吃的。"韩总不无骄傲地说。"是啊。我前年去了一趟成都,还玩了一趟呢。"

听了这话,韩总马上来了兴趣,两个人从成都的旅游胜地到特色小吃谈开了,那亲热劲,不知底细的人恐怕要以为他们是老乡呢。

4. 明辨身份，找准对象

如果我们多次拜访了同一家客户，却收效甚微时，我们就要反思：是否找对人了，即是否找到了对我们拜访目的实现有帮助的关键人物。

我们在拜访时必须处理好"握手"与"拥抱"的关系：与一般人员"握握手"不让对方感觉对他视而不见就行了；与关键、核心人物紧紧地"拥抱"在一起，建立起亲密关系。所以，对方的真实"身份"我们一定要搞清，在不同的拜访目的的情况下对号入座去拜访不同职位（职务）的人。例如，要客户购进新品种，必须拜访采购人员；要客户支付货款，必须采购和财务人员一起找；而要加大产品的推介力度，最好是找一线的销售和营业人员。

5. 宣传优势，诱之以利

我们必须有较强的介绍技巧，能将公司品种齐全、价格适中、服务周到、质量可靠、经营规范等能给客户带来暂时或长远利益的优势，对客户如数家珍；让他及他所在的公司感觉到与我们做生意，既放心又舒心，还有钱赚。

6. 以点带面，各个击破

如果我们想找客户了解一下同类产品的相关信息，客户在介绍有关产品价格、销量、返利政策、促销力度等情况时往往闪烁其辞甚至是避而不谈，以致我们根本无法调查到有关竞品的真实信息。这时我们要想击破这一道"统一战线"往往比较困难。所以，我们必须找到一个重点突破对象。

7. 端正心态，永不言败

客户的拜访工作是一场概率战，很少能一次成功，也不可能一蹴而就、一劳永逸。只要能锻炼出对客户的拒绝"不害怕、不回避、不抱怨、不气馁"的"四不心态"，我们离客户拜访的成功又近了一大步。

【分析】"拜访客户七大黄金定律"只是积累职场经验和知识的开始，初涉职场的年轻人，要努力在工作积累这方面的知识，不仅在工作中摸索，更要多看看这方面的参考书，使自己尽快成熟起来。

课 堂 活 动

职场接待活动技能训练

1. 活动目标

了解职场接待礼仪规范。

2. 规则与程序

（1）阅读以下材料。

总公司经理一行五人来我公司考察并商谈合资办厂的相关事宜，他们将在下周一抵达本市。我公司非常重视这次项目合作，为此相关人员将认真规划此次接待工作。公司派出三名人员负责去机场接机，由于飞机抵达时间比较晚，因此我方接到客人后，直接安排其入住酒店，第二天上午派专车将随行人员送至公司本部。我公司的王总经理、业务部陈经理和翻译等五人将与总部人员在会议室进行具体细节的洽谈。请注意由于总公司经理和王总经理此前从未见过面也不相识，而陈经理曾经和对方公司有关几次贸易往来。当天晚上业务洽谈结束后，我公司在酒店安排践行晚宴。

那么在整个活动当中，我公司在接待总公司时怎样做才合乎礼仪规范？我方在与总公司方初次见面时应该注意如何称呼、介绍和致意呢？

根据上述背景，模拟我公司接待总公司的在机场接机见面和安排酒店入住的场景，包括乘车位次安排礼仪和引导接待。

模拟我方人员与总公司洽谈活动的过程，包括双方从见面时的问候、称呼、介绍、握手、名片和寒暄及会见的茶水服务。

（2）活动分组：模拟会谈结束后的商务宴请的场景。根据学生的实际人数进行分组，每组人数在10人左右，并确定组内的组长人选，按照要求明确分工，做到全员参与。

（3）实施过程：组内由组长负责安排我方和总公司中的角色，也可采取自愿形式，根据人物特点和形象进行分配，其中可一人分饰两角。

（4）此外在情景编排过程中，注意设计人物之间的对话，既要合乎逻辑又要符合礼仪规范。在活动实施过程中，组长和教师负责对各组活动完成的进度和效率进行监督控制。

活动时间30分钟。

3. 讨论

（1）小组之间进行角色分享，讨论每个角度应有的礼仪规范。

（2）通过小组角色扮演，掌握职场接待礼仪规范。

模块九　职业发展

模块导读

　　社会在不断发展变化，职业的结构、内容和用人要求也在不断地变化。当高职毕业生踏入社会，拥有了第一份新的工作，即进入一种新的经历、一个新的环境。这时，应尽快地完成从高职生到职业人的角色转换，使自己适应新岗位的要求，更好地适应职场，更好地得到发展。职业不是一成不变的，个体职业生涯都是一个循序渐进的发展过程，是个体在职业领域中不断学习与进步的过程。在职业发展的过程中，个体要想进步，就要不断学习，为实现职业顺利发展创造条件；要加强自我职业生涯规划的管理，保持职业发展有一个良好的方向。

　　本模块主要学习职业素养、职业能力、团队意识、时间管理、情绪管理、沟通能力及知识能力在职业发展中的作用。通过自身职业素养的提升，合理管理好时间，培养高职生干事创业的工匠精神，和不断获取知识、运用知识和创新知识的能力，以顺应社会和职业的发展要求。

单元一　职业素养的提升

☞ **能力目标**

（1）了解职业素养、职业能力的概念。
（2）掌握职场所具备基本素养的内容。
（3）掌握工匠精神在职业发展中的作用。

职业素养的提升

📍 导入案例

细节决定成败

小芳是某高职院校的国际贸易专业的毕业生。临近毕业，她为找工作而忙碌着，得知学校要举办招聘会，她将早已准备好的求职材料，按照她个人的意向职位分门别类地进行了装订，放到不同的档案袋。

招聘会这天，小芳带着她认真准备的个人简历去应聘。招聘会现场来了好多单位和学生，现场真是人山人海。由于是开放的招聘会，每个单位前边都围了很多人，有的学生因为求职心切，一时也忘了排队。小芳看到这里，就挥舞着手里的简历袋，指挥来参加应聘的学生都排好队，有序地参加招聘。因小芳本身就是学生会干部，对组织活动特别有经验，在她的组织和号召下，学生都排好队有序地参加校园招聘会。之后，她开始慢慢找寻意向的单位，当发现一家外贸公司招聘职位特别适合她，她便停下来排队等候。等到轮到她时，她很客气地将简历递给人事经理。人事经理拿着她的简历认真翻看着，看完转给一起来招聘的同事。小芳面带微笑等着人事经理的发问，她也做好了充分的回答准备。这时，人事经理笑着说："同学，你被录用了，欢迎加入我们的团队。"小芳正诧异着，人事经理补充说："你刚才的表现我们都看到了，你是位有热心、有组织能力、综合素质很好的学生。"小芳得到了她心仪的职位。

【分析】现在用人单位除了看重所学的专业之外，更看重个人的综合素养，即组织能力、协调能力、团队合作能力、沟通能力等，这些能力的体现往往就在于看似随意的举动。良好的职业素养来自良好的职业习惯、得体的职业礼仪，以及团队合作、时间管理、目标管理等娴熟的管理技能。

一、职业素养的概念

职业素养是指职业内在的规范和要求，是在职业过程中表现出来的综合品质，它包括专业能力（职业能力）、敬业（职业态度）和道德（职业道德）、职业意识、职业行为、职业技能等。

在表现形式上，职业素养分为内化素养和外化素养。内化素养是职业素养中最根本的部分，其包含个人的世界观、价值观、人生观等。外化素养是指计算机、英语等属于技能范畴的素养，其可通过学习、培训来获得，在实践运用中还会日渐成熟。岗位职业能力的归纳如图9-1所示。

二、职场基本素养

职场中每年都有新鲜血液注入其中，为职场带来了更多的活力和生气。职场新人如何在职场中占有自己的一席之地，迈出职业发展中的第一步？智联招聘职场调查显示，在众多因素中，多数职场人认为扎实的专业基本功排在首位。

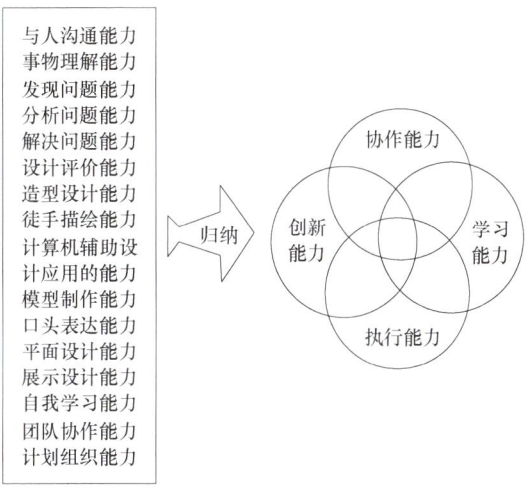

图 9-1　岗位职业能力的归纳

（一）专业技能

专业技能主要是指从事某一职业的专业能力。现今，社会分工越来越细，已经发展为一个专业化的年代，专业人才越来越受到企业的青睐，专业能力是高级人才不可或缺的能力，它构成了高级人才的核心竞争优势。作为职场新人，只有保持专业发展路线的不动摇，才能由浅入深，厚积薄发，形成独特的专业知识、技能、经验与资源。专注是一种强大的力量，一个平凡的人，如果在某个领域数十年如一日的积累与磨炼，就有可能在该领域做到世界最强，成为一个非凡的人。当然，在这个发展过程中，你会发现具备同样条件的人越来越稀缺，甚至有种"高处不胜寒"的感觉，这正是竞争优势逐渐形成的体现。

（二）团队合作能力

团队是由员工和管理层组成的一个共同体，该共同体会合理利用每一个成员的知识和技能协同工作、解决问题，达到共同的目标。团队精神反映一个人的素质、一个人的能力，一个人与别人合作的精神和能力。一个团队是个有机的整体，作为个人，只有完全融入这个有机整体之中，才能最大限度地体现自己的价值。

（三）沟通能力

沟通能力包含着语言文字表达能力、争辩能力、倾听能力和设计能力。一般说来，沟通能力指沟通者所具备的能胜任沟通工作的优良主观条件。简言之，人际沟通的能力是指一个人与他人有效地进行沟通信息的能力，包括外在技巧和内在动因。其中，恰如其分和沟通效益是人们判断沟通能力的基本尺度。恰如其分，指沟通行为符合沟通情境和彼此相互关系的标准或期望；沟通效益，则指沟通活动在功能上达到了预期的目标，或者满足了沟通者的需要。语言文字表达能力就其作用而言，是其他能力能否正常实现、充分展示的基础。此能力主要包括口头语言表达能力、书面语言表达能力、肢体语言表达能力和书面图形表达能力等。

（四）情绪控制能力

情绪是人对事物一种肤浅、直观、不动脑筋的情感反应。它往往只从维护情感主体的自尊和利益出发，不对事物做复杂、深远的考虑。心态良好的人能适度地表达和控制自己的情绪，喜不狂，忧不绝，胜不骄，败不馁；在社会交往中既不妄自尊大，也不退缩畏惧；对于得不到的东西不过于贪求，在社会允许的范围内满足自己的需要。

情绪控制对人生有非常大的帮助。一个人真的想有所成就的话，就要有情绪调控的能力。成功者控制自己的情绪，失败者被自己的情绪所控制。所谓成功的人，就是心理障碍突破最多的人，因为每个人或多或少都会有各式各样、大大小小的心理障碍。职场新人若能有效控制自己的情绪，保持一种良好平静的自我心态，就能获得一个超越自我的契机。

（五）解决问题的能力

在我们的职业生涯发展过程当中，除了应用专业能力进行专业活动外，还会碰到各种各样的困难和挑战需要我们去应对和解决。培养解决问题的能力也是我们职业生涯发展所不可缺少的一个重要方面。

一个人工作的过程就是不断地发现问题、解决问题的过程。工作的好坏在一定程度上取决于个人解决问题能力的高低。如何提高解决问题的能力，首先是要有问题意识，看问题，不能只看表象，要追究到根本的原因，要站在企业的角度尽量系统全面地看问题。清楚问题症结所在之后，就要着手思考解决问题的方案。通常情况下，一个问题的解决办法可能有很多种，我们可以在评估各个方案的优劣之后，选择最适合的解决办法。最后，就是严格有效地执行。

（六）自学与创新能力

自学与创新能力也就是获取新知识的能力。现代社会是一个竞争日益激烈的社会，为了能适应现代社会的需要，要求从业者必须具备自学与创新能力。

（七）敬业精神

敬业精神是人们基于对一件事情、一种职业的热爱而产生的一种全身心投入的精神，是社会对人们工作态度的一种道德要求，它的核心是无私奉献意识，是在职业活动领域，树立主人翁责任感、事业心，追求崇高的职业理想：培养认真踏实、恪尽职守、精益求精的工作态度。

案例 9.1

不怕起点低，就怕境界低

20世纪70年代初，美国麦当劳总公司看好了我国台湾省的市场。他们在正式进军台湾市场前，需要在当地培训一批高层领导，于是进行公开的考试。由于公司要求的标准很高，很多初出茅庐的年轻人都没有通过考试。经过一再筛选，一位名叫韩定国的年轻人脱颖而出。最后一轮面试，麦当劳的总裁和韩定国谈了 3 次，并且问了他一个让人意想不到的问题：

"假如我们要您先去洗厕所，您愿意吗？"还未等到他开口，一旁的韩太太随口答道："我们家的厕所一直都是他洗的。"总裁十分高兴，免去了最后的面试，当场决定录用韩定国。

后来韩定国才知道，麦当劳训练员工的第一堂课就是从厕所开始的，因为服务业的基本理论是"非以役人，乃役于人"，只有先从卑微的工作开始做起，才有可能了解"以家为尊"的道理。

【分析】韩定国后来之所以能成为知名的企业家，就是因为一开始能从卑微的小事做起，做别人不愿做的事情。

（八）自觉主动能力

作为自己工作的主人，当遇到问题时，有令要行，没有命令也一定要行。你是否有意识地去主动了解、接纳甚至改变你的上级，是否想过要为自己的工作赢得一个主动的工作环境？

当上级不在的时候，一般公司里会有三种员工：第一种：积极自律，比上级在的时候更加认真负责地工作；第二种：严谨慎重，上级在与不在一个样；第三种：两面派，上级在时是龙，上级不在时是虫。其实要做到：不管上级在不在，不管别人有没有看到，自己都应该积极努力工作，因为这样做了以后，收获最大的将是你自己。

三、培养良好的职业道德

职业道德是人们在一定的职业活动中应遵循的、体现一定职业特点的职业行为准则和规范。各行各业职业道德的基本内涵是"文明礼貌、爱岗敬业、诚实守信、办事公道、勤劳节俭、遵纪守法、团结互助、开拓创新"。具体到各职业，其职业道德又各有特色。例如，商业工作者职业道德规范是"诚实守信，货真价实，质价相符；平等待客，一视同仁；信守诺言，履行合同；文明经商，尊重顾客；举止庄重，语言和蔼；环境整洁美观；提高技能，终身学习；提高素质，精益求精；遵纪守法"；会计人员职业道德规范是："爱岗敬业；诚实守信；廉洁自律；客观公正；严格监督；提高技能；严守秘密"；企业生产人员职业道德规范是"质量第一，当好主人；钻研业务，提高技能；遵守纪律，服从调动；增产节约，提高效益"等。

人类的社会活动分为家庭生活、公共生活和职业生活，人们的职业活动是社会存在发展最基本的实践活动，因此，职业道德就成为社会道德的主导，对社会道德具有举足轻重的影响。当代大学生肩负着"正心、修身、齐家、治国、平天下"的使命，所以，高职生在掌握现代科学文化知识的同时，应正确地认识职业道德，把握是非善恶标准，提高自律能力，养成良好的道德品行。高职学生职业道德养成的途径和方法如下所述。

（一）在日常生活中培养

职业道德行为的最大特点是自觉性和习惯性，而培养自己良好习惯的载体是日常生活。因此，每一位高职生都要紧紧抓住这个载体，有意识地在日常生活中培养自己的良好习惯，久而久之，习惯就会成为一种自然，即自觉的行为。

在日常生活中培养职业道德应做到以下两点。

1. 从小事做起，严格遵守行为规范

行为规范是指各项规章、制度及在行为方面约定俗成或明文规定的标准、准则。它告诉人们该怎样做，不该怎样做。高职生要从点点滴滴做起，切实按照学校的各种规范要求自己，衡量自己的言行，指导自己的各种实践，不能随心所欲，放纵自己。

2. 从自我做起，自觉养成良好习惯

良好的习惯是一个人终身受用的资本，不好的习惯是人一生的羁绊。每位高职生都要从自我做起，从行为规范要求入手，从行为习惯训练抓起，持之以恒，从而养成良好的习惯。

（二）在专业学习中训练

专业理论知识与专业技能的学习是形成职业理念和职业道德行为的前提和基础。职业道德行为习惯的养成，离不开知识的学习和技能的提高。高职生只有具备了深厚的专业知识、精湛的职业技能，所拥有的职业道德知识、情感、意识和信念才有用武之地，才能在自己的职业岗位上做出应有的贡献，而知识和技能是要靠日复一日的钻研和训练才能取得的。

1. 增强职业意识，遵守职业规范

职业意识是人们对求职择业和职业劳动的各种认识的总和，是职业活动在人们头脑中的反映。职业规范是指某一职业或岗位的准则，包括职业规范和道德规范。专业学习是获得专业理论和专业知识的基本途径，专业实习是了解专业、职业及其相关职业岗位规范，培养职业意识，养成良好职业习惯的主要途径。"凡事预则立，不预则废。"高职生要在专业学习和实习中增强职业意识，遵守职业规范，这是未来做好工作、实现人生价值的重要前提。

2. 重视技能训练，提高职业素养

技能及职业技能，这是一个高职生就业最基本的职业素养。任何职业都有专门的职业技能，它是标志着一个高职生的能力是否能胜任工作岗位的基本条件，也是实现其人生价值的基本条件。

（三）在社会实践中体验

丰富的社会实践是指导人们发展、取得成功的基础，是实现知行统一的主要场所。职业道德行为的养成离不开社会实践。社会实践是职业道德行为养成的根本途径。离开了社会实践，既无法深刻领会职业道德内涵，也无法将职业道德品质和专业技能转化为造福人民、贡献社会的实际行动。新时期许许多多的职业道德先进人物、职业道德标兵、

劳模的职业道德行为都是通过职业活动的实践来体现的。在社会实践中体验职业道德行为的方法有以下两点。

1. 参加社会实践，培养职业情感

社会实践是培养职业情感的有效途径之一，每位高职生都应该在生产实习、为民服务、青年志愿者活动、社会服务、社会调查、采访劳模和优秀毕业生等社会实践中有意识地进行体验，进而了解社会、了解职业、了解自我；熟悉职业、体验职业，明确社会对人才的道德素质要求；陶冶职业情感，培养对职业的正义感、热爱感、义务感、良心感、荣誉感和幸福感等。

2. 学做结合，知行统一

"知"是指在职业实践中经过总结经验和教训而获得的正确认识。"行"是指社会实践、职业活动，即人们改造客观世界的一切活动。在实践中，我们要把"学"和"做"结合起来，把学到的职业道德知识、职业道德规范运用到实践中，落实到职业道德行为中，以正确的道德观念指导自己的实践，理论紧密联系实际，言行一致，知行统一。

（四）在自我修养中提高

职业道德自我修养是指个人在日常的学习、生活和各种实践中，按照职业道德的基本原则和规范，在职业道德品质方面的"自我锻炼""自我改造""自我提高"。自我修养是提高职业道德水平必不可少的手段，是形成人们职业道德品质的内因。自我修养的关键在于"自我努力"，其目的在于通过自我对职业活动的认识和实践，培养高尚的职业道德品质，把职业道德的基本原则与规范，自觉地转化为个人内心的要求和坚定的信念，逐步形成良好的职业行为习惯，成为具有高尚职业道德的人。无数事实证明，凡是道德品质高尚的人，都是自觉进行道德修养的人。进行自我修养应注重以下两点。

1. 体验生活，经常进行"内省"

"内省"即内心省察检讨，使自己的言行符合规范与道德标准的要求。体验生活，经常进行"内省"，就是要通过职业生活实践来认识职业，了解职业生活对从业者职业道德的要求，找出自己在职业活动中的行为与职业道德规范的差距，进行省察检讨，使自己的行为符合职业道德规范。古人云："吾日三省吾身。"就是这个意思。"内省"要做到三点：一要严于解剖自己，善于认识自己，客观地看待自己，勇于正视自己的缺点；二要敢于自我批评、自我检讨；三要有决心改正自己的缺点，扬长避短，在实践中不断完善自己的职业道德品质。

2. 学习榜样，努力做到"慎独"

"慎独"是指独自一个人在没有外界监督的情况下，也能自觉遵守道德规范，不做对国家、对社会、对他人不道德的事情。它既是一种道德修养方法，也是一种崇高的道德境界。因为它标志着一个人的职业道德修养已达到高度自觉的程度。道德是人们一刻也不能离开的，所以，有道德的人时刻注意自己的行为，尤其在别人看不见的时候更特

别小心谨慎，在别人听不到的地方更特别心存畏惧。如果一个人有违反道德的行为，即使他隐蔽得再好，也会有被人发现的时候，即使是极其细微的事情，也会显露出来。所以，"君子"在独自一人、无人监督的时候，也不会做出任何不道德的事情来。

（五）在生产实习和职业活动中强化

职业活动是检验一个人职业道德品质高低的试金石。在职业活动的实践中，应强化职业道德基础知识的运用，强化职业道德行为的规范，强化职业道德基本规范和行业职业道德规范的掌握与遵守。在职业活动中强化职业道德行为要做到以下两点。

1. 将职业道德知识内化为信念

"内化"是指把学到的职业道德知识、规范变成个人内心坚定的职业道德信念，即对职业道德理想与职业道德原则与自己履行的职业责任与义务的真诚信奉。它是职业道德知识、情感和意志的结晶，也是人们职业道德行为的强大动力和精神支柱。只有这样的职业道德行为才有坚定性和持久性。

2. 将职业道德信念外化为行为

"外化"是指把内省形成的职业道德情感、意志和信念变成个人自觉的职业道德行为，指导自己的职业活动实践；在职业活动实践中，始终不渝地遵守职业道德规范，履行自己的职业责任和义务，做一个言行一致、表里如一的有职业道德的人。

四、培育工匠精神

在当前国内经济转型升级、产业结构调整的关键时期，要推动中国制造业从"中低端"向"中高端"迈进，推动中国从"制造大国"走向"制造强国"，离不开"工匠精神"的回归。高职生要把握自身工匠精神培养的主体地位。工匠精神的培养需要学生的实践体悟，单纯依靠外力作用无法达到预期目的，只有以学生为中心，让学生深刻认识到工匠精神的重要性和必要性，充分发挥自身主观能动性，准确把握职业素养提升和职业精神培养的主体地位，才能把工匠精神深深地烙印在心中。精神的培养一般要经历以下三个阶段。

首先，是"工匠精神"思想理念的树立。高职生应充分明了、认可和领悟工匠精神的内涵，一是要充分认识到工匠精神是我国的传统文化，也是"制造强国"的战略需求，更是"大国工匠"的象征；二是要充分看到工匠精神对自身的重要意义，是自身职业发展和实现人生价值的重要保障，与自己的未来成就息息相关。

其次，通过实践不断加深体验。高职生要加强专业知识和技能的学习，真本领才是事业不断进步的基础。只有在实践中努力刻苦钻研，把完美极致作为追逐的目标，才能勇于开拓创新，探索技术的未知世界。高职生可以通过参观校史馆、相关企业了解校情校史和未来职场环境，加深对职业、企业、行业的认识，在潜移默化中提升自己的专业认同感；与技能大师、成功企业家面对面，体验他们身上的匠心精神和创新求变的理念，通过榜样的力量引领，增强自己的职业自豪感和自信心，增强就业的信心和勇气。

最后，内化于心，成为自身精神特质的一部分。高职生要把传承和弘扬工匠精神作为自己的使命。高素质技术技能型人才是工匠精神的最好传承者和弘扬者，高职生要不辱使命，培养追求卓越、认真刻苦、爱岗敬业精神，增强职业认同感，形成稳定的职业价值观，习得"工匠精神"，做具有工匠精神的"大国工匠"，并且要把"工匠精神"不断发扬光大，永怀"匠心"，砥砺前行。只有这样，自己才能成为技能强、敢创新、有干劲的新时代工匠，成为支撑"中国制造"可持续发展的生力军和主心骨，促进"中国制造"逐步走向"中国智造"和"中国质造"。

经典分享

以空杯心态不断超越

曾有一位学者向一名著名的禅师问禅。学者一见到禅师，就滔滔不绝地说开了。禅师没有说话，只是静静地以茶相待。他把茶水缓缓地倒入这位学者的杯中，直到杯子满了。禅师停下看了一眼这位学者，学者并没有急着去喝茶。稍后，禅师又继续往学者杯中倒水，这位学者眼睁睁地看着茶水绵绵不断地溢出杯中，流到桌上到处都是，他忍不住说："大师，茶水已经溢出来了，请不要倒了。"

禅师说："你就像这只杯子，脑子里装满了你自己的想法，你如果不先把自己的杯子'空'掉，叫我如何对你说禅？"装满了水的杯子是倒不进新东西的。中国有句老话说得好，"满招损，谦受益"。

【分析】空杯心态的意义就在于做事之前要有好心态，拥有了好心态，才能把事情办好。若想学到学问，就要把自己当成一只空杯子，谦虚谨慎，而不是骄傲自满，这样才可以学到学问。人的心脏只不过一个拳头的大小，生活在纷繁复杂的世界里，如果一些尘土附着进来，难免让我们劳累，只有时刻保持空杯心态，放开手，随时接受外界的事物，才可能得到新的东西。

课堂活动

无敌风火轮

1. 活动目标
团队协作竞技。
2. 规则与程序
（1）准备道具：报纸、胶带。
（2）场地要求：一片空旷的大场地。
（3）分组：10人一组。
（4）各组用报纸和胶带制作一个可以容纳全体团队成员的封闭式大圆环。
（5）将圆环立起来，全组成员站到圆环上，边走边滚动大圆环。
活动时间30分钟。
3. 讨论
（1）看哪组密切合作得最好，讨论团队合作精神的重要性。
（2）团队中如何做到有计划、有组织、有协调、相互信任和理解？

单元二　基本管理技能

📍 导 入 案 例

张经理的一天

张经理 8:28 打卡，到办公室刚好 8:30，然后打一杯水，抽一支烟，此时工程部王经理来找他说有一个工程师想离职，为了了解情况，两人谈了半个小时没有结果。一看 9:30 了，张经理开始签各部门交来的考勤单、奖罚单、请假单等，打开招聘网，顺便看看网易新闻，时间就到了 10:30。他上厕所时又碰到几个新员工来应聘，在门口，秘书服务又不好，他又多问了几句，说了秘书几句。回到座位上，张经理又看到生产部反映天气热，行政主管不在岗，于是他又亲自安排厨房烧凉茶，回来已经就差半小时要吃饭了，看到做不成什么，他就与下属聊天，还差十多分钟下班时，就给以前的同事打了个电话，然后就下班吃饭了。

13:30 上班，张经理由于昨晚打麻将没睡好，午休还没有睡好，迷迷糊糊地坐到办公桌前，自己泡了一杯浓茶。刚好看到应聘的工人不会填简历，又讲解一番，回到办公桌前已经 14:30 了。下午开生产例会，因员工招聘不到，他被要求参加例会，大概花了 5 分钟介绍了招聘情况。散会时已经 16:30 了，碰到人事部经理来找秘书要培训名单，他又聊了一会儿。明天还要开会，需提交一份月总结报告，一想到自己还没有写好，就开始写报告，报告写好就到 17:30 了，于是张经理下班了。

【分析】这是张经理一天的时间流水账，其时间管理上存在着以下几个方面问题：一是没有时间的目标计划；二是没有轻重缓急之分；三是不懂得拒绝不必要的时间浪费；四是不能有效地授权；五是不能寻求同事的配合以完成任务；六是拖延时间；七是外来干扰多；八是没有合理地安排时间。

一、时间管理

（一）时间管理的概述

时间管理是指在同样的时间消耗情况下，为提高时间的利用率和有效性而进行的一系列的控制工作。或者说，时间管理就是克服时间浪费，为时间的消耗而设计的一种系统程序，并选择一切可以利用的科学方法及手段，以使结果向预期目标尽量靠拢。从某

种意义上说，时间管理就是对个体资源和自我行为的管理，即

（1）做某事之前，确定使用多少时间。

（2）利用分割与集中的方法增加自由时间，进行合理利用。

（3）总结时间的利用情况，找出浪费时间的缘由并予以克服。

（4）用定时、定量的方法控制时间。要想弄清时间管理的价值，首先必须弄清时间的价值，因为前者取决于后者。

（二）高职生浪费时间的表现

时间对于每个人都是平等的，一旦过去，再也无法追回。那么，为什么有些人可以在有限的时间里有所成就？生活得轻松自在，充实快乐。而有些人却整天忙忙碌碌，焦虑紧张，疲惫不堪，生活、工作、学习处于一片混乱。究其原因，我们会发现在琐碎的日常生活中，在不良的习惯下，时间在不经意间被浪费了。高职生浪费时间的表现主要有以下几个方面：

（1）犹豫不决，患得患失，瞻前顾后，拖拖拉拉。花许多时间去思考要做的事情，矛盾、担心、难下决定，找借口推迟行动，同时又会为没有完成任务而后悔。

（2）生活没有规律，东西丢三落四，浪费大量的时间去找东西。

（3）精力分散时断时续，不能集中精力做一件事。在完成重要事情时一旦间断，需要花费时间重新进入状态，因而降低工作效率。

（4）由于自身的懒惰而逃避需完成的事情，躲进幻想世界无限延时。

（5）事无轻重缓急，在众多事情中抓不到重点和优先顺序，不懂得统筹安排。

（6）不懂授权。一个人包打天下，事无巨细，亲历亲闻，不会把适当的事情委托他人，寻求帮助。

（7）盲目行动。在没有预见、把握和详细计划的情况下，盲目行动，往往在实施过程中或完成后，需要重来。

（8）消极情绪。对所做事情产生反感、抵触的情绪，不能全身心地投入。

（9）完美主义。过于追求完美，注重没有必要的细节，反复检查已完成的工作，以致延误之后的进度，对自己求全责备，不懂拒绝。

（10）花费了太多的时间在自己不该做的事情上。例如，打游戏、看电视等。

（11）没有充实自己的思想。如果自己没有持续地成长和学习，那么自己就会变得迟钝，满脑子都是消极想法。

（三）时间管理的原则

著名的管理学家科维提出了一个时间管理的理论，他把工作按照重要和紧急两个不同的维度进行划分，基本可以分为四个"象限"：既紧急又重要、紧急但不重要、重要但不紧急、既不紧急也不重要，如图9-2所示。根据这一原则，可以把事情分为以下四类进行区分，并按如下排序。

1. 优先级 A

既紧急又重要——危机和紧迫情况、有着最后期限的项目或亟待解决的重要问题，

必须立即做（如赶火车、乘飞机、上课、考试）。大多数团队领导会首先应对优先级 A。要完全消除危机是不可能的，但是可以通过预先安排来减轻危机的程度，也就是需要将它变成优先级为 B 的事情。许多优先级 A 的情况之所以会出现，是因为我们未能预见优先级 A 并对其做出计划。例如，未注意到警告信号；到了紧迫关头，仍然未采取行动；对不同的工作所需的时间估计不足；在计划日程里没有包括处理突发问题的时间；分配出去的工作没有定期检查。

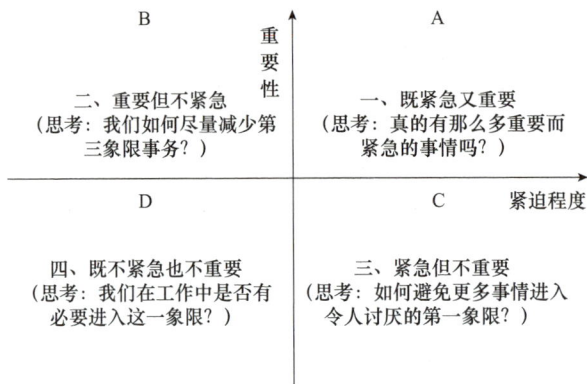

图 9-2　紧急 - 重要矩阵

2. 优先级 B

重要但不紧急——准备、预防措施、规划和审议、团队建设、团队和成员的发展。例如，制订计划、去做体检等。通过预测危机和提前进行计划，优先级 A 的很多情况可以被变成优先级 B 而被提前妥善处理。有效率的团队领导会将大部分精力投入优先级为 B 的工作中去，这些工作将有助于节省成员和团队的时间，最终也会有助于发展生产力，使组织取得长期业绩，这些是团队领导最主要的管理责任，值得花费时间和精力。

3. 优先级 C

紧急但不重要——电话、不必要的会议、帮助团队成员解决他们的问题。确实有为数不少的团队领导在优先级 C 上花费太多的时间，因为这些事情无论是看上去或是感觉上都很"紧迫"。一般来说，处理这些问题比静下来处理更为重要的问题容易得多，这样一来，那些团队领导就会让优先级 B 的工作（重要但不紧迫）一直积压着，直到变成危机。

4. 优先级 D

既不紧急也不重要——闲聊的电话、干扰、鸡毛蒜皮的琐事。如果在优先级 D 上花费了绝大部分时间，那就需要仔细反思工作方式了，需要问问自己为什么会浪费这么多时间。这些都是所谓的"让人忙乱的工作"，看起来也真忙，可是都没忙到点子上。浪费时间的罪魁祸首是拖延、缺乏信心和缺乏指导。

案例 9.2

鹅卵石的启示

一次上课时，教授在桌上放了一个装水的罐子，然后又从桌子下面拿出一个大约拳头大小、正好可以从罐口放进罐子的鹅卵石，当教授把鹅卵石放完后，问他的学生道："你们说这罐子是不是满的？"

"是。"所有的学生异口同声地回答说。

"真的吗？"教授笑着问，然后再从桌底下拿出一袋碎石子，把碎石子从罐口倒下去摇一摇，再加一些。

于是再问他班上的学生："你们说，这罐子现在是不是满的？"

这回他的学生不敢答得太快。

最后，班上有位学生怯生生地细声答道："也许没有满"，"很好！"教授说完后，又从桌下拿出一袋沙子，然后把沙子慢慢倒进罐子，倒完后再问班上的学生："现在你们告诉我，这个罐子是满的呢、还是没满？"

"没有满。"全班学生这下学乖了，大家都很有信心地回答说。

"好极了！"教授再一次称赞这些孺子可教的学生。

称赞完了后，教授从桌子底下拿出一大瓶水，把水倒在看起来已经被鹅卵石、碎石子、沙子填满了的罐子。

当这些事都做完后，教授正色地问他班上的学生："我们从上面这些事情学到了什么重要的启示？"

班上一阵沉默，然后一位自以为聪明的学生回答说："无论我们的工作多忙，行程排得多满，如果要逼一下的话，还是可以多做些事的。"这位学生回答完后心中很得意地想："这门课讲的是时间管理啊！"

教授听到这样的回答后，点一点头，微笑道："答案不错，但这并不是我要告诉你们的重要讯息。"

说到这里，这位教授故意顿住，用眼睛向全班学生扫一遍后说："我想告诉各位最重要的讯息是，如果你不先将大的鹅卵石放进罐子去，你也许以后永远没机会把它再放进去了。"

【分析】什么是你生命中的鹅卵石？什么是我们生命中的鹅卵石？我们在实际工作中应有主有次，抓住并优先处理最重要的工作，而不要让自己深陷在每日琐碎的杂事之中。做事不分轻重缓急的人，终将难成大事。

（四）时间管理的途径

1. 遇事不拖延

拖延并不能节省时间和精力，恰好相反，它会使你心力交瘁，疲于奔命。因此，要养成遇事马上做的习惯，不仅能克服拖延，而且能把握"笨鸟先飞"的先机，久而久之，必然能培育出当机立断的行事作风。

2. 善用零碎时间

把零碎时间用来处理零碎的事情，从而最大限度地提高工作效率。例如，可将茶余饭后、会前会后的零碎时间用来学习，思考或者简短地计划下一个行动等。充分利用零碎时间，积少成多，成年累月地积累下来，将会有惊人的成效。三国时，董遇读书的方法有"三余"："冬者岁之余；夜者日之余；阴雨者时之余。"其既充分利用寒冬、深夜和雨天，又在别人歇手之时发奋苦学，此外，他还认为"三余广学，百战雄才"。而鲁迅先生则"把别人用来喝咖啡的时间都用在了写作上"。看来零碎的时间也可以成就大事业。

3. 合理分配时间

当你计划每天的每一件工作时，就必须决定该花多少时间在这上面，这就是"分配时间"。时间分配合理了，你就可以更好、更快地完成每天的任务，也可以留出时间去完成其他的事情。

4. 为意外事件留时间

火车、飞机、公共汽车、轮船等都依时间表运行，但仍然会有晚点等意外事件发生，同样的情形也可以发生在你身上。例如，你正在按照计划做事情，突然又接到其他任务，在这种情况下，你当天的任务就可能无法完成。但如果你的工作时间留有余地，或有应急计划，这样就不会影响任务的完成了。

二、目标管理

（一）目标的概述

目标是指个人、部门或整个组织所期望的成果。可以将目标通俗地理解为"目的＋标准"；"目的"即做什么事，"标准"即把事做成什么样。

目标的种类，可以依据目标的性质、顺序、层次等进行分类。按照性质，目标可分为计划目标、进度目标、改善目标、改革目标、协同目标、集体目标和条件目标；根据组织层次，目标可分为总目标、单位（部门）目标、业务单元（班组）目标、个人目标。

总目标是指整个企业的经营目标、大方向。公司总目标是由企业高层主管（董事长或总经理）制定，而经过董事会认可之后得以正式设立的。通常根据本行业及整个经济与市场的环境及未来的发展趋势、历史经营业绩及企业的发展愿景等制定的，内容不外乎获利能力、市场占有率、生产能力等；单位（部门）目标：企业目标经过分解形成各单位（部门）目标；业务单元（班组）目标：单位（部门）目标经过分解落实而形成的业务单元（班组）目标；个人目标：业务单元（班组）目标经过分解落实岗位任职人员的身上，形成员工的个人目标。目标管理的目标单位是锁定"个人"的，如此，由上而下形成一个目标体系，下一层目标都是为了达成上一层目标所必需的手段。此目标体系是实现公司总目标的保证。

目标是衡量一个人行为的尺度。目标使你明确你为什么做事，你将要从中获得什么。没有目标，即使时间计划和工作方法再完美无缺，也无济于事。这是因为，如果你不事先确定每种行为的终极目标，那么，你眼前就只能是混沌一片。正所谓"人无远虑，必有近忧"。

在一个人的奋斗历程中，最重要的不是看他在做什么，而是看他为了何种目标而努力。有了正确的目标，一个人做出的努力才有价值。如果没有目标或目标错误，那么即使付出了辛勤的努力，结果也是枉然。正如那句话所说："做正确的事比正确地做事更重要。"

（二）目标管理的关键问题

一是要确定目标。其中，首要关键是设定战略性的整体总目标。一个组织总目标的确定是目标管理的起点。此后，由总目标再分解成各部门各单位和每个人的具体目标。下级的分项目标和个人目标是构成和实现上级总目标的充分而必要的条件。总目标、分项目标、个人目标，左右相连，上下一贯，彼此制约，融汇成目标结构体系，形成一个目标连锁。目标管理的核心就在于将各项目标予以整合，以目标来整合各部门各单位和个人的不同工作活动及其贡献，从而实现组织的总目标。

二是制订计划。健全的计划既包括目标的订立，还包括实施目标的方针、政策及方法、程序的选择，使各项工作有所依据，循序渐进。计划是目标管理的基础，可以使各方面的行动集中于目标。它规定每个目标完成的期限；否则，目标管理就难以实现。

三是目标管理与组织建设相互为用。目标是组织行动的纲领，是由组织制定、核准并监督执行的。目标从制定到实施都是组织行为的重要表现。它既反映了组织的职能，同时反映了组织和职位的责任与权利。目标管理实质上就是组织管理的一种形式、一个方面。目标管理使权力下放、责权利统一成为可能。目标管理与组织建设必须相互为用，才能互相为功。

四是培养参与意识。普遍地培养人们参与管理的意识，认识到自己是既定目标下的成员，引导人们为实现目标积极行动，努力实现自己制定的个人目标，从而实现单位（部门）目标，进而实现组织的整体目标。

五是有效的考核办法。考核、评估、验收目标的执行情况，是目标管理的关键环节。缺乏考评，目标管理就缺乏反馈过程，目标管理的目的即实现目标的愿望就难以达到。

三、情绪管理

（一）情绪的概念

在我们每个人的身上，都存在这样一种神奇的力量，它可以使你精神焕发，也可以使你萎靡不振；它可以使你冷静理智，也可以使你暴躁易怒；它可以使你安详从容地生活，也可以使你惶惶不可终日。总之，它可以加强你，也可以削弱你，可以使你的生活充满甜蜜与快乐，也可以使你的成活抑郁、沉闷、暗淡无光。这种能使我们的感受产生变化的神奇力量，就是情绪。

命运的不可捉摸使得人们在日常的生活中，必然会遭遇得失、顺逆、美丑等各种情境，因而有时欣喜若狂，有时焦虑不安，有时孤独恐惧，有时满腔怒火，有时悲痛欲绝，有时舒适愉快等。情绪的多样性说明它是一个极其复杂的心理现象。学术界至今仍对"情绪"二字没有一致的定义。简单地说，我们可以认为情绪是内心的感受经由身体表现出来的状态。

案例 9.3

盛怒杀爱鹰

相传成吉思汗有一个"盛怒杀爱鹰"的故事。他带着心爱的老鹰上山打猎，干渴难耐时发现一处有少量水渗出的山谷，便耐着性子用杯子接那滴答下来的泉水，在接满水准备喝的那一刻，杯子却被老鹰扑翻在地，而且如此反复两次。成吉思汗勃然大怒，一气之下杀了爱鹰。之后当他寻往高处的水源地时才发现，原来爱鹰不让他喝水并不是出于逗弄，而是由于水源里有一条死去的毒蛇尸体。成吉思汗在盛怒那一刻已经被情绪"绑架"了，阻断了自己合理的思考过程，最终酿成大错。

【分析】情绪的失控容易导致失去理智，而失去理智，则冲动难免发生。高职生初入职场，角色的转变，新环境、新同事都需要去适应，工作中难免会发生一些不愉快的事情，因此要学会控制情绪。

（二）情绪的分类

人的情绪复杂多样，很难有准确的分类。《礼记》中把人的情绪称为"七情"：喜、怒、哀、惧、爱、恶、欲。近代西方学者认为人的基本情绪分四类：喜、怒、哀、惧。情绪活动是无时不在，无处不在的，人人皆有情绪。在现实生活中，我们的行为经常是伴随着情绪的反应，所以我们有时会因愤怒而不能自已，以致冲动、急躁、焦虑和抑郁等。

情绪无好坏之分，由情绪引发的行为或行为的后果有好坏之分，因此，一般我们根据情绪所引发的行为或行为的结果，将情绪划分为积极情绪和消极情绪两大类。

有些人将不良情绪等同于负性情绪，这是不准确的。所谓负性情绪，通常是指那些不愉快甚至是引发人痛苦、愤怒的情绪体验，如压抑、生气、委屈、难过、苦恼、沮丧等。一般来讲，负性情绪并非一定都是消极的。负性情绪在一定的情境之中，也同样具有重要的作用。例如，恐惧的情绪能使人脱离险境，羞耻情绪会使人避免做违背社会规范的行为；即使是痛苦、悲伤等情绪反应，也同样具有能使人感受到自己的心理伤害，促使人们及时调整自己的积极的思维功能。所以说，负性情绪并不等于消极情绪。

（三）情绪的影响

在日常生活中，人们常有这样的体验：高兴时，会神清气爽；悲伤时，会食欲不振；忧虑时，会辗转难眠；惊慌时，会心脏乱跳；愤怒时，会热血冲头，这些都说明了情绪会对身体的内部功能产生影响。

美国作家卡森曾患了一种致残的脊椎病，医生预言，他存活的可能性只有1/500。可是，卡森经常阅读幽默小说，看滑稽电影。每大笑一次，他就觉得病痛减轻很多，浑身舒服一阵，他坚持这种"笑疗"，病情逐渐好转，几年后竟然恢复了健康。

曾有个简单的实验，研究情绪对健康的影响。美国生理学家艾尔玛·辛吉斯将一支支玻璃管插在摄氏零度、冰与水混合的容器里，以收集人们不同情绪时呼出来的"水汽"。结果发现，心平气和时呼出来的气，凝成的水清澈透明、无色、无杂质。如果生气，则会出现一种紫色的沉淀物。研究者将这"生气水"注射到小白鼠身上，几分钟后，小白鼠竟然死了。

（四）情绪的管理

情绪能不能管理？很多人认为不能管理，说我就是这个脾气，我也没有办法，我想改就是改不了，这种话我们听太多了。情绪真的就无从管理吗？其实这些都是不正确的，情绪不但可以管理，而且相比其他的事情，你的自主性更高，因为我们是自己情绪的真正主宰，我们可以做自己情绪的主人，它跟别人没有太多的关系，它完全是我们自己在决定。

情绪的波动有时可能严重影响一个人的命运，管理情绪是一件非常重要的事情，我们是要做情绪的主人，还是做情绪的奴隶？完全取决于我们自己。

1. 察觉自己的情绪

若要进行情绪管理，第一步就是要正确觉察自己的情绪，当我们产生情绪时，表示生活中有事件刺激而至引发警报。与此同时，若我们能察觉到情绪的产生并认知情绪的种类，可延缓情绪瞬间的爆发，并有针对性地管理。因此，我们要时时提醒自己注意："我现在的情绪是什么？"特别是当我们发现到自己情绪异常时，要特别警觉。

2. 采取相应的行动

情绪如同潮水，有潮涨就有潮落。有人以为，在情绪冲动时等待其退潮一定是一件很难的事，一定需要巨大的毅力与意志。其实不然，在情绪的把握上有时甚至只需要短短的几分钟和很简单的几个行为。所以，当情绪冲动时，只要我们懂得把握自己不采取行动，有时候，甚至只需要一分钟的把持，就可以避免许多麻烦甚至不幸的发生。

3. 管理情绪的方法

（1）注意力转移法。就是把注意力从引起不良情绪反应的刺激情境中，转移到其他事物上去，或去从事其他活动的自我调节方法。当出现情绪不佳的情况时，要把注意力转移到使自己感兴趣的事上去，如散步、看电影、读书、打球、下棋、找朋友聊天等，有助于使情绪平静下来，在活动中寻找新的快乐。

（2）适度宣泄。过分压抑只会使情绪困扰加重，而适度宣泄则可以把不良情绪释放出来，从而使紧张情绪得以缓解、轻松。发泄的方法如大哭、做剧烈的运动（跑步、打球等）、放声大叫或唱歌、向他人倾诉等。

（3）自我安慰，即阿Q精神。面对我们无法改变的现实，要学会安慰自己，追求精神胜利。这种方法，对于帮助人们在大的挫折面前接受现实，保护自己，避免精神崩溃是很有益处的。因此，当人们遇到情绪问题时，经常用"胜败乃兵家常事""塞翁失马，焉知非福"等词语来进行自我安慰，可以摆脱烦恼，消除抑郁，达到自我安慰、自我激励的目的，从而带来情绪上的安宁和稳定。

（4）自我暗示。自我暗示分消极自我暗示与积极自我暗示。消极自我暗示是指对人的心理行为产生消极作用的暗示。积极自我暗示，在不知不觉之中对自己的意志、心理以至生理状态产生影响，积极的自我暗示令我们保持好的心情、乐观的情绪、自信心等，如不断地对自己默语："我一定能行""不要紧张""不许发怒"等。

（5）冷静三思。美国临床心理学家阿尔伯特·艾利斯创立了理性情绪疗法，其核心是去掉非理性的、不合理的信念，建立正确的信念。非理性信念的特点是绝对化、过分概括化，如因与上级产生争论或吵架后产生许多非理性的想法而导致情绪异常，此时，我们应当静下来，觉察自己的情绪，明白当前所处的状态，弄清楚事情的来龙去脉，增加情绪反应的选择性。

（6）改变思维，调整心态。情绪的发生是无法避免的，有时我们并无法完全了解我们的情绪从何而来；或是我们内在的需要不能得到满足。这时候我们必须学习转换信念，反向思考问题。王安石曾有一首诗，与"情绪智慧"有关："风吹瓦堕屋，正打破我头。瓦亦自破碎，岂但我血流。我终不嗔渠，此瓦不自由。"这也就是一种思维的调整。

只要心态正确，心情就会变好，情绪也相对稳定。我们的情绪不同往往不是由事物本身引起的，而是取决于我们看待事物的不同思维方式。

（7）环境制约。环境对情绪有重要的调节和制约作用。情绪压抑的时候，到外边走一走，能起调节作用。心情不快时，到娱乐场做做游戏，会消愁解闷。情绪忧郁时，最好的办法是去看看滑稽电影。

（8）幽默。幽默是一种特殊的情绪表现，也是人们适应环境的工具。具有幽默感，可使人们对生活保持积极乐观的态度。许多看似烦恼的事物，用幽默的方法对付，往往可以使人们的不愉快情绪荡然无存，立即变得轻松起来。

（9）走进大自然。大自然的奇山秀水常能震撼人的心灵。登上高山，会顿感心胸开阔。放眼大海，会有超脱之感。走进森林，就会觉得一切都那么清新。这种美好的感觉往往都是良好情绪的诱导剂。

案例9.4

让你永远不生气的故事——爱巴的故事

从前，有一个叫爱巴的人，每次和人生气起争执的时候，就以很快的速度跑回家，绕着自己的房子和田地跑三圈，然后坐在田边喘气。

爱巴工作非常勤奋努力，他的房子越来越大，田地也越来越广。但不管房和地有多么广大，只要与人起争执而生气的时候，他就会绕着房子和田地跑三圈。

"爱巴为什么每次生气都绕着房子和田地跑三圈呢？"所有熟悉他的人心里都想不明白，但不管怎么问他，爱巴都不愿意明说。

直到有一天，爱巴很老了，他的房地也已经太广大了，他生了气，挂着拐杖艰难地绕着田地和房子转，等他好不容易转完三圈，太阳已经下了山，爱巴独自坐在田边喘气。他的孙子在旁边恳求他："阿公，你已经这么大年纪了，这四周地区也没有其他人的田地比你的更广大，你不能再像从前，一生气就绕着土地跑三圈了。还有，你可不可以告诉我你一生气就绕着房子和田地跑三圈的秘密？"

爱巴终于说出了隐藏在心底多年的秘密，他说："年轻的时候，我一和人吵架、争论、生气，就绕着房屋跑三圈，边跑边想自己房子这么小，田地这么少，哪有时间去和别人吵架呢！想到这里气就消了，把所有的时间都用来努力工作了。"

孙子问道："阿公！你年老了，又变成最富有的人，为什么还要绕着房子和田地跑呢？"爱巴笑着说："我现在还是会生气，生气时绕着房子和田地跑三圈，边跑边想，自己房子这么大，田地这么多，又何必和人计较呢？一想到这里，气就消了！"

【分析】情绪波动有时可能严重影响到一个人的命运，管理情绪是一件非常重要的事情，是要做情绪的主人，还是做情绪的奴隶？完全取决于我们自己。

四、沟通管理

（一）沟通管理的概念

沟通管理，从其概念上来讲，是为了一个设定的目标，把信息、思想和情感在特定个人或群体间传递，并且达成共同协议的过程。沟通是自然科学和社会科学的混合物，是企业管理的有效工具。沟通还是一种技能，是一个人对本身知识能力、表达能力、行为能力的发挥。无论是企业管理者还是普通的职工，都是在职场中，人与人之间少不了沟通和交流，与上级的沟通、与下属的沟通、与同事的沟通、与客户的沟通……这些沟通都需要技巧和方法，这样你才能在职场中大展拳脚，学会沟通是现代职场人必备技能。

（二）沟通的技巧

（1）用心聆听。懂得侧耳倾听，是成为好的沟通者的最佳方法。通过积极主动地聆听他人的话，你能更容易领略到其他人想表达的意思，并能给出恰当的反馈。

（2）非言语沟通。你的肢体语言、眼神交流、手势和语气都能为你想表达的讯息润色。当你在说话时，多多留意他人的非言语特征。因为非言语特征传达着一个人的真实所想。例如，如果对方没有跟你进行眼神交流，那么他有可能感到拘谨或试图隐瞒事实。

（3）简单明了。表达个人所想时，尽可能言简意赅。在表达前先想好怎么说，这样能够避免过度表达及使你的听众感到困惑。

（4）友好待人。以一种友好、人性化的提问方式，或者仅仅是一个微笑，都能促进你与他人间建立开放且真诚的对话交流。无论是面对面的交流还是书面交流，能做到这一点都很重要。当你能够做到这一点，贴心地在发送给他人的邮件开头附上"周末愉快！"这样的话语，就能够使邮件生动起来，还能使收件人感到更赏心悦目。

（5）保持自信心。当你与他人进行沟通交流时，保持自信心是一件至关重要的事情。自信心能够使你的朋友信服并跟随你的思路。请确保自己总是保持聆听的态度及对他人的同理心。

（6）换位思考。即使你并不同意你的上级、同事或下属的想法或做法，你也得理解和尊重他们的观点。例如，"我理解你的出发点"以表示你有在倾听他们的话并尊重他们的观点。

（7）心态开放。优秀的沟通者都能以灵活、开放的心态迎接任何一种交谈。以开放的心态聆听并理解他人的观点，而不是仅仅让信息在脑海里过一遍而已。

（8）尊重他人。当你能够表达对他人观点的尊重时，人们会更乐意与你交流。简单细小的动作，诸如说出对方的名字、眼神交流，以及在别人说话时积极地聆听，都能给对方留下很好的印象。

（9）积极反馈。懂得得体地给予和接受反馈意见也是一项重要的沟通技能。管理者也应采取多种渠道为员工提供建设性反馈，有可能通过电子邮件、电话访谈或者每周的状态更新等。给予反馈也意味着给予赞扬，简单的话语诸如"干得漂亮！"会给他人极大的工作激励。

🌐 经 典 分 享

小张的苦恼

小张刚刚从某高职院校管理专业毕业，出任某大型企业的制造部门经理。小张一上任，就对制造部门进行改造。小张发现生产现场的数据很难及时反馈上来，于是决定从生产报表上开始改造。借鉴跨国公司的生产报表，小张设计了一份非常完美的生产报表，从报表中可以看出生产中的任何一个细节。

每天早上，所有的生产数据都会及时地放在小张的桌子上。小张很高兴，认为拿到了生产的第一手数据。没有过几天，出现了一次大的品质事故，但报表上根本没有反映出来，小张这才知道，报表的数据都是随意填写上去的。

为了这件事情，小张多次开会强调，认真填写报表的重要性，但每次开会，在开始几天可以起到一定的效果。但过不了几天又返回了原来的状态。小张怎么也想不通。后来，小张将生产报表与业绩奖金挂钩，并要求干部经常检查，工人们才开始认真填写报表。在沟通中，不要简单地认为所有人都和自己的认识、看法、高度一致的。对待不同的人，要采取不同的模式，要用听得懂的"语言"与别人沟通。

【分析】小张的苦恼也是很多企业经理人普遍的烦恼。现场的操作工人，很难理解小张的目的，因为数据分析距离他们太遥远了。大多数工人只知道好好干活，拿工资养家糊口。不同的人，他们所站的角度不同，单纯地强调、开会，效果是不明显的。虽然小张不断强调认真填写生产报表可以有利于改善生产，但大多数工人认为这和他们没有多少关系。

课堂活动

珍惜生命（时间管理）

1. 活动目标

珍惜生命，认识时间是没有弹性、无法储存、不可替代的，而且是无法逆转的稀缺资源。

2. 规则与程序

（1）物品准备：长条纸、笔。

（2）准备一张长条纸用笔将它划成10份（中间部分刚好每两列一份代表生命中的10年，分别写上10、20的字样，最左边的空余部分写上"生"字，最右边空余部分写上"死"字，假设每个人的生命均处于0～100之间）。

（3）教师按以下顺序提出六个问题，学生按要求作答。

第一个问题：请问你现在的年龄是多少岁？过去的生命再也不会回来了。将纸条对应以前的部分撕去。

第二个问题：请问你想活到多少岁？假如你不想活到100的话，就把纸条对应的后面撕掉。

第三个问题：请问你想多少岁退休？请把纸条对应的退休以后的部分撕掉。所有撕掉的纸条，放在桌子上。剩余的纸条就是你可以用来工作的时间。

第四个问题：请问一天24小时你会如何分配？

一般人通常是睡觉8小时，占了1/3，吃饭、休息、聊天、看电视、游戏又占了1/3，其实真正工作有效率的约8小时，占1/3。所以请把剩下的纸条折成三等份，并把2/3撕下来，放在桌子上。

第五个问题：比比看。请用左手拿着剩下的1/3纸条，用右手把退休那一段和刚才撕下的2/3纸条加在一起，并请思考一下，你要用左手的1/3纸条工作赚钱，提供自己右手上2/3纸条的吃喝玩乐及退休后的生活。

第六个问题：想一想，你要赚多少钱、存多少钱才能养活自己上述的日子，这不包括给子女和配偶的。

活动时间30分钟。

3. 讨论

教师引导学生讨论，请问你会如何看待你的未来。

参 考 文 献

埃德加·施恩，2004. 职业锚 [M]. 北森测评网，译. 北京：中国财政经济出版社.

陈光耀，苗茂，2016. 大学生职业发展与就业指导 [M]. 北京：北京师范大学出版社.

陈浩明，孙晓虹，吕京宝，2012. 大学生职业生涯规划 [M]. 上海：复旦大学出版社.

陈捷，2012. 大学生职业发展与就业指导 [M]. 北京：清华大学出版社.

陈宇，姚臻，2014. 就业与创造指导 [M]. 北京：外语教学与研究出版社.

崔国富，2010. 大学生职业素质构成与综合培养研究 [M]. 北京：光明日报出版社.

范琳，2016. 职业生涯规划 [M]. 北京：中国人民大学出版社.

方伟，2008. 大学生职业生涯规划咨询案例教程 [M]. 北京：北京大学出版社.

凤陶，梁燕，2006. 毕业不失业 [M]. 北京：机械工业出版社.

顾雪英，2011. 当代大学生职业生涯规划 [M]. 北京：高等教育出版社.

国家职业分类大典修订工作委员会，2015. 中华人民共和国职业分类大典（2015 年版）[M]. 北京：中国劳动社会保障出版社.

何鹏，梁涛，2015. 职业生涯规划实用教程 [M]. 上海：上海交通大学出版社.

何平，2011. 大学生职业生涯规划与就业创业指导 [M]. 北京：现代教育出版社.

金环，2013. 职业生涯规划 [M]. 北京：清华大学出版社.

柯晓扬，沈宝衡，2011. 大学生就业与创业指导 [M]. 苏州：苏州大学出版社.

雷五明，李坚评，2010. 大学生就业指导 [M]. 北京：中国人民大学出版社.

李怀康，瞿立新，李天雨，2014. 职业生涯规划 [M]. 北京：外语教学与研究出版社.

李竹梅，2016. 大学生职业生涯与发展规划 [M]. 北京：现代教育出版社.

梁尧，2012. 职业素养训练 [M]. 北京：机械工业出版社.

梁雪松，梁辰浩，2013. 大学生择业与初入职场指导 [M]. 北京：北京大学出版社.

刘斌，宋专茂，戴馥心，2010. 大学生职业生涯规划与就业指导 [M]. 大连：东北财经大学出版社.

刘华，尹志刚，2017. 大学生职业发展与就业创业教程 [M]. 上海：上海交通大学出版社.

刘兰明，2016. 职业基本素养 [M]. 北京：高等教育出版社.

瞿立新，孙爱武，2016. 职业生涯规划 [M]. 北京：高等教育出版社.

宋贤钧，周立民，2018. 大学生职业素养训练 [M]. 北京：高等教育出版社.

苏文平，丁丁，2019. 本科生职业生涯规划与就业指导案集 [M]. 北京：北京航空航天大学出版社.

孙宗虎，2005. 人力资源管理职位工作手册 [M]. 北京：人民邮电出版社.

邰葆清，2010. 大学生就业与创业指导 [M]. 北京：高等教育出版社.

童革，2016. 大学生职业核心能力训练 [M]. 北京：高等教育出版社.

王琳娜，黄昭彦，2010. 大学生就业指导 [M]. 北京：北京理工大学出版社.

王莹，王玉君，丛婵娟，2019. 大学生职业生涯规划 [M]. 北京：清华大学出版社.

王志杰，陈伟民，2015. 职业素养基本训练 [M]. 北京：中国劳动社会保障出版社.

吴余舟，2010. 大学生职业生涯规划与就业创业指导 [M]. 北京：机械工业出版社.

肖克奇，2007. 大学生就业与创业指导案例教程 [M]. 北京：北京交通大学出版社.

许湘岳，陈留彬，2014. 职业素养教程 [M]. 北京：人民出版社.

许湘岳，邓峰，2011. 创新创业教程 [M]. 北京：人民出版社.

闫岩，2012. 职业生涯规划 [M]. 北京：北京师范大学出版社.

杨红玲，徐广，2017. 职业素养提升与训练 [M]. 大连：大连理工大学出版社.

杨俊峰，2013. 职业指导实务 [M]. 上海：复旦大学出版社.

杨开朴，2007. 职业素养基础 [M]. 北京：中国时代经济出版社.

殷智红，邱红，2010. 职业生涯规划 [M]. 北京：北京大学出版社.

翟惠根，2006. 职业素质教育论 [M]. 长沙：中南大学出版社.

张国宏，2006．职业素质教程［M］．北京：经济管理出版社．

张丽艳，赵彦生，2010．高职生职业生涯设计与就业指南［M］．北京：清华大学出版社．

张普权，2018．大学生职业生涯规划与就业指导［M］．上海：上海交通大学出版社．

张云，延凤宇，2012．求职择业指导［M］．武汉：武汉大学出版社．

郑瑞涛，2015．职业素养训练［M］．北京：清华大学出版社．

钟谷兰，杨开，2008．大学生职业生涯发展与规划［M］．上海：华东师范大学出版社．

朱伟才，2011．高等职业院校素质教育研究［M］．苏州：苏州大学出版社．